New Economics Series

村瀬英彰
Murase Hideaki

シリーズ
新エコノミクス
金融論
第2版

日本評論社

はじめに

第 2 版のはじめに

『シリーズ・新エコノミクス　金融論』は、出版されてちょうど10年が経ちました。この間、多くの大学の授業やゼミナールで本書を教科書や参考書として使っていただき、たくさんの方から多くのコメントをいただくことができました。とくに、世の中でインターネット利用が進んだこともあり、お会いしたことのない読者の方から直接に質問や意見をいただく機会も増えました。これは、以前に書籍を出版したときには経験したことのないものでした。こうした貴重なコメントを反映して、本書をさらに多くの方の興味に応えるものにしようというのが、今回の改訂の1つの目的です。

また、この10年の間には、「サブプライム・ローン問題」の名で長く記憶されるだろう大きな金融危機も発生しました。この金融危機は、当初、金融における技術革新や市場メカニズム活用の象徴であった証券化商品の価格暴落という形で顕在化しました。このため、それは、金融における技術革新や市場メカニズム活用に対する人々のネガティブな感情を一気に高める結果をもたらしました。

とくに、証券化という経済活動は、金融機関が原資産を組成し、そこから証券化商品という新たな金融商品を創出して投資家に販売する「組成・転売」を主たるビジネスとしています。このため、次のような見解が流布しました。すなわち、「金融機関がリスクの高い金融商品を創っても、その商品を投資家に売ってしまえば、投資家がリスクを負うことになる。」「金融機関はリスクを負わないのだから、リスクの高い金融商品をどんどん創り出し、それらを商品のリスクを見抜けない投資家に売り付けたのだ。」

確かに、サブプライム・ローンに関わる証券化商品には、科学的なリスク管理・評価を施したとの謳い文句とは反対に、初歩的なリスク管理に欠けたものや意図的にリスク評価の基準を緩めたものが多く含まれていました。しかし、それにもかかわらず、流布した見解とは不整合な事実も存在しています。

第1に、サブプライム・ローン問題で危機のクライマックスとなったのは、

「転売」を行っているはずの金融機関の破綻でした。なぜ、こうした金融機関は、リスクの高い金融商品を自ら進んで抱え込んでいたのでしょうか？　そこには、単純な証券化批判が見落としている「何か」があるはずです。

　第2に、サブプライム・ローンに関わる証券化商品にリスクの高いものが含まれ、投資家が個々の証券化商品のリスクを区別できないならば、そうした中身が不審な商品の市場は、投資家から「近づいてはならない市場」と評価され縮小するはずだ、という問題もあります。つまり、「情報の非対称性」のために不良品と良品を区別できない「レモン市場」の議論は、成立すべき望ましい市場が潰れてしまうことを問題にするのであり、「レモン市場」の目を見張る拡大を予測するものではないのです。なぜ、投資家は、本来ならば敬遠すべき市場に自ら進んで資金を投じていったのでしょうか？　そこには、やはり単純な証券化批判が見落としている「何か」があるはずです。

　今回の改訂で新たに加えた第11章「バブル——生成原因と実体経済との関係」では、この「何か」、つまり、金融危機の「深層に潜む問題」を分析しています。そして、その分析を通じて、金融システムの望ましいあり方について考えていきます。われわれは、金融に発生する諸問題を考える際に、問題の単純化による悪玉のでっちあげやそれに対する表層的な批判に陥りがちです。この点で、新たに加えた第11章は、そうした思考の呪縛からわれわれを解放するための章といってもよいでしょう。さあ、それでは「再び」新しい金融論の世界に出発しましょう。

◼ 本書の構成

　本書は、第1部「基礎編」、第2部「応用編」の2つのパートから構成されます。第1部では、「金融とは何か？」、「望ましい金融システムが備えるべき要件は何か？」という問題を理論的な見地から考えます。とくに、金融システムを「銀行中心のシステム」と「市場中心のシステム」に類型化し、それぞれの特徴を議論します。また、第1部では、以上の議論を行いながら、同時に金融を考える上で有用な経済学の様々な概念についても説明します。経済学に登場する様々な概念をそれ単独で覚えこむのではなく、具体的なトピックに即して「使える」形で知ることが大事だからです。章立ては以下のとおりです。

1章：金融とは？
2章：金融取引の阻害要因(1)——情報の非対称性
3章：金融取引の阻害要因(2)——契約の不完備性
4章：金融市場と金融機関
5章：銀行中心のシステム
6章：市場中心のシステム

　第2部では、以上の理論的な分析を応用して、望ましい金融システム改革を考えるヒントになるいくつかのトピックスを取り上げます。とくに、金融に関わる各プレーヤーが「市場中心のシステム」の中にあってどのような影響を受け、また、どのようにシステムに関与していくのかという問題を中心に議論し、人々が持つシステム改革への誘因を探ります。章立ては以下のとおりです。

7章：金融システムの改革——経済成長と投資機会の質的変化
8章：金融機関と市場——資産証券化と価格シグナルの解放
9章：企業経営と市場——「市場との対話」と「市場の一時的排除」
10章：資産運用と市場——戦略的代替性・補完性とシステムの安定性
11章：バブル——生成原因と実体経済との関係
12章：金融、法、そして政治——ルールの多様性と内生性
13章：システム改革をめざして——「市場」応援団の形成

対象とする読者の皆さん

　本書は、金融論の理解に不可欠な初級事項はもちろんのこと、その最新トピックスについても積極的に取り上げ"思い切った"議論を行っているところに従来の教科書との大きな違いがあります。したがって、本書は、金融論を初めて学ぶ学部生の皆さんの勉学だけでなく、金融論に関して一定の知識を持っている大学院生の皆さんの討議、リアル・タイムで実務に携わる社会人の皆さんの知識の理論化にも役立つように作られています。とくに、第2版では各章末尾に「**議論してみよう**」との項目を設け、金融をめぐり世の中で疑問や論争の

対象となっているトピックスを取り上げ、双方向型の授業やゼミナールなどで学生の皆さんが様々な意見交換の機会を持てるようにしました。「型にはまった教科書では刺激が少なく飽きてしまう」と思う一方、「変幻自在な談論も理論の裏づけを欠き問題だ」と考える皆さんは、是非本書を手にしてください。本書を読みながら、「この議論には賛成」、「あの議論には反対」と同意や批判をするうちに、本書の記述を超えて皆さん個別の経験や知識を反映した金融論が、強固な論理に支えられてできあがるはずだからです。様々な考え方の相違を背景にして今も続く論争の中から、やがて日本の金融に本当の光が差すことを心から期待してやみません。

2016年8月

第1版の「はじめに」より

本書の目的…「市場メカニズムを中核に据える金融システムの理解」

1990年代、日本は予想を超える金融の機能不全に直面しました。地価・株価は持続的に下落し、銀行は多額の不良債権を抱えるようになりました。こうした事態は、銀行が経済で果たすべき役割を麻痺させました。一方で「貸し渋り」、「貸し剝がし」といわれる健全な金融仲介の収縮、また他方で「追い貸し」といわれる不健全な金融仲介の拡張をもたらしたのです。

こうした中、90年代には金融行政に関わるスキャンダルも次々と露見しました。銀行が企業を監視し、その銀行を官僚機構が監督する仕組みが機能していないことが明らかとなり、市場メカニズムを抑圧する規制過多の金融システムに批判が高まりました。しかし、その一方で、銀行がまさかの破綻をする、企業が資金繰りに行き詰まり倒産するという事態が連続すると、これ以上市場の破壊的な力を解放してよいのか、という市場メカニズムへの忌避の感情も生まれました。日本の金融システムは、こうした市場メカニズムへのアンビバレンスの中で漂流を続けてきたといえます。

翻って考えると、90年代を迎えるまで、日本の金融システムに対しては、次のような賞賛が流行していました。メインバンク・システムを中心とする長期的な融資関係が企業の安定成長を可能にし、密な人間関係に基づく情報の共

有・信頼の醸成が金融に関わるモラル・ハザードを抑制すると。高度成長の歴史にも裏付けられて、「市場メカニズムを越えた日本の資本主義」といった論調まで現れたこともありました。90年代には、それが180度逆転し、長期的な融資関係における意思決定の硬直性や非効率性の温存、あるいは密な人間関係に基づく資本主義のモラル・ハザードへの脆弱性を糾弾することが流行したのです。

こうした論調逆転の背景には、90年代にIT分野をはじめとする新産業の立ち上げに成功し復活を果たしたアメリカ経済と停滞する日本経済の対比があったことは疑いありません。金融システムを比較したとき、日本に比べて、アメリカはより市場メカニズムの活用に重きを置いたシステムを作り上げていたからです。ところが、21世紀に入り、アメリカ経済が株価急落とともに変調を来し、さらにエンロン、ワールドコムなど急成長企業の不正会計事件が露見するようになると、再び市場メカニズムを中核に据えるシステムへの不信感が高まっています。

こうしてバブル崩壊から10年余の時間を経ても、日本において「望ましい金融システムはいかにあるべきか？」という問いは十分な解答を得ることなく放置されているように見えます。このように完全に錯綜してしまった金融システムに対する理解をときほぐすには、金融が経済で果たすべき役割は何かという原点に立ち返り、健全な金融システムが備えるべき要件を理論的に詰めていく必要があります。本書を通じて金融理論の知識を深める目的はここにあります。

今般の日本のケースに限らず、過去において金融をめぐりなされた論争のほとんどは、結局のところ「市場メカニズムを金融システムの中でどのように活用すべきか？」という問題に関わるものでした（銀行の大規模な破綻を伴った20世紀前半の恐慌の折にも、その対応においてある国は"右"へ行き——銀行の金融システムにおけるプレゼンスを制限し、市場インフラの整備に向かった——、またある国は"左"へ行った——銀行に金融仲介ルートを集中し、それを国家統制の下に置いてコントロールした——ことを思い出してください）。こうして幾度となく繰り返される議論の整理のために、本書で強力に主張されるのは、以下の点です。

1 市場メカニズムを抑圧する金融システムは、決して高いパフォーマンスを上げられないわけではない。それどころかある条件が満たされる下では、非常に高いパフォーマンスを上げるかもしれない。
2 しかし、市場メカニズムを抑圧する金融システムが、長期にわたって高いパフォーマンスを上げ続けることは難しい。とくに、そのようなシステムが成功すればするほど、その成功の前提条件が崩れていくという逆説的な状況が生まれる。
3 したがって、一時的な迂回はあっても遅かれ早かれ市場メカニズムを抑圧する諸要因を経済から除去し、市場メカニズムを中核に据える金融システムを打ち立てる必要がある。

　本書では、議論を整理するために金融システムを「銀行を中核に据える金融システム（銀行中心のシステム）」、「市場メカニズムを中核に据える金融システム（市場中心のシステム）」の２つに分けて話を進めます。その上で、第１に「銀行中心のシステム」が市場メカニズムを抑圧する要因を多く内包しているにもかかわらず、高いパフォーマンスを上げる場合があること、しかし、そうした僥倖は永続きするものとはなりにくいことを論じます。そして、第２に「銀行中心のシステム」との比較という視点から、「市場中心のシステム」がもつ特徴を議論し、その全体像を理解していきます。
　本書が、こうした議論の進め方で、「市場中心のシステム」の理解を目標とするのは、日本経済が成長の成功からバブルの崩壊を経て停滞に陥り、いままさに「銀行中心のシステム」から「市場中心のシステム」への転換をいかになすべきかという課題に直面しているからです。とくに、本書では、抽象的な金融理論を理解するにあたっても、読者の皆さんが、自然に日本の金融システムの過去・現在・未来をイメージできるように配慮し、理論と現実のフィードバックを図ります。
　あらかじめ、本書のスタンスを明確化すると、それは「金融においても市場メカニズムの活用が問題解決にとって極めて重要である」というものです。ただし、本書をジャーナリスティックな"市場原理主義"からはっきりと分ける点は、問題解決に役立つような十分に機能する市場は、はじめから存在するも

のではなく、様々な困難を越えて創出されるものという立場を採っているところです。

　一方、本書では、「情報の非対称性」や「契約の不完備性」などの存在に着目するあまり、つまるところ市場メカニズムの活用に否定的な議論を展開してしまう近年散見される間違いも慎重に避けます。この否定論のおかしなところは、市場の不完全性を所与のものとして、市場メカニズムでは問題は解決しないと主張する点にあります。そこでは、不完全な市場では市場メカニズムが十分に機能しない、というトートロジーが述べられているにすぎません。これでは市場の機能を向上させるべく続けられている多くの努力が意味のないものとなってしまいます。

　本書は、「情報の非対称性」や「契約の不完備性」などの問題も、長期的には市場メカニズムによって解決されると考えています。市場の不完全性が人々に不利益をもたらしているならば、市場の機能を改善する行為それ自体が人々に歓迎され利潤機会となる局面が生じるはずだからです。もちろん、そうした機会を生かすためには、市場の機能を改善するという「経済行為」を支える金融技術の進歩が不断になされると同時に、規制などによる人為的な妨害がなされず人々がつねに進歩を受け入れる準備をしている必要があります。こうした市場の機能というそれ自体「経済的な財」を供給するサイド、需要するサイド、双方の的確な意思決定のためにも、金融理論が多くの人にしっかりと把握されていることはたいへん有意義なことでしょう。本書が、少しでもその役に立てるならば大きな喜びです。

金融論…The Next Generation

　伝統的な金融論には市場の不完全性を所与と考え、市場では解決困難な問題に対処するメカニズムとして、銀行などの金融機関や政府規制の存在意義を探る傾向がありました。しかし、こうした体系は、市場の機能自体がダイナミックに向上する今日の金融システムを分析するときには、ミスリーディングなものになりやすいことが認識され始めています。

　たとえば、伝統的な体系では、銀行は資金提供者と調達者の間に存在する「情報の非対称性」を解消する情報生産者として理論化されてきました。日本

のメインバンク・システムの存在意義を探る研究の背景には、こうした理論のバックアップがあります。しかし、このような銀行の機能は、もともと情報開示や契約履行の仕組みが整えられていない未発達な資本市場に対して、市場を介さない金融取引を実現するためのやむを得ない「代替物」として正当化されているという視点も忘れてはなりません。そのような視点を忘れ理論化された銀行の機能を普遍的なものとしてしまうと、まさに銀行がもつ市場代替性ゆえに、市場の発展を押し止める制度や慣行を正当化する論理の逆転が生まれかねないからです。

　とりわけ、先進国においては、伝統的な銀行業務の収益性が、経済発展と共に低下していく傾向が指摘されています。このような傾向の存在は、経済発展とともに利潤機会を求める人々の創意工夫――金融技術の革新や金融商品の開発――によって市場の機能が時間を通じて変化していく現実と深く関連しています。伝統的な銀行業務の市場代替的な性格は、こうした市場の機能向上のダイナミズムと相克するものになってしまいがちなのです。実際、このコンフリクトを回避しようとした国では、銀行が資本市場に代替して金融取引を実現する存在から、自らを市場に組み込みその機能を補完する存在へと、存亡を賭けた変身を続けています。そうでない国では、日本の"失われた10年"に見られるように、時間の経過とともに非効率化していく金融機関を経済が抱え込んでしまい、そのさらなる衰退を避けるために市場抑圧的な規制を撤廃できなくなるという本末転倒した環境が生まれています。

　こうした例からもわかるように、「**市場が不完全なとき、何が必要か**」という問題と「**市場の不完全性を除去するには、何が必要か**」という問題は同一ではなく、その解答は相反することさえあります。本書では、この2つの問題への解答をしっかりと区別するために、議論の力点を伝統的な金融論とは異なるものへ意識的にシフトさせていることをお断りしておきます。さあ、それではいよいよ次世代の金融システムを見据えるための新しい金融論の世界に出発しましょう。

　2006年5月

村瀬英彰

金融論

第2版

目次

はじめに …i

第1部 基礎編

第1章 金融とは？ 3

1.1 交換の利益 …3
1.2 異時点間の交換 …5
1.3 異状態間の交換 …7
1.4 「異時点間の交換」＋「異状態間の交換」 …9
1.5 金融契約と証券 …10
COLUMN 1.1 証券の公正な価格 …12

第2章 金融取引の阻害要因(1)──情報の非対称性 15

2.1 情報の非対称性 …15
2.2 逆選択 …16
COLUMN 2.1 レモン・プレミアム …18
2.3 モラル・ハザード …19
2.4 「情報の非対称性」の克服 …21
2.5 情報開示 …21
2.6 情報生産 …23
2.7 担保 …24
2.8 資金調達手段の選択 …26
2.9 企業の資金調達と依頼人・代理人問題 …29
COLUMN 2.2 M-Mの無関係性定理と契約割当問題 …36

第3章 金融取引の阻害要因(2)──契約の不完備性 41

3.1 契約の不完備性 …41
3.2 ミニ・アナーキーとしての再交渉 …42
3.3 金融契約の不完備性がもたらす諸問題 …45
3.4 「契約の不完備性」の克服 …48

| COLUMN 3.1 | 「ヘゲモニック・スタビリティー」と「バランス・オブ・パワー」 …49

3.5 「コントロール権」の配分と所有権の取引 …50
3.6 所有とコントロールの分離 …51
3.7 企業統治の構造 …53
| COLUMN 3.2 | ＬＢＯのスキームとそのメリット・デメリット …59
3.8 企業統治における負債契約の活用 …60
3.9 事後的な競争の創出 …63

第4章 金融市場と金融機関　65

4.1 望ましい金融システム …65
4.2 金融市場 …66
| COLUMN 4.1 | 流動性 …67
4.3 金融機関 …68
4.4 「金融システム」の型 …72

第5章 銀行中心のシステム　75

5.1 委託されたモニターとしての銀行 …75
5.2 委託された交渉者としての銀行 …76
| COLUMN 5.1 | 反復ゲームにおける自律的な協調の生成 …77
5.3 保険提供者としての銀行 …79
5.4 流動性創出者としての銀行 …82
5.5 「銀行中心のシステム」の特徴 …85

第6章 市場中心のシステム　91

6.1 情報開示制度の整備 …91
6.2 フォーマルな投資家保護 …93
6.3 コントロール権市場の活性化 …94
6.4 価格の「情報集計・伝達」機能 …95
6.5 分散投資とデリバティブ …96
| COLUMN 6.1 | 分離定理と市場ポートフォリオ …100
6.6 市場流動性の向上 …102
6.7 「市場中心のシステム」が克服すべき諸問題 …104
| COLUMN 6.2 | 効率的市場とミスプライシングの逆説 …110

第2部 応用編

第7章 金融システムの改革
──経済成長と投資機会の質的変化　**119**

- 7.1 投資機会の質的変化 …119
- 7.2 「キャッチアップ」成長と金融システム …121
- COLUMN 7.1 「モラル・ハザード」としてのバブル
  ──投資機会変化の結節点 …122
- 7.3 「フロントランナー」成長と金融システム …124

第8章 金融機関と市場
──資産証券化と価格シグナルの解放　**133**

- 8.1 証券化とは? …133
- COLUMN 8.1 様々な証券化商品 …136
- 8.2 資金調達手段の多様化 …137
- 8.3 所有と使用・管理の分離 …138
- 8.4 逆選択とモラル・ハザード …139
- COLUMN 8.2 「依頼人・代理人」の複層化と可変化
  ──「私も被害者だ!」 …140
- 8.5 「市場補完的」な金融機関 …143
- 8.6 価格シグナルの解放 …144

第9章 企業経営と市場──「市場との対話」と「市場の一時的排除」　**147**

- 9.1 予想に基づく評価指標としての株価 …147
- 9.2 株価プレッシャーがもたらしうる非効率性 …150
- COLUMN 9.1 コングロマリット・ディスカウント …152
- 9.3 市場との対話 …154
- 9.4 市場の一時的排除 …156
- COLUMN 9.2 代表的な買収防衛策 …158

目次

第10章 資産運用と市場──戦略的代替性・補完性とシステムの安定性 **163**

10.1 銀行預金 …163
10.2 「戦略的補完性」の発生 …165
COLUMN 10.1 戦略的補完性と戦略的代替性 …167
10.3 預金における「依頼人・代理人問題」 …169
10.4 投資信託 …170
10.5 ミスプライシングと「戦略的代替性」 …171
COLUMN 10.2 「共感」ファンド──非経済的目標の経済的合理性 …173
10.6 ヘッジファンドと「戦略的補完性」の復活 …174
10.7 預金とヘッジファンドの類似性──政府介入の意味 …177

第11章 バブル──生成原因と実体経済との関係 **181**

11.1 「サブプライム・ローン問題」とバブル …181
11.2 バブルが生成する経済環境 …188
COLUMN 11.1 グリーンスパン・プットとグローバル・インバランス …192
11.3 バブルが実体経済にもたらす影響 …194
11.4 バブルに依存しない金融を目指して …199
COLUMN 11.2 バブル、デフレとアベノミクス …200

第12章 金融、法、そして政治──ルールの多様性と内生性 **203**

12.1 法と金融 …203
12.2 弱い投資家保護 …204
COLUMN 12.1 クローニー資本主義と自己実現的な経済危機 …206
12.3 強い投資家保護 …208
12.4 「法の源流」仮説 …209
12.5 「政治変動」および「地理」仮説──"海と金融" …210
COLUMN 12.2 金融構造の集団的決定 …213

第13章 システム改革をめざして——「市場」応援団の形成　215

13.1 「市場」公正化に対する支持の不在　…215
13.2 「市場」公正化に対する支持の形成　…219
13.3 公正な市場が発展するために　…222
COLUMN 13.1　「効率性」と「平等性」の順相関　…223

おわりに　…227
索　引　…236

第1部 基礎編

学生「市場というのは素晴らしいものですね。幾万、幾億という人々が自分の利益を求めてバラバラに行動しても社会は秩序を保てるというのですから。」
教授「そうさ、アダム・スミスの見えざる手の話は知っているだろう。人々の利己心が市場メカニズムを通じて社会を最適な状況に導いていくのさ。」
学生「でも、それほど市場が素晴らしいものならば、どうして失業や貸し渋り倒産などの経済的不幸がなくならないのでしょう。」
教授「それは、われわれが手にしている市場メカニズムがまだ理想から程遠いものだからだよ。」
学生「?????」

(「山のあなたの空遠く」)

第 1 章

金融とは？

本章では、「交換の利益」という概念を用いて「金融とは何か？」という問題を考えます。とくに、金融が経済で果たす役割について議論し、なぜ金融という経済活動がわれわれの生活の向上に役立つのか、その基本的な理由を明らかにします。

1.1 交換の利益

「金融とは何か？」という問題を考える際の鍵となる概念は、「**交換の利益**」です。そこで、最初に、「交換の利益とは何か？」という問題について考えましょう。「交換の利益」は、他者との財・サービスの「交換」が不可能な「自給自足」の世界において、われわれが直面する困難を思い浮かべることによって明らかになります。

いま、Aさんという1人の人が、「自給自足」の世界でパンと牛乳を消費しようと考えているとしましょう。ただし、Aさんは、パンを生産する能力が高く多くのパンを手に入れられるのですが、牛乳を生産する能力は低く少しの牛乳しか手に入れられないとします。「自給自足」の世界では、自分が消費できるものは自分が生産したものに限られます。したがって、Aさんがパンの大食いと牛乳の飢えを嫌い「パンの消費を減らしてもかまわないから牛乳の消費を

増やしたい」と希望しても、その希望はかなえられません。

　他者との「交換」が可能な世界では、こうした消費と生産の食い違いを大幅に解消できます。いま、多くの牛乳を手に入れられるが、少しのパンしか手に入れられないBさんというもう1人の人がいるとしましょう。Bさんは、「牛乳の消費を減らしてもかまわないからパンの消費を増やしたい」と希望しています。このとき、AさんがBさんにAさんが持つパンの一部を渡し、その代わりにBさんがAさんにBさんが持つ牛乳の一部を渡せば、Aさん、Bさんともに自分の希望によりかなった消費を行えるようになります。このように、「交換」は、各人の**選好と能力の不一致の緩和**を通じて、われわれの生活の向上に貢献するのです。

　もっとも、「パンの消費を減らしてもかまわないから牛乳の消費を増やしたい」と希望するAさんは、Bさんとの間で「交換」を行わなくても、自分自身でパンの生産を減らし浮いた時間を使って牛乳の生産を増やせば希望をかなえられるのではないか、という疑問もあるでしょう。しかし、このような自分が消費するものをすべて自分で生産する「自給自足」の生産パターンには、各人が生産能力を効率的に活用できていないという問題が存在します。たとえば、Aさんは、牛乳を生産する能力が低いため、牛乳の生産に多くの時間を割かなければなりません。その結果、パンの生産に割ける時間が大きく減り、生産が不得意な牛乳を少ししか生産できないばかりか、生産が得意なはずのパンも少ししか生産できなくなるということが起こりかねないのです。

　他者との「交換」が可能な世界では、こうした能力の非効率な活用という問題も大幅に解消できます。Aさんと比較して「相対的に」牛乳を生産する能力が高くパンを生産する能力が低いBさんとの間で、パンと牛乳の「交換」を前提に分業を進めることができるからです。たとえば、Aさんは、牛乳の生産を1リットル減らせば、浮いた時間を使ってパンの生産を3斤増やせるとします。一方、Bさんは、牛乳の生産を1リットル減らせば、浮いた時間を使ってパンの生産を1斤増やせるとします。すなわち、AさんはBさんと比較して、「相対的に」パンを生産する能力が高く牛乳を生産する能力が低いのです[*1]。いま、「自給自足」の生産パターンから出発して、Aさんが牛乳の生産を1リットル減らしパンの生産を3斤増やす、Bさんが牛乳の生産を2リットル増やし

パンの生産を2斤減らすとします。このとき、AさんとBさんの生産を合計すると、パンの生産が1斤、牛乳の生産が1リットル増えることがわかります。したがって、こうした生産パターンの変化による各人の消費の変化を埋め合わせるように「交換」を行えば（たとえば、AさんがBさんにパン2.5斤を渡す代わりにBさんから牛乳1.5リットルを受け取れば）、Aさん、Bさんともに「自給自足」の世界と比べてより多くの消費が可能になります。つまり、各人が、生産物の「交換」を前提にして、それぞれ「相対的に」能力が高い生産活動に専門化すれば、より多くの生産物が生み出され各人がより多くの消費を行うことができるようになるのです。いいかえれば、「交換」は、**分業による生産性上昇**を可能にすることによって、われわれの生活の向上に貢献するのです。

1.2 異時点間の交換

　金融も、「交換」の一種です。金融取引とは、「ある主体が他の主体との間で、現在時点の財・サービスに対する購買力と将来時点の財・サービスに対する購買力を交換すること」と定義されます。「購買力」とは、各々の主体が財・サービスを購入できる量を示す概念であり、貨幣が財・サービスの取引を媒介する現代の経済では、各々の主体が保有する資金の量のことを意味します。つまり、金融取引とは、「ある主体が他の主体との間で、現在時点の資金と将来時点の資金を交換すること」、より具体的には、「ある主体が現在時点の資金を将来時点での資金返済の約束の下に他の主体に貸与すること」を指します。こうした「交換」を「**異時点間の交換**」と呼びます。

---

*1　以下の議論では、AさんとBさんが、それぞれどれだけの量のパンと牛乳を生産できるかという生産の総量に関する能力の差異は問題とされていないことに注意してください。あくまでも、問題となるのは、AさんとBさんが、牛乳の生産をある一定量だけ減らしたとき、それぞれどれだけ追加的にパンの生産が増やせるかという「相対的な」能力の差異なのです。こうした「相対的な」生産能力の差異のことを、Aさんはパンの生産に「比較優位」があり、Bさんは牛乳の生産に「比較優位」があるといいます。

いま、Aさんは、現在時点で財・サービスを生産する能力が高く、生産した財・サービスを販売して多くの資金を手に入れられる人だとしましょう。しかし、Aさんは、将来時点で財・サービスを生産する能力は低く、生産した財・サービスを販売しても少しの資金しか手に入れられないとします。「異時点間の交換」が不可能な"自給自足"の世界では、Aさんが現在時点での大食いと将来時点での飢えを嫌い「現在時点の消費を減らしてもかまわないから将来時点の消費を増やしたい」と希望しても、その希望はかなえられません。「異時点間の交換」が可能な世界では、こうした選好と能力の不一致の問題を大幅に解消できます。いま、現在時点で少しの資金しか手に入れられないが、将来時点で多くの資金を手に入れられるBさんというもう1人の人がいるとしましょう。Bさんは「将来時点の消費を減らしてもかまわないから現在時点の消費を増やしたい」と希望しているとします。このとき、Aさんが現在時点でBさんに資金を貸与し、将来時点でBさんから資金を返済してもらえば、両者とも自分の希望によりかなった消費を行えるようになります。

　もっとも、Aさんが将来時点で収益（リターン：return）を生む投資機会を持っているならば、Bさんとの間で「異時点間の交換」を行わなくても、自分自身でそこに資金を投入し時間が経過した後そこから資金を回収することによって、現在時点の消費を減らして将来時点の消費を増やすことができます（現在時点で持つ資金を使って機械を購入し、それを稼働して生み出した生産物を販売することによって将来時点で資金を得るなど）。しかし、このような投資活動が可能でも、Aさんにとって、より収益性の高い投資機会を持つ他者に資金を貸与するメリットは依然として存在します。たとえば、Aさんの持つ投資機会は、100の資金の投入に対して110の資金しか回収できないとします。一方、Bさんの持つ投資機会は、100の資金の投入に対して150の資金が回収できるとします。すなわち、Aさん、Bさんの投資の**収益率**（rate of return）は、それぞれ10％、50％であり、AさんとBさんに貸与するとしましょう。Bさんは、貸与された資金を自分の投資機会に投入し、将来時点で150の資金を回収します。そして、BさんがAさんに130の資金を返済する（すなわち、Bさん

が借入資金に30％の利子率で利息を付けた資金返済を行う）としましょう。すると、AさんとBさんは、彼らの間で資金の貸与・返済がなされないときに得られる資金に比べてそれぞれ20だけ多くの資金を得られるようになります。この「交換の利益」も、Aさんと比べてより収益性の高い投資機会を持つBさんがより多くの投資活動を担うという分業から生じた生産性上昇の利益と考えることができます。

1.3 異状態間の交換

　金融に関連するもう1つの交換は、「**異状態間の交換**」と呼ぶことができます。「異時点間の交換」では、現在時点と将来時点の間で資金（財・サービスの購買力）が交換されますが、「異状態間の交換」は、将来時点の異なった状態の間で資金（財・サービスの購買力）が交換されます。「異状態間の交換」では、現在時点で確定できない将来時点での特定の**状態**（state）の発生、すなわち**不確実性**（uncertainty）の存在が想定されています。

　「異状態間の交換」を理解するために、状態1、状態2という2つの状態がある世界を考えましょう。たとえば、状態1は「1年後には円高が進んでいる」、状態2は「1年後には円安が進んでいる」というものであり、この世界の「不確実性」は、現在時点では1年後に円高が進んでいるのか円安が進んでいるのか、誰にもわからないという点にあるとします。

　いま、Aさんは、状態1が実現すると、多くの資金を得られるが、状態2が実現すると、少しの資金しか得られない人だとしましょう。「異状態間の交換」が不可能な"自給自足"の世界では、Aさんが状態1での大食いと状態2での飢えを嫌い「状態1の消費を減らしてもかまわないから状態2の消費を増やしたい」と希望しても、その希望はかなえられません。「異状態間の交換」が可能な世界では、こうした選好と能力の不一致の問題を大幅に解消できます。いま、状態1が実現すると、少しの資金しか得られないが、状態2が実現すると、多くの資金を得られるBさんというもう1人の人がいるとしましょう（た

とえば、Aさんが日本の輸入業者であり、Bさんが日本の輸出業者であるケースを考えてください)。Bさんは、「状態2の消費を減らしてもかまわないから状態1の消費を増やしたい」と希望しているとします。この場合、状態1が実現したときAさんがBさんに資金を渡し、状態2が実現したときBさんがAさんに資金を渡せば、両者とも自分の希望によりかなった消費を行えるようになります。

　もっとも、Aさんが「状態1の消費を減らしてもかまわないから状態2の消費を増やしたい」と希望しているとき、Bさんとの間で「異状態間の交換」を行わなくても、自分自身で生産パターンを変更して、状態1が実現しても状態2が実現しても得られる資金があまり変動しない生産活動を行うという対処も考えられます（たとえば、Aさんが輸入業者と輸出業者を兼ねるなど）。しかし、すでに議論したように、このような生産パターンでは、分業による生産性上昇の利益が実現しません。

　これに対して、「異状態間の交換」が行われれば、「不確実性」がもたらす各人の消費の変動を緩和することができます。このため、各人が「相対的に」能力が高い生産活動へと専門化することができます。生産の専門化によって、たとえ各人が得られる資金の変動が激しくなっても、「異状態間の交換」が行われる限り消費の変動についてはあまり恐れる必要がなくなるからです。

　このような「異状態間の交換」によって実現される利益は、「**リスク分担 (risk sharing)**」の利益と呼ばれます――「リスク・プーリング (risk pooling)」あるいは「保険 (insurance)」の利益と呼ばれることもあります。「不確実性」によって生じる消費の変動は、人々の効用を押し下げるリスクとなります。しかし、それぞれの人が晒される異なったリスクを「異状態間の交換」を通じて皆で分担し合うことによって相殺し、各人から見てリスク負担の軽減を図ることができるのです。

1.4 「異時点間の交換」+「異状態間の交換」

　現実の金融取引では、「異時点間の交換」と「異状態間の交換」を同時に考えた資金返済の約束がなされることが多いといえます。これは、資金返済は将来時点で行われるものであり、将来は多くの場合、不確実だからです。
　いま、将来時点で大きな収益を生む良い投資機会を持っているBさんに、Aさんが資金を貸与するケースを考えましょう。なるほど、Bさんは良い投資機会を持っているのですが、いつも投資活動が成功するとは限りません。たとえば、状態1では投資活動が成功し、状態2では投資活動が失敗するとしましょう。すなわち、Bさんの投資成果には不確実性が存在するのです。
　このようなとき、資金返済を将来時点で発生した状態に依存させることが可能です。具体的には、資金返済を、状態1が実現したときは多額に、状態2が実現したときは少額にする工夫が可能です。こうした「**状態条件付の（state contingent）**」資金返済によって、Bさんは消費の変動を抑えられます。「状態条件付の」返済によって、Aさんが、Bさんの投資活動から生ずるリスクを部分的に負担するからです。
　たとえば、Bさんの投資活動は、0.5の確率で成功し100の収益を生むが、0.5の確率で失敗し50の収益しか生まないとしましょう。仮に、Bさんの投資活動の成功・失敗に関わらず、Aさんが30の資金返済を要求したとすると、Bさんは、投資活動が成功したときは70の資金を得、失敗したときは20の資金を得ることになり、消費の大きな変動に直面してしまいます。
　ここで、Bさんは、消費の大きな変動によるリスク負担を嫌い期待値で見て得られる資金が低下してもリスク負担が減ることにメリットを見出すとします。一方、Aさんは、リスク負担が増えても期待値で見て返済される資金が上昇することにメリットを見出すとします。このとき、たとえば、Aさんが、Bさんの投資活動が成功したときは50の資金返済を要求し、投資活動が失敗したときは20の資金返済を要求するという「状態条件付の」返済の工夫が可能です。こうした「状態条件付の」返済の下では、Bさんは、投資活動が成功した

ときは50の資金を得、失敗したときは30の資金を得て、先のケースと比べて消費の変動を抑えることができます。一方、Ａさんは、リスク負担の見返りとして、期待値で見て30よりも大きな資金返済（いまの例では、35＝0.5×50＋0.5×20）を要求することができます。このようにしてＡさんが要求できるリスク負担の見返りとしての期待返済額の上昇を、**リスク・プレミアム**（risk premium）と呼びます。

　なお、このシナリオは、前節で議論した「異状態間の交換」の利益に加えて、もう１つ「異状態間の交換」が利益をもたらす重要な可能性を示しています。すなわち、取引に参加する人々の間でリスクを避けたいと思う程度（**リスク回避度**：degree of risk aversion）に差があるとき、リスク回避度が大きい人（Ｂさん）の被るリスクをリスク回避度が小さい人（Ａさん）が引き受け、後者の人がその見返りにリスク・プレミアムの分だけ期待値で見て大きな額の資金を得るという「交換」に利益があるのです。こうした「異状態間の交換」の利益を、とくに「**リスク移転（risk shifting）**」の利益と呼ぶこともあります。

1.5　金融契約と証券

　前節で考えた取引では、資金貸与・返済という「異時点間の交換」に加えて、状態１では資金の調達者であるＢさんから資金の提供者であるＡさんに資金が受け渡され、状態２では逆方向に資金が受け渡されるという「異状態間の交換」が行われています。すなわち、ＢさんからＡさんに30の資金返済がなされるのに加えて、状態１ではＢさんからＡさんに20の資金受け渡し（30＋20＝50）がなされ、状態２ではＡさんからＢさんに10の資金受け渡し（30－10＝20）がなされているのです。

　このように「異状態間の交換」を伴った「異時点間の交換」で取り決められる資金返済の約束が**金融契約**（financial contract）です。そして、契約を記した証書のことを**証券**（security）と呼びます——金融取引のための手段あるい

は金融取引のために創られた商品という意味で金融手段あるいは金融商品とも呼びます。証券は、将来時点で発生する状態に応じて資金を資金提供者、調達者の間でどのように分けるか、という資金返済の形を工夫することによって様々なものを創り出すことができます。

　金融契約の代表的な形態は、**負債契約**（debt contract）と**株式契約**（equity contract）です。負債契約は、資金調達者が資金提供者に「返済が可能な限り」元金とあらかじめ決められた利息を支払うことを約束する契約です。このような金融契約を結んだ資金提供者を**債権者**（creditor）と呼び、資金調達者を**債務者**（debtor）と呼びます。負債契約による資金調達に特徴的なことは、調達者が投資活動から得る収益が上昇しても、調達者は、提供者に固定された額の返済を行えばよいということです。つまり、収益が上昇すれば、その上昇分は調達者の取り分になります。一方、収益が低下し元金や決められた利息が支払えなくなると、提供者への返済額はカットされていきます。調達者が元金や決められた利息を支払えなくなることを、「**債務不履行**（default）」といいます。こうした返済額のカットは、資金返済の能力がないのに調達者が返済を無制限に求められることはないという**有限責任性**（limited liability）の原則に基づくものです。なお、債務不履行の可能性により、資金提供者が負担するリスクは、**信用リスク**（credit risk）と呼ばれます。負債契約の形態をとった証券の代表は**債券**（bond）です。とくに、民間企業が発行するものを社債、国や地方自治体が発行するものを公債と呼びます。また、銀行からの**貸出**（loan）や銀行への**預金**（deposit）も、一般に負債契約の形態を取ります。

　一方、株式契約は、資金提供者に調達者の上げる利潤（＝収益から債権者への元金と利息の支払いなどのすべての契約支払いを行った後の残余）を分配する金融契約です。このため、利潤が変動すると、提供者への支払いがそれに連動して上下します。株式契約の形態をとった典型的な証券は、**株式**（stock あるいは share）です。株式では、調達者の上げる利潤が**配当**（dividend）と呼ばれる支払いによって提供者、すなわち**株主**（stockholder あるいは shareholder）に分配されていきます。したがって、利潤が上昇すると配当の支払いが増え、利潤が下落すると配当の支払いが減ります。

　なお、株式や債券が市場で取引されているとき、その市場価格（時価：

market price)は、調達者の上げる利潤の大きさや調達者の債務不履行の可能性の変動を反映して上下します（利潤や債務不履行の可能性の変動は、証券の保有者である資金提供者が現在から将来にわたって受け取る支払いの変動を意味し、証券を保有していることの価値を上下させるからです）。このような証券価格の変動により、資金提供者が負担するリスクは、**価格リスク**（price risk）と呼ばれます（コラム1.1）。

COLUMN 1.1　証券の公正な価格

　債券や株式といった証券が市場で取引されるとき、その「**公正な価格**（fair price）」はどのような水準に決まる、と考えればよいでしょうか？　資金提供者が、証券を保有することから得る収益は、提供者が現在から将来にわたって証券から受け取る元金や利息あるいは配当などの支払いです。したがって、証券の購入者にとって、証券を購入したとき受け取る支払いの価値より高い価格で証券を購入するのは合理的ではありません。一方、証券の売却者にとって、証券を売却しなかったとき受け取る支払いの価値より低い価格で証券を売却するのは合理的ではありません。このことから、証券の購入者・売却者双方にとって、証券の「公正な価格」は、証券の保有によって現在から将来にわたって受け取ると期待される支払いの**現在価値**（present value）の和に等しくなるのです。また、こうした証券から受け取ると期待される支払いの現在価値の和のことを、証券の**ファンダメンタルズ**とも呼びます。

　以下では、株式を例にとって、株式の「公正な価格」が現在から将来にわたって支払われる期待配当の現在価値の和に等しくなることを確認しましょう。まず、現在時点を第0期として、現在から将来に続く各期を変数の右下に添えられた添え字で示すことにしましょう（たとえば、期待配当$_t$は、現在時点で期待される第 t 期の配当を示します）。

　いま、あなたが第0期で株式1枚を購入するとします。このとき、あなたは、第0期の株価に等しい対価を支払います。一方、あなたが株式の購入から期待できる収益には、2つの源泉があります。1つは配当であり、もう1つは株価上昇の利益、すなわちキャピタル・ゲイン（マイナスの場合はキャピタル・ロス）です。

　将来の配当や株価には「不確実性」があるので、あなたが株式に期待する収益率は、確定的な収益をもたらす資産の収益率（安全資産の利子率）よりも高いはずです。そうでなければ、株式など購入せずに安全資産を購入して確実な収益を得た方が望ましいからです。つまり、株式の**期待収益率**（あるいは**要求収益率**）は、安全資産の利子率にリ

スク負担の見返りとしてのリスク・プレミアムが上乗せされたものになるのです（株式購入者の要求すべきリスク・プレミアムが、具体的にどのような水準になるかという問題については、第6章コラム6.1を参照してください）。

さて、株式の購入にかかる費用と株式の購入から得られる収益の関係、すなわち第0期の株価と第1期の配当およびキャピタル・ゲインの関係は、1期間あたりの株式の期待収益率を使って、

$$\text{期待収益率} \times \text{株価}_0 = \text{期待配当}_1 + (\text{期待株価}_1 - \text{株価}_0)、$$

あるいは

$$(1 + \text{期待収益率}) \times \text{株価}_0 = \text{期待配当}_1 + \text{期待株価}_1$$

と表すことができます。仮に、左辺の方が右辺より大きければ、得られる収益に比べ現在時点の株価が高すぎることになり、株式への売り圧力によって株価が低下します。左辺の方が右辺より小さければ、得られる収益に比べ現在時点の株価が低すぎることになり、株式への買い圧力によって株価が上昇します。したがって、左辺と右辺は等式で結ばれます。

同じ関係は、第1期の株価と第2期の配当およびキャピタル・ゲインについても成り立つと考えられます。あなたがその事実を第0期から正しく予想するとすれば、

$$(1 + \text{期待収益率}) \times \text{期待株価}_1 = \text{期待配当}_2 + \text{期待株価}_2$$

という関係も得られます。さらに将来の株価と配当およびキャピタル・ゲインについても同じ関係が成り立つことから、式の代入を繰り返して、

$$\text{株価}_0 = \delta \times \text{期待配当}_1 + \delta^2 \times \text{期待配当}_2 + \delta^3 \times \text{期待配当}_3 + \delta^4 \times \text{期待配当}_4$$
$$+ \delta^5 \times \text{期待配当}_5 + \delta^6 \times \text{期待配当}_6 + \delta^7 \times \text{期待配当}_7 + \cdots\cdots$$

（ただし、$\delta = \dfrac{1}{1+\text{期待収益率}}$）という関係を得ることができます。ここで、$\delta^t \times \text{期待配当}_t$ は、t 期の期待配当を「複利計算して求めた t 期間当たりの株式の期待収益率」によってディスカウントした t 期の期待配当の現在価値にほかなりません。したがって、この式は、株式の「公正な価格」が期待配当の現在価値の和として表されることを示しているのです。

議論してみよう

「人々の間を資金が往来するだけで財を生産するわけでもない金融という経済活動は、社会全体としてみれば何の価値も生み出さないゼロサム・ゲーム（誰かの利益がちょうど誰かの損失となり参加者全体の利益と損失の和がゼロとなっているゲーム）だ」との意見があります。この意見に対して、具体的な金融

取引の例を挙げて反論してください。
　また、現実に行われている金融取引の中に、この意見が主張するようなゼロサム・ゲームだと考えられる金融取引は存在するでしょうか？　もし存在するとすれば、それはどのような金融取引か、説明してください。

第2章

金融取引の阻害要因(1)
──情報の非対称性

前章では、「交換の利益」という概念を使い、金融という経済活動が、なぜ、われわれの生活の向上に役立つのか、その理由を説明しました。しかし、「交換」が望ましくても、その円滑な実現ができなければ、「利益」を十分に得ることはできません。本章では、金融取引を妨げる要因として、「情報の非対称性」の問題を取り上げます。そして、「情報の非対称性」が、なぜ金融取引を妨げるのか、「利益」を求める経済主体が問題にどのように対処するのか、を議論します。

2.1 情報の非対称性

　資金調達者へ資金を供給する際、資金提供者にとって重要なことは、調達者に投資能力があるか、確かな資金返済の意思があるかについて知ることです。また、資金を供給した後では、調達者が投資成果の実現に向けて十分な努力をしているか、約束どおりの投資活動を行っているかについても知る必要があります。さらに、投資成果が実現した後には、調達者が成果について真実を報告しているか否かについても知らねばなりません。そうでないと、提供者は適切な資金回収を確信できなくなり、金融取引が妨げられてしまいます。

　一般に、調達者は自分自身に関する情報を他人である提供者よりよく知って

いると考えられます。このようにある主体が持つ情報と他の主体が持つ情報が異なることを「**情報の非対称性（intormational asymmetry）**」が存在するといいます。

「情報の非対称性」がもたらす問題は、能力、返済意思、努力水準が十分に高く投資成果について真実を報告する調達者に対しても、資金返済に疑念が持たれ金融取引が困難になる点にあります。提供者からみて、優良な調達者と不良な調達者が区別できないからです。このため、優良な調達者は、不良な調達者の存在によって一種の「外部不経済」を被ってしまいます。

「情報の非対称性」が引き起こす問題は、「**逆選択（adverse selection）**」問題と「**モラル・ハザード（moral hazard）**」問題に大別されます。以下では、まず、それぞれの問題が、なぜ金融取引の障害となるのかを議論します。

2.2　逆選択

「逆選択」は、資金調達者の投資能力や返済意思など彼らがもともと持っている性質に関して「情報の非対称性」が存在するときに発生する問題です。つまり、「逆選択」は、資金供給が行われる前の段階で、提供者と調達者が持つ情報が異なるとき発生する問題ということができます。

このような「情報の非対称性」の下では、投資能力や返済意思が十分にある優良な調達者に要求される返済額は、「情報の非対称性」が存在しない場合に比べて上昇してしまいます。提供者は、調達者が不良な調達者である可能性を考慮に入れて、資金返済が行われない確率をより高く見積もるからです。このとき、優良な調達者が「自分が投資から得る収益と比べて、返済額が高すぎる」と考えれば、彼らは資金調達をする動機を失います。結果として、資金調達を希望する者は不良な調達者だけになってしまうのです。

「逆選択」のメカニズムを、簡単な数値例によって確認しましょう。いま、調達者に以下の2つのタイプがあるとします。タイプ1の調達者は、0.8の確率で投資に成功し35の収益を手に入れられますが、0.2の確率で投資に失敗し

投資の成否 調達者のタイプ	成功	失敗
タイプ1	確率 0.8　収益 35	確率 0.2　収益 0
タイプ2	確率 0.4　収益 70	確率 0.6　収益 0

調達者の外部機会の価値：0、提供者の外部機会の価値：24（外部機会の価値とは、調達者がこの投資を行わない場合に得る利得、提供者が資金を他の場所で活用する場合に得る利得のことです）

表2-1　逆選択の数値例

収益をいっさい手に入れられません。一方、タイプ2の調達者は、0.4の確率で投資に成功し70の収益を手に入れられますが、0.6の確率で投資に失敗し収益をいっさい手に入れられません。2つのタイプの資金調達者は、期待値で見れば同一の収益性がある投資機会を持っていますが（$0.8 \times 35 = 0.4 \times 70$）、タイプ2の方が、投資の失敗確率が高いという意味で、能力に欠けるよりリスクの高い調達者と考えることができます。両タイプとも資金調達額は同じで、投資に失敗した場合は債務不履行を起こすとします。

また、両タイプとも投資を行わない場合に得られる収益は0だとし、資金提供者は期待値で見て24の資金返済（期待返済額）を要求しているとしましょう（表2-1）。

もし、「情報の非対称性」が存在せず、提供者が調達者のタイプを見分けられるならば、タイプ1に対しては30の資金返済を要求する（$30 \times 0.8 = 24$）、タイプ2に対しては60の資金返済を要求する（$60 \times 0.4 = 24$）、という形でそれぞれの調達者に対して異なった要求をすることができます。このとき、タイプ1の調達者が得る期待利潤は$0.8 \times (35 - 30) = 4$であり、タイプ2の調達者が得る期待利潤も$0.4 \times (70 - 60) = 4$です。つまり、両タイプともプラスの利潤を期待することができます。したがって、調達者がいずれのタイプであっても金融取引が成立します。

次に、「情報の非対称性」が存在し、提供者が調達者のタイプを見分けられない場合を議論しましょう。提供者は、「調達者が0.5の確率でタイプ1、0.5

の確率でタイプ2である」と考えているとします。このとき、提供者は、どの調達者にも40の資金返済を要求します（40×（0.5×0.8＋0.5×0.4）＝24）。ここで、タイプ1の調達者が得る期待利潤は、0.8×（35－40）＝－4であり、タイプ2の調達者が得る期待利潤は、0.4×（70－40）＝12です。したがって、期待利潤がマイナスとなるタイプ1は資金調達を止めてしまいます（そして、資金調達を行うのはタイプ2だけになり、提供者が要求すべき資金返済はすべて

COLUMN 2.1　レモン・プレミアム

　「情報の非対称性」の問題は、G.A. アカロフ教授の中古車市場を例にとった分析が発端となり、経済学における理解が進展しました。"レモン"と呼ばれる中古車には、品質が、（中古車をそれまで使用してきた）売り手にはよくわかっているが、（その中古車を初めて見る）買い手にはわかりにくいという性質があります。このような「情報の非対称性」の下では、品質の高い中古車も品質の低い中古車も区別されることなく、市場で売りに出された中古車の平均的な品質に見合う価格を一律に付けられることになります。このとき、品質の高い中古車を持つ売り手が「自分の中古車の品質から見て付けられた価格が低すぎる」と考え市場から撤退してしまうと、市場で売りに出される中古車は、品質の低いものばかりになってしまうのです※。

　本文中の「逆選択」の数値例では、「情報の非対称性」の下で、タイプ1の調達者もタイプ2の調達者も区別されることなく、平均的な資金返済確率に見合う返済を一律に要求されます。とくに、タイプ1の調達者に要求される期待返済額が、「情報の対称性」の下では24（＝0.8×30）であったのに「情報の非対称性」の下では32（＝0.8×40）に上昇することが、タイプ1の調達者を金融取引から撤退させました。

　このような「情報の非対称性」が引き起こす期待返済額の上昇は、第1章4節で議論したリスク負担の見返りとしての期待返済額の上昇、すなわち、リスク・プレミアムの発生とは異なるメカニズムに基づくものであることにも注意しておきましょう（たとえば、本文中の「逆選択」の数値例では、資金提供者は、つねに一定の期待返済額24を要求しており、リスク負担の見返りを要求していません）。アカロフ教授の論文にちなんで、このような「情報の非対称性」が引き起こす期待返済額の上昇を、リスク負担の見返りとしての期待返済額の上昇から区別して**レモン・プレミアム**（lemon premium）と呼ぶこともあります。

　＊ Akerlof, G. A. "The Market for 'Lemons': Quality Uncertainty and the Market Mechanism," *Quarterly Journal of Economics*, Vol.84. 1970, pp.488-500.

の調達者に対して60まで上昇します)。このように、本来成立するはずのタイプ1の調達者に対する金融取引が「情報の非対称性」のために成立しないことになるのです（コラム2.1）。

2.3 モラル・ハザード

「モラル・ハザード」は、資金調達者の努力水準や投資成果についての報告など、彼らの行動に関して「情報の非対称性」が存在するとき発生する問題です。いいかえれば、「モラル・ハザード」は、資金供給が行われた後の段階で、提供者と調達者が持つ情報が異なる場合に発生する問題といえます。

この場合、調達者が十分な努力を行い、また真実を報告するつもりがあっても、その事実が提供者に伝わらなければ、資金返済に疑念が持たれ彼らに要求される返済額は上昇してしまいます。つまり、「情報の非対称性」の下では、彼らの努力や正直さは報われないものとなるのです。したがって、調達者が努力を行い正直に振舞う動機を失い、提供者から見て資金返済がますます疑わしいものになります。その結果、要求される返済額がさらに上昇し、望ましい金融取引が困難になるのです。

「モラル・ハザード」のメカニズムも、簡単な数値例によって確認しましょう。いま、資金調達者が努力を行うケースと行わないケースがあるとします。調達者が努力を行うケースでは、0.8の確率で投資が成功し50の収益を手に入れられますが、0.2の確率で投資が失敗し収益をいっさい手に入れられません。一方、調達者が努力を行わないケースでは、0.4の確率で投資が成功しやはり50の収益を手に入れられますが、0.6の確率で投資が失敗し収益をいっさい手に入れられません。いずれのケースも、資金調達額は同一で、投資が失敗したとき、調達者は債務不履行を起こすとします。また、調達者が努力を行うケースでは、調達者は資金額に換算して10だけの不効用を感じるものとします。

さらに、調達者が投資を行わない場合に得られる収益は0だとし、資金提供者は24の期待返済額を要求しているとしましょう（表2-2）。

投資の成否 調達者の努力	成功		失敗	
行う（努力の不効用 10）	確率 0.8	収益 50	確率 0.2	収益 0
行わない（努力の不効用 0）	確率 0.4	収益 50	確率 0.6	収益 0

調達者の外部機会の価値：0、提供者の外部機会の価値：24（外部機会の価値とは、調達者がこの投資を行わない場合に得る利得、提供者が資金を他の場所で活用する場合に得る利得のことです）

表2-2　モラル・ハザードの数値例

　もし、「情報の非対称性」が存在せず、提供者が調達者の努力水準を見分けられるならば、努力を行った調達者に対しては30の資金返済を要求する、努力を行わなかった調達者に対しては60の資金返済を要求する、という形でそれぞれの調達者に対して異なった要求をすることができます。このとき、努力を行った調達者が得る期待利得（＝期待利潤－努力の不効用）は$0.8 \times (50-30) - 10 = 6$です。一方、努力を行わなかった調達者が得る期待利得（＝期待利潤－努力の不効用）は$0.4 \times (50-60) - 0 = -4$です。したがって、調達者は必ず努力を行い、その結果、調達者がプラスの期待利得を得る望ましい金融取引が成立することになります。

　次に、「情報の非対称性」が存在し、提供者が調達者の努力水準を見分けられない場合を議論しましょう。いま、仮に、資金提供者が、「調達者は努力を行う」と予想し、調達者に30の資金返済を要求するとします。このとき、調達者は、努力を行わなかった場合には$0.4 \times (50-30) - 0 = 8$の期待利得を得、努力を行った場合には$0.8 \times (50-30) - 10 = 6$の期待利得を得ます。前者が後者よりも大きいため、調達者は努力を行いません。したがって、提供者が「調達者は努力を行う」と予想するのは間違いであることになります。そこで、今度は、提供者が、「調達者は努力を行わない」と予想し、調達者に60の資金返済を要求するとします。このとき、調達者は、努力を行わなかった場合は、$0.4 \times (50-60) - 0 = -4$の期待利得を得、努力を行った場合は、$0.8 \times (50-60) - 10 = -18$の期待利得を得ます。いずれの場合も期待利得はマイナスであ

るため、資金調達は行われなくなってしまいます。このように、本来成立するはずの望ましい金融取引が「情報の非対称性」のために成立しないことになるのです。

2.4 「情報の非対称性」の克服

以上のように、「情報の非対称性」の問題を放置すると、「利益」をもたらすはずの金融取引が実現しないという非効率性が発生してしまいます。したがって、「利益」を求める経済主体は問題を解決するため様々な創意工夫を行います。すなわち、調達者から提供者に情報が伝達されるような仕組みを設ける、あるいは情報伝達が直接行われなくても「逆選択」や「モラル・ハザード」が自発的に抑止される仕組みを設けるなどして問題を解決するのです。以下では、こうした仕組みの具体例について検討します。

2.5 情報開示

金融取引の円滑な実現のためには、資金調達者の持つ情報が提供者にも伝達されることによって「情報の非対称性」の問題が克服されなければなりません。問題の解決方法には、以下の2つの原則が考えられます。

販売者責任原則 情報を持っている資金調達者が、自分の能力、返済意思、努力水準、報告の正しさを証明する。この方法は、調達者責任すなわち証券の「**販売者責任**」によって問題解決を図るものです。

購入者責任原則 情報を持っていない資金提供者が、調達者の能力、返済意思、努力水準、報告の正しさを調査する。この方法は、提供者責任すなわち証券の「**購入者責任**」によって問題解決を図るものです。

一般には、情報を持つ調達者が、"自分のこと"を証明する「販売者責任」

原則の方が、情報を持たない提供者が、"他人のこと"を調査する「購入者責任」原則よりも情報伝達の方法としてより直接的で望ましいものといえます。とくに、能力が高いあるいは努力を多く投入しているなど、優良な調達者には、その事実を証明できれば、要求される返済額を低下させられるという大きなメリットがあります。したがって、彼らは、自らが持つ情報を伝達すべく積極的に「販売者責任」を果たそうとします。したがって、彼らの情報伝達の積極性を観察することによって、「情報の非対称性」の問題を克服することができます。原則的に「情報の非対称性」の問題は、資金調達者の間で行われる資金獲得をめぐる自発的な競争によって解決するといえるのです。

ただし、優良な調達者にとっても、「自分が優良な調達者だ」ということを証明するのは、きわめて困難な作業となる可能性も考えられます。調達者は誰しも、自分のことを優良な調達者であると思われたいため、不良な調達者には「自分は優良な調達者だ」という虚偽の情報を伝達する動機がつねに存在するからです。したがって、真実の情報と虚偽の情報を容易に区別できない状況では、情報が真実のものであることを証明するための費用が大きく膨らんでしまうかもしれないのです。

このため、情報伝達の費用をできる限り低下させ、「販売者責任」の実効性を高める仕組みが必要となります。すなわち、調達者が公表する情報が真実のものか否かを調査して、公表された情報に裏づけを与える制度が作られるのです。この仕組みのことを、**情報開示**（ディスクロジャー：disclosure）制度といいます。情報開示制度には、公表される情報を会計士が監査し、それを周知する会計監査制度のほか、虚偽の情報を公表した調達者（およびそれを見逃したり調達者と結託して虚偽報告を行ったりした会計士）を処罰する罰則制度——刑事告発・損害賠償制度——などが含まれます。また、調達者の依頼を受け、証券の評価を行う格付け機関、証券発行の手続きを担う証券会社や投資銀行などの民間の審査や調査の活動も、広い意味で情報開示制度の一部を構成します。

2.6 情報生産

　一方、情報開示制度の確立が不十分であるなどの理由で、「販売者責任」を果たすためにかかる費用が高い状況では、「購入者責任」原則が「情報の非対称性」の問題への対処として選択されざるをえません。「購入者責任」原則の下では、資金供給に当たって資金提供者が調達者を調査することになります。このような提供者の側が費用をかけて行う情報収集のことを**情報生産**（information production）と呼びます。[*1]

　情報生産には、複数の資金提供者が、それぞれ個別に情報生産を行うこと（分権的な情報生産）が効率的ではないという問題があります。分権的な情報生産に伴う1つの問題は、「**ただ乗り**（free rider）」問題と呼ばれるものです。調達者に関する情報は、そこに資金供給をするすべての提供者にとって有益であるため、同一の情報である限り、誰かが生産をしてくれれば、他の提供者は費用を負担しなくてもそのメリットを受けられます。つまり、情報生産には、一種の「公共財供給」としての側面があるのです。とくに、個々の提供者が供給する資金が少額であるとき、情報生産の費用は提供者1人1人からみて引き合わないものとなり、その作業を他人に押し付けようとするインセンティブが生まれます。いうまでもなく、皆がそう考えれば、情報生産は行われなくなってしまいます。

　もう1つの問題は、「**重複生産**（duplication）」問題と呼ばれるものです。いま、個々の資金提供者が実際に情報生産に携わったとしましょう。この場合は、同じ情報が何重にも費用をかけて生産されるという無駄が生じています。もともと同じ情報ならば、誰か1人がそれを生産すればよいからです。

　このような問題を解決する仕組みとして金融機関、とりわけ銀行の存在意義

[*1] ただし、ここで「費用をかけて」といっているのは、誰が直接的に費用を負担しているか、という問題であって費用の負担が最終的に誰に帰着するのかという問題ではありません。たとえば、資金提供者が"費用をかけて"も、その費用を資金返済額に上乗せすれば（レモン・プレミアムの一種）、費用の負担は調達者に帰着します。

を捉えることができます。銀行は、個々の資金提供者から預金を集めそれをまとめて調達者への貸出を行います。このとき、調達者に関する審査や調査を行うのです。この業務は、銀行が個々の提供者を代表する形で情報生産を行うことにより、分権的な情報生産における「ただ乗り」問題と「重複生産」問題を解決する仕組みと見ることができます。金融機関のこうした機能を、**委託されたモニター**（delegated monitor）としての機能といいます。[*2]

2.7　担保

　「情報の非対称性」の問題への対処には、提供者・調達者間で直接的に情報をやり取りするのではなく、「逆選択」や「モラル・ハザード」が自発的に抑止される仕組みを設ける方法もあります。こうした方法は、情報開示や情報生産の費用が高い場合、直接的な情報伝達に代替するものとして、あるいは情報開示や情報生産が行われてもそれらが不完全な場合、直接的な情報伝達を補完するものとして活用されます。

　そのような方法の代表として、**担保**（collateral）の提供が挙げられます。担保は、基本的に、資金調達者が行う投資のリスクから独立した価値を持つ資産を資金提供者が確保し信用リスクの低減を図るためのものです。[*3] しかし、担保は、「情報の非対称性」の問題の緩和にも役立ちます。

　まず、担保は、「逆選択」の緩和に用いることが可能です。調達者が提供する担保は、債務不履行が発生したとき差し押さえにより没収されます。したがって、債務不履行の確率が低い優良な調達者に比べ、その確率が高い不良な調達者は、担保の提供により消極的なはずです。後者は、前者に比べて、担保を

[*2]　Diamond, D.W. "Financial Intermediation and Delegated Monitoring," *Review of Economic Studies*, Vol.59, 1984, pp.393-414 を参照。
[*3]　このような条件を満たす資産としては、調達者の持つ特定の人的・物的資本との結び付きが希薄で用途に汎用性があるものが適しています。たとえば、かつての日本でその代表は土地でした。逆に、担保として提供しにくいのは、アイデアやノウハウ、のれんやブランドといった無形の資産です。

差し押さえられる確率が高いからです。したがって、担保が要求されるとき、優良な調達者はそれに応じ資金調達を行うが、不良な調達者はそれに応じることなく資金調達を断念するという、調達者それぞれの性質に基づいた自主的な選択——**自己選択メカニズム**（self-selection mechanism）——が可能になります。この意味で、担保は、「隠された情報」（調達者が優良か否か）を、観察可能な行動（調達者が担保の提供に応じるか否か）に翻訳して提供者に知らせる装置として機能し「情報の非対称性」の克服に役立つのです。[*4]

次に、担保は、「モラル・ハザード」の緩和にも用いることが可能です。担保は、債務不履行時に調達者から没収されるため、担保を提供すると、調達者にとって投資成果を上げるための努力を怠る、一攫千金を目指して過度にリスキーな投資を行うといった行動が不利益なものになります。そのようなことをすれば、債務不履行が発生しやすく、担保を差し押さえられる確率が上がるからです。つまり、担保は、モラル・ハザードの発生を抑止する**保証金メカニズム**（bonding mechanism）として機能し、「情報の非対称性」の克服に役立つのです。

もちろん、担保による問題解決には、資金調達者が担保として提供しうる資産を保有していなければならないという大前提があります（アイデアがあっても"土地"を持っていない資金調達者は資金を得られません）。また、担保によって逆選択やモラル・ハザードの問題が解消されても、債務不履行の確率が０になるわけではありません——まじめに努力しても債務不履行が起こることはあります。したがって、担保に提供された資産が、調達者との特定の結び付きのために、汎用性に乏しく所有の移転によって価値が減少するようなものならば、担保の提供は債務不履行時の資産価値の喪失を招きます。そのため、担

[*4] 自己選択による情報伝達メカニズムについては、以下の２つの形態が考えられます。１つは、情報を持つ優良な資金調達者が、担保の提供を申し出て自分が優良な調達者であることを伝達する**シグナリング**（signaling）のメカニズム。この場合、不良な調達者は、担保の提供による期待損失が大きく、優良な調達者の行動に追随できないため情報が明らかになります。もう１つは、情報を持たない資金提供者が、担保水準の異なったいくつかの契約を提示し、その中から調達者に自分にあった契約を選ばせることにより情報を獲得する**スクリーニング**（screening）のメカニズム。この場合、債務履行時の返済額は低いが担保が要求される契約と返済額は高いが担保が要求されない契約を提示すると、優良な調達者は前者に、不良な調達者は後者に応募することになり、情報が明らかになります。

保の提供は、債務不履行の費用を増大させるというデメリットを持つのです。

2.8　資金調達手段の選択

次に、「情報の非対称性」の問題への対処として、資金調達手段の選択について考えましょう。資金調達手段の選択、すなわち資金調達者が発行する証券の選択は、将来時点で発生する様々な状態に対して、資金提供者と調達者の間でどのようにリスクを分担するかを決定するものです。しかし同時に、そのようなリスク分担の形態の選択は、「情報の非対称性」の問題の緩和にも役立つ可能性があります。

■情報非感応的な証券の発行

収益性が高い資金調達者（タイプ１）と低い資金調達者（タイプ２）がおり、資金提供者が「情報の非対称性」のために、２つのタイプの調達者を見分けられないとします。いま、どちらのタイプの調達者も株式を発行して資金調達をするとしましょう。このとき、提供者が調達者のタイプを見分けられないため、タイプ１の調達者が発行した株式には、その本当の収益性から見て割安な発行価格が付きます。つまり、タイプ１の調達者は、タイプ２の調達者である可能性を疑われ、資金調達額に制約を課せられてしまうのです。

ここで、調達者が株式ではなく債券を発行して資金調達をするとしましょう。仮に、発行された債券に債務不履行が発生しない（タイプ１の調達者はもちろん、タイプ２の調達者でさえ返済に十分な収益性がある）ならば、「情報の非対称性」の存在は問題ではなくなります。なぜなら、債券は元金と前もって決められた利息が資金提供者に支払われる証券であり、債務不履行が発生しない限り資金提供者にとって調達者の収益性は関係がないからです。このような「隠された情報」に収益が影響を受けない証券を「**情報非感応的**（information-insensitive）」な証券といいます。逆に、株式は「**情報感応的**（information-sensitive）」な証券であるためにタイプ１の調達者に対する過小

評価の問題が発生したのです。

　それでは、株式発行は完全に排除されてしまうでしょうか？　債券がさらに多く発行されると「債務不履行が発生しない」という前提が崩れ、債券に「債務不履行の確率はタイプ２の調達者のほうが高い」という「情報感応性」が生じるかもしれません。もしそうならば、この段階ではじめて、ともに「情報感応的」となった債券と株式の選択の余地が生じます。以上のような債券と株式の間の発行順序は、情報を持たない資金提供者にできる限り「情報非感応的」な証券を持たせ、「情報の非対称性」を問題化させないための工夫として生じるといえます。

▎情報生産費用の節約

　債券の「情報非感応性」のメリットは、情報生産費用の節約という視点からも捉えることができます。株式は資金提供者が調達者の上げた利潤の分配を受ける証券です。したがって、株主となった資金提供者は、利潤の分配を受ける際にはつねに調達者がどれだけの利潤を上げているかについて情報を集め、自分が受ける分配が適正なものであるか否かを知らねばなりません。調達者には、利潤が少ししか上がらなかったと宣言して、株主への分配を減らし自分の取り分を多くしようとするインセンティブが存在するからです。したがって、情報開示制度が整っておらず「情報の非対称性」の問題が深刻な環境では、株式発行による資金調達は大きな情報生産費用を必要とすることになります。

　一方、債券は元金と前もって決められた利息が資金提供者に支払われる証券です。このことは、債務不履行が宣言されない限り、債権者である資金提供者は、調達者が上げる収益について情報を集める必要がないことを意味します。ただし、調達者には、「資金返済が可能である」のに収益が少ししか上がらなかったとして債務不履行を宣言し、債権者への返済を減らし自分の取り分を多くしようとするインセンティブが存在します。したがって、債務不履行が宣言されたとき、債権者は、その宣言に虚偽がないか否かを調査し、虚偽が発見された場合には調達者を罰せねばなりません。そして、重要な点は、このような虚偽に対する罰が十分に重く設定されているならば、調達者にとって、「資金返済が可能である」のに債務不履行を宣言することは利益にならず、調達者は

「資金返済が不可能である」ときにのみ債務不履行を宣言するようになるということです。結果として、債券発行による資金調達は、提供者が情報生産すべき状態の数を減らし、情報生産費用の節約を可能にします。「購入者責任」原則の下で発行される証券が、しばしば株式タイプではなく債券タイプのものになる現実（たとえば、銀行貸出が株式契約でなく負債契約の形をとる）には、以上のような合理性があるのです。[*5]

■ 資産代替および努力忌避の抑止

債券と株式とでは、資金提供者と調達者の間のリスク分担の形態の違いから、「情報の非対称性」の下で問題となる「モラル・ハザード」の形態にも違いが生まれます。

まず、資金調達者が債券発行によって資金調達をしたとしましょう。債券は、「返済が可能な限り」元金と前もって決められた利息が資金提供者に支払われる証券です。したがって、投資から得られる収益が上昇しても、調達者は、提供者に固定額の返済を行えばよく、収益上昇の成果は調達者の取り分になります。一方、収益が低下し元金と決められた利息が支払えなくなると、調達者は債務不履行に訴え、収益低下の損失を提供者に負わせることができます。このため、調達者には、リスクが大きくても、成功したとき高い収益が得られる投資活動を実行するインセンティブが生じます。こうした調達者による過度のリスク・テイキングは「**資産代替**（asset substitution）のモラル・ハザード」と呼ばれます。[*6]

次に、資金調達者が債券発行を減らし、調達額の減少分を株式発行によって調達するとしましょう。株式は、資金提供者が調達者の上げた利潤の分配を受ける証券です。このため、調達者が努力して投資の収益を上昇させたとき、収

---

*5 　負債契約による情報生産費用の節約は、「**費用のかかる状態立証**（costly state verification）」の問題としてよりフォーマルに定式化されています。本文中の説明では、この問題を「株式か債券か」という２つの資金調達手段の間の選択として議論しました。しかし、選択の対象となる証券のメニューを株式と債券に限らずより一般的なものにしても、一定の条件の下で最適な金融契約は負債契約になることが知られています。このように証券のメニューをあらかじめ限ることなく最適な金融契約の形態を探る研究を**証券設計**（security design）の研究といいます。

益上昇の成果が利潤の分配という形で提供者の手に渡ってしまいます。このことは、株式発行が増えると、調達者が努力しても調達者にとって努力の見返りが十分に得られなくなることを意味します。このため、株式発行が増えると調達者には投資活動に投入する努力水準を低下させるインセンティブが生じます。こうした調達者の努力水準の低下は「**努力忌避（effort aversion）のモラル・ハザード**」と呼ばれます。

　資金調達手段は、これら「モラル・ハザード」をできる限り抑止するように選択されると考えられます。したがって、「資産代替のモラル・ハザード」が深刻になるケース（調達者が一攫千金を狙えるが成功確率の低いベンチャー的な投資機会にアクセスできるケースなど）には株式による資金調達が、「努力忌避のモラル・ハザード」が深刻になるケース（投資の収益が調達者の努力水準に大きく左右されるケースなど）には債券による資金調達が、それぞれ望ましい手段として選択されると考えられます。[7]

2.9　企業の資金調達と依頼人・代理人問題

　最後に、「情報の非対称性」に関する前節までの議論を踏まえて、企業、と

---

[6] 資金調達者が債券発行によって資金調達をしたとき、調達者は投資の収益から債権者への元金と利息の支払いを行った後の利潤を受け取る主体となります。つまり、債券発行によって資金調達をした調達者は、収益の分配において株主としての立場に置かれているということができます（調達者が株主としての立場から持つ収益の持ち分を、外部の資金提供者に発行される株式から区別して**内部株式**（inside equity）と呼びます）。この観点から、「資産代替のモラル・ハザード」を株主としての立場から自らの利益を高めようとする主体が債権者に対して引き起こす「モラル・ハザード」の問題として捉えることもできます。

[7] 「資産代替のモラル・ハザード」が深刻化するケースとしては、資金調達者がすでに不履行の可能性が高い債務を抱えているケースが挙げられます。このとき、債務者である調達者には"ダメもとで"リスクの高い投資活動を行い、投資活動に成功すれば多額の収益から債務を一気に返済するという起死回生に打って出るインセンティブがあるからです。こうした「モラル・ハザード」の問題を、「**復活のための賭け**（gamble for resurrection）」と呼びます。「復活のための賭け」を防ぐには、資金提供者が既存の債権を放棄してその代わりに調達者が発行する株式を受け取るなど、資金調達手段の事後的な変更——**債務の株式化**（debt-equity swap）——が必要となります。

りわけ現代の大企業（株式会社）の資金調達をめぐる問題を考えましょう。現代の大企業の資金調達を考える上では、調達した資金を使った資産の購入や購入された資産の使用・処分に関わる意思決定（企業経営の意思決定）が、**経営者（manager）**と呼ばれる専門家に委託されている点に注目する必要があります。また、現代の大企業は、株式や債券など様々な証券を発行して、多くの資金提供者から資金を調達している点にも注目する必要があります。

　一般に、ある主体が他の主体に業務を委託し、前者の主体が後者の主体に対して報酬を支払う関係を「**依頼人・代理人関係（principal-agent relationship）**」といいます。企業における資金提供者と経営者の関係も、この「依頼人・代理人関係」の1つと考えられます。「依頼人・代理人関係」は、依頼人よりも代理人の方が業務に必要な能力が高く意思決定がより適切に行えるため成立する分業の一種といえます。しかし、「依頼人・代理人関係」には、依頼人と代理人の間で、必ずしも利害が一致するとは限らないという問題もあります。たとえば、依頼人は業務の遂行によって得られる成果のみに関心があるのに対して、代理人は業務の遂行に投入する努力の不効用にも関心があるなど、両者には利害の不一致があるのです。したがって、「情報の非対称性」が存在し、依頼人が代理人の行動を観察できないとき、代理人が依頼人の利益に沿った行動を取る保証はありません（「モラル・ハザード」の発生）。

　資金提供者と経営者の関係を「依頼人・代理人関係」と考えるとき、どの程度、経営者が資金提供者の利益に沿った経営を行っているかは、実現する**企業価値（firm value）**の大きさによって把握することができます。企業価値とは、企業が発行する様々な証券の市場での評価額の総和、すなわち発行証券の時価総額のことです。発行証券の時価総額は、証券の保有者である資金提供者が現在から将来にわたって企業から受け取るすべての支払いの現在価値の和であり、提供者が証券を保有していることによって得る価値の総和にほかなりません。したがって、企業価値が上昇すれば、それは経営者が資金提供者の利益を高める経営を行ったことを意味し、企業価値が下落すれば、それは経営者が資金提供者の利益を損なう経営を行ったことを意味します。つまり、経営者が企業価値の最大化を目指して経営を行っているとき、経営者が「モラル・ハザード」を起こすことなく資金提供者の利益に沿った効率的な経営を行っている

ということができるのです。

以下では、「情報の非対称性」の下で、「モラル・ハザード」の問題に陥るかもしれない経営者を効率的な経営を目指すように規律付けるための様々な工夫について議論します。[*8]

▪️経営監視

経営者に資金提供者の利益に沿った経営を行わせる方法の1つは、提供者による**経営監視（モニタリング：monitoring）**です。経営監視とは、資金提供者が経営者の行動を観察し、経営者の行動に提供者の利益に反するものを発見した場合、経営者の報酬をカットしたり経営者を解任したりして経営者にペナルティーを科す活動のことです。経営者は、ペナルティーを恐れ、提供者の利益に沿った行動を取ることを動機付けられます。

ただし、経営監視による「モラル・ハザード」の抑止に関しては、以下の3つの問題に注意する必要があります。第1に、経営監視という一種の「情報生産」は費用なしでは行えないという問題があります。したがって、経営監視が行われるとき、その費用（モニタリング費用）の分だけ、資金提供者と経営者が全体として得ることができる利得は失われてしまいます。

第2に、1つの企業に多くの資金提供者が資金を供給するとき、「分権的な情報生産」に伴う「ただ乗り」問題と「重複生産」問題が発生する可能性があります（本章6節参照）。こうした問題が発生すれば、経営監視を行う提供者が誰もいなくなり経営者の「モラル・ハザード」の抑止が困難になる、あるいは経営監視が重複して行われ「モラル・ハザード」の抑止のための費用が膨らむ、といった非効率性が生じることになります。

第3に、経営監視を行う資金提供者は、経営者の取った行動が提供者の利益

[*8] 「依頼人・代理人関係」が問題化するケースには、たとえ依頼人が代理人の行動を観察できても、依頼人の利益に反する代理人の行動を是正したり代理人を罰したりすることが困難だという状況も考えられます。たとえば、将来起こりうる様々な事象が想定できずあらかじめ依頼人と代理人の間で代理人が取るべき望ましい行動が特定化できないケース、代理人の不正を裁判所などに立証できず代理人に対して法的な手続きに基づいてペナルティーを科すことができないケースなどです。こうしたケースにおいて、経営者に資金提供者の利益に沿った行動を取らせるための工夫については、第3章で詳しく議論します。

に沿った行動なのか、それとも利益に反した行動なのかを正しく判断できなければならないという問題もあります。正しい判断ができなければ、経営者の望ましくない行動を見逃したり、あるいは望ましい行動を不用意に罰したりして、経営者が効率的な経営を行うことをむしろ阻害してしまうからです。もともと、資金提供者と経営者の間の「依頼人・代理人関係」が、提供者よりも経営者の方が経営の能力が高く意思決定がより適切に行えるために成立する事実を考えると、提供者が経営者の行動の是非を正しく判断できる保証はないといえます。

インセンティブ契約

資金提供者が、経営者の行動そのものは観察できなくても、行動の成果については観察できる場合があります。たとえば、提供者は、経営者が投資活動に投入した努力の水準は観察できなくても、投資活動によって生まれた収益は観察できるかもしれません。このとき、収益が努力水準と関連しているならば（努力水準が高いほど収益も高くなる確率が増えるなど）、収益と経営者の報酬を連動させ、経営者に努力水準を高めるインセンティブを与えることができます。

こうした成果に連動した報酬――成果連動型報酬（performance-based compensation）――は、必ずしも一致しない資金提供者と経営者の利害を報酬構造の操作を通じて近づけるメカニズムと解釈できます。また、こうした報酬を約束した契約をインセンティブ報酬契約あるいは単に**インセンティブ契約**（incentive contract）といいます。たとえば、資金提供者である株主が経営者に株主の利益に沿った行動、すなわち株価を最大化する行動を取らせたいならば、インセンティブ契約は、経営者の報酬が株価に連動するような形で設定されることになります。株価が決められた権利行使価格を上回れば、経営者に株価と行使価格の差額を報酬として与えるストック・オプションは、こうした**株価連動型報酬**（stock-based compensation）の一例です[*9]。

ただし、インセンティブ契約による「モラル・ハザード」の抑止に関しては、以下の3つの問題に注意する必要があります。第1に、経営者がリスク回避的な主体であるとき、インセンティブ契約は経営者にリスク負担をさせてそ

の効用を押し下げるものになります。具体的には、投資成果が経営者の行動と経営者が関与できない不確実性（外生的ショック）の双方から影響を受けるとき、インセンティブ契約は、経営者の責任ではない不確実性がもたらすリスクを経営者に負わせるものになるのです。第1章の議論から知られるように、望ましいリスク負担とは、①リスクを集団で分担し個々の主体から見たリスクを低減すること、②リスクをリスク回避度が高い主体からそれが低い主体に移転することでした。しかし、「情報の非対称性に対処するためのリスク負担」（**情報保有に基づくリスク負担**―― information-based risk bearing）では、望ましいリスク負担を実現できず、「インセンティブとリスク負担のトレード・オフ」が生じます。すなわち、経営者のリスク負担という望ましくない効果を考慮に入れる限り、報酬の成果への連動性には限界が生まれ、「モラル・ハザード」の抑止も限定的にならざるを得ないという問題があるのです。

　第2に、経営者がたとえリスクを嫌わない（リスク中立的な：risk neutral）主体でも、インセンティブ契約に「経営者の報酬を0以下にはできない」という非負制約（有限責任性の一種）があるとき、「モラル・ハザード」の抑止は限定的だという問題も存在します。なぜなら、経営者が上げた成果が悪くても、たかだか経営者を解任できるにすぎず経営者を十分に罰することができないからです。このような場合、経営者が上げた成果が良いときにその報酬を多く積み増す方法もありますが、それは依頼人にとって費用増加となるため限界があるのです。

　第3に、報酬が連動する観察可能な指標は、経営者の行動を適切に反映したものでなければならないという問題もあります。たとえば、株価連動型報酬が採用される場合、株価が経営者にとって操作可能なものであってはなりません。まず、経営者が株価を吊り上げるため、選別的に有利な情報を開示し不利な情報を隠蔽できてはなりません。さらに、株式市場の参加者が正確な情報に基づき株価形成を行い株価が情報を十分に反映したもの（informative）で

---

*9　より詳しくインセンティブ契約を見ると、報酬として金銭的利益を与えるケースと非金銭的利益（昇進や身分保障）を与えるケース、報酬が連動する指標が会計データであるケース（売上や利益に基づくボーナス）と市場データであるケース（経営者への株式やストック・オプションの付与）、成果の評価が絶対評価で行われるケースとライバルとの相対評価で行われるケース、などの多様な形があります。

なければならないという点も重要です。たとえば、経営者が適切な努力を怠っていても、その情報が市場参加者に理解されなければ、それは株価に反映されません。そして、情報が株価に反映されなければ、経営者は努力を行うインセンティブを失ってしまいます。もともと、株価連動型報酬が株主と経営者との間に存在する「情報の非対称性」への対処を目的に導入される事実を考えると、株価が経営者の行動を適切に反映した指標となるか否かは決して自明なことではありません。強力な株価連動型報酬を採用したアメリカ企業（エンロン、ワールドコム、リーマンブラザーズなど）の破綻で明るみに出た不正会計、株価操作、そして、過度のリスク・テイキングは、こうしたインセンティブ契約のマイナス面が強く出た事例だったといえるでしょう。このことは、インセンティブ契約のみが問題解決の決定打となるわけではなく、その有効な運営のためには情報開示制度の充実が不可欠であることを示唆しています。[10]

■ 利益相反の抑止

　経営者の規律付けをめぐっては「経営者はいかにして様々な資金提供者の利害を調和し企業価値の増大を図ればよいのか？」という点も問題になります。現代の大企業は株式や債券など様々な証券を発行しており、資金提供者の利益も一様とは限らないからです。

　いま、経営者が、成功確率は高いが成功してもあまり大きな収益を得られない投資活動と成功確率は低いが成功すれば大きな収益を得られる投資活動の選択を行う状況を考えましょう。債権者は、企業から元金とあらかじめ決められた利息という固定的な契約支払いを受ける資金提供者です。したがって、一定の収益さえ確保されれば成功確率が高く債務不履行の可能性が低い投資活動を好む傾向があります。一方、株主は、収益から債券の元金や利息をはじめとする固定的な契約支払いを差し引いた利潤の分配を受ける資金提供者です。したがって、投資活動が成功したときの利潤をできる限り大きくしたいという動機を持ち、成功確率が低くても成功したときの収益が大きい投資活動を好む傾向

---

[10] 株価を利用したインセンティブ契約が正しく機能するための要件については第9章でも詳しく議論します。

があります。

　このように債権者と株主の利害が一致しないとき、資金提供者の代理人として行動する経営者は、一方の利益を高めると他方の利益を低める立場に置かれていることになります。このようにある主体が相反する複数の利益を追求する立場に置かれていることを、その主体が「**利益相反（conflict of interest）**」の状況にあるといいます。

　いま、こうした「利益相反」の問題が存在する下で、経営者が株価連動型報酬を付与されているとします。このとき、上述の投資活動の選択において、経営者は株主の利益に沿ってリスクの高い投資活動を選択します（「資産代替のモラル・ハザード」の発生）。その結果、株価は上昇するかもしれませんが、債券価格は下落してしまいます。そして、株式の時価総額の上昇が債券の時価総額の下落を下回れば、企業価値が損なわれたことになります。[*11]

　こうした「利益相反」の問題を抑止し、企業価値を最大化するにはどうしたらよいでしょうか？　1つの方法は、経営者に対して直接的に企業価値を最大化する動機付けを与えることです。たとえば、経営者に企業価値（発行証券の時価総額）と連動する報酬を与えれば、経営者の行動は企業価値の最大化のみに動機付けられ債権者と株主の利害対立の影響から独立になります。ただし、こうした"企業価値連動型報酬"が有効に機能するためには、債権者と株主が同じ情報を持つ、市場における債券の価格付けと株式の価格付けが同じ頻度で行われる（価格に情報が反映されるスピードが同じである）などの前提が必要です。仮に、株価と比べて債券価格の方が情報により鈍感ならば、経営者には株主の利益に偏った経営を行う動機が生じてしまいます。債券価格の情報への反応が鈍いとき、債権者の利益に沿った行動を取ったとしても、その行動の成果は経営者の報酬に反映されにくいからです。

　「利益相反」の問題を抑止するもう1つの方法は、企業の**資本構成（capital structure）**を適切なものに維持することです。企業の資本構成とは、企業が

[*11] 反対に、経営者が債権者の経営監視を受けているならば、経営者はリスクの低い投資活動を選択することを動機付けられることになるでしょう。その結果、債券価格は上昇するかもしれませんが、株価は下落してしまいます。このとき、債券の時価総額の上昇が株式の時価総額の下落を下回れば、やはり企業価値が損なわれたことになります。

発行する様々な証券の発行比率のことです。

　そもそも、企業が債務不履行を起こす確率が低い状況では、「情報非感応的」な証券である債券の評価額は経営者の行動から独立した固定的なものになります。したがって、債務不履行の確率が低い状況を維持すれば、債権者から株主へ価値を移転する「資産代替のモラル・ハザード」が発生する可能性は小さくなります。また、そのような状況では、評価額が大きく変動する証券は株式だけになり、企業価値を最大化することは株価を最大化することとほぼ等しくなります。

　一般に、債券発行が増加すればするほど、企業が債務不履行を起こす確率は高まり、その結果「資産代替のモラル・ハザード」が発生する可能性も高くなります。したがって、問題を回避する明快な方法は、債務不履行の確率を低下させるべく債券発行を一定限度に抑制することであるといえます。つまり、企業の資本構成を債券に偏向しないように構築した上で、経営者に株価連動型報酬を付与する（あるいは経営者が株主の経営監視を受ける）ようにすれば、経営者に企業価値の最大化へ向けた経営を動機付けることができるのです。たとえば、企業が債券を発行する際に結ばれる負債契約には、**財務制限条項（covenant）** の1つとして追加的な債券発行を制限する条項が盛り込まれることがあります。こうした条項は、経営者が「株主の利益を実現するために債権者の利益を犠牲にすることはない」という約束に契約上でコミットすることによって「利益相反」の問題を回避するためのものといえます[12]（コラム2.2）。

COLUMN 2.2　M-Mの無関係性定理と契約割当問題

　企業価値については、基本定理として「企業価値は資本構成に依存しない」とする**モジリアニ・ミラーの無関係性定理（M-Mの定理）** が存在します。M-Mの定理によれば、企業価値を最大化する資本構成——**最適資本構成**（optimal capital structure）

---

[12] 本書の以下の章では、特別に言及する場合を除いて、債権者と株主の利害対立は、このような契約的解決によって抑止されていると想定します。このことは、経営者が資金提供者の代理人として追求すべき目標が、基本的に「株価の最大化」であると考えて議論を進めていくことを意味します。

——を求めようとしても、それには特定の解答が存在しないことになるのです。

　M-Mの定理では、生み出される収益が同じ（生み出される収益に「不確実性」がある場合は、収益の確率分布が同じ）企業を考え、その収益が資金提供者に対してすべて払い出される状況を想定します。そして、資金提供者が企業と同じ利子率で資金を貸借できるとの仮定の下で、提供者は自分の**ポートフォリオ**（portfolio：保有する資産の構成）を適切に組み替えることによって、企業の資本構成の差異の影響を完全に打ち消すことができるという事実に着目します。以下、この事実に基づいて、定理が成立する仕組みを、具体例を使って説明しましょう。

　利払い前利益（＝利潤＋利息支払い）は同じだが、資本構成が異なる2つの企業を考えましょう。企業Uは債券の発行をせず株式の発行のみによって資金調達をしています。一方、企業Lは、債券と株式の両方の発行によって資金調達をしています。このとき、企業Uが発行する株式の時価総額 S_U は、企業が発行する証券の時価総額すなわち企業価値 V_U にほかなりません。一方、企業Lが発行する株式の時価総額 S_L は、企業価値から債券の時価総額 B_L を引いたものとなり $V_L - B_L$ に等しくなります。いま、同一の利払い前利益を X とし、資金提供者と企業に共通して適用される利子率を r としましょう。

　さて、あなたが企業Uの発行する株式の1％を買ったとしましょう。このとき必要な投資額は $0.01 V_U$ で、あなたは利潤の1％にあたる $0.01 X$ を収益として受け取ることになります。この投資戦略を、あなたが企業Lの発行する株式と債券の1％ずつを買ったケースと比較しましょう。このとき必要な投資額は $0.01 (S_L + B_L) = 0.01 V_L$ で、あなたは株式からは利潤（＝利払い後利益）の1％にあたる $0.01 (X - rB_L)$ を、債券からは利息 $0.01 rB_L$ を収益として受け取ります。したがって、どちらの場合も、あなたは、$0.01 X$ を収益として受け取ることになります。同じ収益をもたらす投資機会は同じ投資額を必要としなければなりません。そうでなければ、割高のポートフォリオを売って、割安のポートフォリオを買うことによって利益を上げられる**裁定機会**（arbitrage opportunity）が取り残されていることになるからです。したがって、$0.01 V_U = 0.01 V_L$、すなわち $V_U = V_L$ が成立します。

　次に、あなたが、企業Lの発行する株式の1％を買ったとしましょう。このとき必要な投資額は $0.01 S_L = 0.01 (V_L - B_L)$ で、あなたは利潤（＝利払い後利益）の1％にあたる $0.01 (X - rB_L)$ を収益として受け取ることになります。この投資戦略を、あなたが、自分自身で $0.01 B_L$ の借入を行い企業Uの発行する株式の1％を買ったケースと比較しましょう。このとき必要な投資額は $0.01 (V_U - B_L)$ で、あなたは株式からは利潤の1％にあたる $0.01 X$ を収益として受け取りますが、借入には利息 $0.01 rB_L$ を支払わねばなりません。したがって、あなたはどちらの場合も $0.01 (X - rB_L)$ を収益として得ることになります。同じ収益をもたらす投資機会は同じ投資額を必要としなければな

りません。したがって、0.01（V_L-B_L）＝0.01（V_U-B_L）、すなわち $V_U=V_L$ が成り立ちます。

　以上のように、M-M の定理は、「資金提供者が企業から受け取る収益の総額が同一である」との想定の下で、収益の切り分け方を変えても企業価値が変わるわけではないということを明確に主張しています——しばしば、「ピザの切り分け方を変えてもピザの大きさが変わるわけではない」と比喩されます。

　しかし、資金提供者と経営者の間に「情報の非対称性」が存在するとき、企業価値が資本構成から独立である保証はなくなります。なぜなら、資本構成の違いによって経営者が行う投資活動が変化し「資金提供者が企業から受け取る収益の総額それ自体が変化する」かもしれないからです。たとえば、本文中で議論したように、経営者に株価連動型報酬が付与されているとき、債券発行が増加するとよりリスクの高い投資活動が選択される可能性が存在します。仮に、そのような選択が行われるならば、投資活動の変化に伴い資金提供者が受け取る収益の確率分布が変化し、企業価値の資本構成への依存が発生するのです。

　ただし、別の見方をすれば、こうした企業価値の資本構成への依存は、経営者に付与されているインセンティブ契約が適切に設計されていないために発生する問題ともいえます。たとえば、"企業価値連動型報酬"がうまく機能すれば、経営者の行動はインセンティブ契約（一種の労働契約）によって動機付けられるため、資本構成（金融契約の組み合わせ）の影響から切り離されます。より一般的にいうと、経営者のモラル・ハザード問題に対して、労働契約による解決策をうまく割り当てること（assignment）ができれば、金融契約はフリーハンドとすることができます。つまり、「情報の非対称性」の下で企業価値の資本構成への依存が生じるのは、解決すべき問題の数に比べて問題の解決策として有効に機能する金融契約以外の契約の数が少ないケースだといえるのです（たとえば、本章 8 節で議論した「資金調達手段の選択」の問題では、資金調達者は金融契約と独立のインセンティブ契約を付与されておらず、彼らの報酬構造が選択された金融契約によって決められる設定になっています。このため、資金調達手段の選択が問題となったのです）。したがって、企業価値を最大化する最適資本構成を探る研究（M-M の定理の修正理論）では、なぜ問題の解決に資本構成の選択という方法を割り当てねばならないのか、いいかえれば、なぜ金融契約以外の契約が解決策として十分に機能しないのか、を検討していくことが重要となります。

*Modigliani, F. and M.H. Miller, "The Cost of Capital, Corporation Finance, and the Theory of Investment," *American Economic Review*, Vol.48, 1958, pp.261-297.

議論してみよう

「成果連動型報酬(インセンティブ契約)の導入は、自らの成果を良く見せようとする経営者の虚偽や不正を助長するので、経営者のモラル・ハザードを抑止する手段としては逆効果だ」との意見があります。あなたは、この意見に賛成ですか、それとも反対ですか? あなたの考えを、あなたがそのように考える理由とともに説明してください。

第3章

金融取引の阻害要因(2)
──契約の不完備性

本章では、金融取引を妨げる要因として、「契約の不完備性」の問題を取り上げます。とくに、なぜ、金融契約において「不完備性」が発生するのか、「不完備性」がもたらす問題は何か、「利益」を求める経済主体がその問題にどのように対処するのか、について検討します。また、いわゆる「企業統治」のメカニズムが「契約の不完備性」への対処策として形成されることも議論します。

3.1 契約の不完備性

金融取引には、将来時点における資金返済の約束、すなわち金融契約が必要です。契約は、それが忠実に履行されるように法的な手続きによって当事者の利害対立が調整される（あるいは当事者が調整の帰結を見越して、法的な手続きを経るまでもなく、それを忠実に履行する）ことにより、その内容が実現されます。しかし、実際の契約は、当事者の利害対立を完全に調整できているわけではありません。

第1に、将来起こりうるあらゆる状態を想定して、それぞれの状態で何がなされるべきかをことこまかく契約で決めることは困難だという現実があります。将来起こりうる状態には無数の可能性があり、**限定的な合理性**（bounded rationality）を持つにすぎない経済主体にとって、状態を網羅した契約を結ぶことは無理なのです。このことは、資金提供者および調達者が、事後的に、契約時点で想定していなかったあるいは契約に書き込んでいなかった状態に直面する可能性があることを意味します。

　第2に、契約の履行のためには、契約が破られた場合に裁判所などの第三者機関がその事実を認定し契約の履行を強制できなければなりません。しかし、たとえ当事者には**観察可能**（observable）でも、第三者には**立証不可能**（non-verifiable）な状態が発生する場合があります（一般に「当事者にはわかること」でも「第三者にはわからないこと」は多くあります）。このような立証が難しい状態に条件付けられた契約は、強制力がなく実効性を持ちません。

　「**契約の不完備性**（contractual incompleteness）」という概念は、以上の理由のために完全な「状態条件付」の契約が書けない、あるいは書いても実効姓が伴わないという現実を表したものです。契約を結んだ後で、法的な手続きによって利害対立を解消できない状態が発生した場合、当事者はもう1回契約を結び直して、つまり**再交渉**（renegotiation）を行って利害対立の解消に当らねばなりません。しかし、この再交渉が効率的に行われない、あるいは（再交渉それ自体は効率的であっても）事後的に再交渉があると予見されることによりあらかじめとられる行動に非効率性が生じるなどの理由で金融取引が阻害されます。

3.2　ミニ・アナーキーとしての再交渉

　人々の間の利害対立が法的な手続きに基づくことなく"解決"される社会のことを、「**アナーキー**（anarchy）」の社会といいます。そこでは、基本的に暴力やその行使を前提とした脅迫によって問題が決着を見ます。この社会が直面する非効率性は、①生産成果が他者に奪われると予想するために生じる生産活動への資源や努力の投入低下、②暴力・脅迫やそれへの防衛という非生産的活動への浪費的支出、の2つから成ります。再交渉がもたらす非効率性は、アナ

ーキーに伴うこの2つの問題のミニチュア版と考えることができます。「契約の不完備性」の問題は、再交渉時点における法の支配の空白、すなわちフォーマルな強制力の不在から生じる"ミニ・アナーキー"が引き起こす問題といえるのです。[*1]

とりわけ、問題の核心には、取引をめぐる競争環境が、当初の契約を締結する時点（事前）と再交渉が行われる時点（事後）で変わってしまう**ファンダメンタル・トランスフォーメーション**（fundamental transformation）と呼ばれる現象が存在します。[*2]

一般に、契約を結び取引関係に入る前は、取引相手を自由に選べるという意味で、経済主体を取り巻く環境は競争的なものです。端的にいえば、取引相手が提示する条件に不満ならば、その相手と取引関係に入らず他の取引相手を探せばよいのです。そして、そのことが契約当事者にとって、お互い不利な取引条件を押し付けられないための裏づけにもなっています。しかし、いったん取引関係に入った後は、簡単に相手を取り替えられない状況が生じ、競争環境が失われる場合があります。競争環境が失われる理由としては、次のような要因が挙げられます。

取引関係の構築に際して行われる物的・人的投資が**埋没的**（sunk）あるいは**関係特殊的**（relation specific）である――いったん投下すると回収できない、あるいは現行の取引関係においてのみ高い価値を持ち、他の場所で用いると価値が下がる――という物理的要因。

物的資本の中古市場・労働の転職市場・証券の二次市場（流通市場）が情報の非対称性や規制などのために発達しておらず取引関係の解消や再構築を容易に行える場がないという制度的要因。[*3]

....
[*1] ①ある主体が、再交渉において「取引条件が他者に有利になる」ことを予想し生産活動への資源や努力の投入を低下させる――分かち合う"パイ"の総量を小さくする――問題を**ホールド・アップ**（hold up）問題と呼びます。また、②ある主体が、再交渉において「取引条件を自分に有利にする」ために浪費的な行動をとる――一定の"パイ"を奪い合うだけの見返りのない費用を発生させる――問題を**インフルエンス・コスト**（influence cost）問題と呼びます。
[*2] Williamson, O. E., "Transaction-Cost Economics: The Governance of Contractual Relations," *Journal of Law and Economics*, Vol.22, 1979, pp.233-261を参照。
[*3] 証券の二次市場あるいは流通市場とは、すでに発行された証券がその証券を持つ資金提供者から別の資金提供者に売却される市場のことです（第4章2節を参照）。

もちろん、どのような複雑な契約でも締結でき、法的な手続きによってその履行が完全に強制できる「完備契約」の世界では、競争的な環境の中で自発的に合意された事項を各主体が遵守するので問題発生の余地はありません。しかし、契約が不完備なとき、それがもたらす再交渉は非競争的な——特定の契約当事者同士が向い合う「双方独占的な」——環境で行われねばならないのです。そして、そのとき発生する問題は、各主体の得る利得が再交渉時点での各主体の「力」——「**交渉上の立場（bargaining position）**」——に左右されてしまう点にあります。「交渉上の立場」の強弱は、各主体が取引相手と比較して相対的に、「取引関係を解消したとき関係外部で得られる利得がどれだけ大きいか」、「取引関係に不可欠な生産要素や情報をどれだけ多く掌握しているか」、「取引関係に介在する資産をどれだけすばやく差し押さえられるか」などの要因によって決まります。

　基本的に、各主体の「交渉上の立場」は、現行の取引関係がどれだけ多くの利得を生み出せるかという「**効率性の問題**」ではなく、各主体が生み出された利得をどれだけ多く自分の取り分にできるかという「**分配の問題**」に関わるものなのです。このため、再交渉における「分配の問題」を考慮する主体が、「交渉上の立場」の強化に自らの努力や資源を振り向けるならば、取引関係は当事者の利得の和を最大化しない非効率なものになってしまいます。また、再交渉において不利な立場に置かれるのを防ぐ手立てがないと考える主体は、生産的活動への努力や資源の投入を躊躇する、あるいは取引への参加そのものを見合わせることになります。[*4]

[*4] 完備契約の世界では、"パイ"をどのように大きくするかという「効率性の問題」と"パイ"をどのように分かち合うかという「分配の問題」は、それぞれ独立した問題として扱うことができます。なぜなら、"パイ"の総和を最大化する行動を皆が約束し、その上で最大化された"パイ"の分け方を皆が満足いくように約束し、その約束を実行すれば、誰も文句はないからです。この**二分法（dichotomy）**は、「人々の権利が確定されている限り、当事者の自発的な交渉を通じて、すべての経済活動は社会的に最適な水準に落ち着く」という「**コースの定理**」の直接的な帰結にほかなりません（Coarse, R. H., "The Problem of Social Cost," *Journal of Law and Economics*, Vol.3, 1960, pp. 1-44)。しかし、不完備契約の世界では、再交渉において「分配」を自らに有利にしようとする主体が、「効率性」を犠牲にする形でその実現を目指すところに問題が生じます。つまり、そこは、「コースの定理」の前提条件が成立せず「効率性の問題」と「分配の問題」が不可分となる世界なのです。

3.3 金融契約の不完備性がもたらす諸問題

　金融取引において、「契約の不完備性」がもたらす問題は多岐にわたります。以下では、それらの問題の代表例を挙げ、「契約の不完備性」の問題への理解を深めましょう。

■戦略的債務不履行

　資金提供者が投資成果を立証できないとき、提供者は資金返済を調達者の自発性に任せねばなりません。このとき、調達者が機会主義的な（opportunistic）資金返済を行う問題を、**戦略的債務不履行**（strategic default）の問題といいます。「戦略的債務不履行」は、実際には返済が可能であるにもかかわらず、調達者が「返済が不可能である」と宣言し、その上で提供者との再交渉に入り返済額の減免を実現するという形をとります。

■フリー・キャッシュフロー

　資金提供者が投資成果を立証できないとき、調達者が投資から回収した資金を提供者へ還元することなく（配当として払い出さないなど）、余裕資金として**私的便益**（private benefit）を増進するための活動に振り向けてしまう問題を、**フリー・キャッシュフロー**（free cash flow）の問題といいます。「私的便益」とは、投資拡張による自分の"夢"の実現（個人的なお気に入り事業：pet project）や"威信"の向上（帝国建設：empire building）、あるいは近親者や友人への便宜供与（favoring family and friends）などの非金銭的利益のことです。「私的便益」の増進は、調達者の効用を上げることに寄与する一方で、提供者にとっては回収可能な資金の低下を招きます。

■塹壕効果

　資金調達者が、投資プロジェクトの選択を歪める、資金提供者の情報収集を妨害する、などして自らの「交渉上の立場」を強化する問題を、**塹壕効果**

(entrenchment effect) の問題といいます (塹壕を掘って保身を図るという意味です)。たとえば、プロジェクトの関係特殊性をことさら高めて自分が生産活動に不可欠な存在となるように仕組むなどの行為が、塹壕効果の例です。塹壕効果は、投資活動が効率性の視点から逸脱するという基本問題のほか、調達者が強い「交渉上の立場」を利用して「私的便益」を容易に追求できるようになるという問題も生みます。

■情報独占■

既存の資金提供者が、取引を通じて調達者に関する情報を外部の潜在的な提供者より詳しく知ったとします。このとき、既存の提供者が再交渉において資金返済の一方的な増額を要求する問題を、**情報独占** (informational monopoly) の問題といいます。この問題は、情報不足のため、潜在的な提供者が既存の提供者より不利な立場に置かれ、競争的な資金供給を断念することから生じます。潜在的な提供者が競争に勝利して調達者を奪ったとしても、その調達者は往々にして既存の提供者が手放してもよいと考えた不良な調達者である可能性が高いからです。[*5] 結果として、既存の提供者は競争圧力に晒されず裁量的な返済額を設定できます。そして、調達者は努力を行って成果を上げても、それに応じて返済額が上乗せされると予想し、努力のインセンティブを失ってしまうのです。

■ソフトな予算制約■

投資プロジェクトが失敗したとき、さらに追加的な資金供給がなされれば、プロジェクトが立ち直り収益を生む場合があります。この場合、プロジェクトの失敗という事実を与えられたものとする再交渉において、追加的な資金供給は調達者のみならず提供者にとっても望ましいものとなるかもしれません。なぜなら、資金を追加しなければ、その時点でプロジェクトの失敗は確定し、は

[*5] この問題は、オークション理論で**勝者の災い** (winner's curse) と呼ばれる「逆選択」問題と同一の構造を持っています。オークションに出される品物の価値について買い手が正確な情報を持たないとします。このとき、高い価格を提示して品物を落札した人は、「品物が売りに出された事実」あるいは「他の買い手が低い価格しか提示しなかった事実」から判断して悪質な品物を割高な価格で買ってしまった可能性が高いのです。

じめに供給した資金の回収は望めなくなるからです。しかし、調達者が提供者の追加的な資金供給を予見すると、「プロジェクトが失敗しても資金支援が得られる」と考え、努力を怠る非効率性が生じます。この問題が**ソフトな予算制約**（soft budget constraint）の問題です。

争奪競走

　資金供給がなされた後、新たな状態が発生し資金回収への疑念が生じたとします。このとき、取引関係者が、少しでも早く資金を回収しようとして殺到し、資金をいっせいに引き揚げてしまうことがあります。この現象を、本書では、**争奪競走**（grabbing race）の問題と呼びましょう。この問題は、提供者と調達者の間や複数の提供者の間で生じる可能性があります。「争奪競走」は、資金の奪い合いが生む見返りに乏しい争いの費用（皆が同じ意図を持って奪い合うので、結局誰も他者を出し抜いて資金を差し押さえられないかもしれない）に加えて、本来ならば継続されるべきプロジェクトからわれ先にと資金が引き揚げられ、プロジェクトが停止してしまうという非効率性も生みます。[*6]

逐次金融

　資金供給がなされた後、新たな投資プロジェクトが見つかり、資金を新規の資金提供者から調達するとします。このとき、既存の提供者と新規の提供者の利害対立が発生することがあります。この対立を、本書では、**逐次金融**（sequential financing）の問題と呼びましょう。たとえば、従来のプロジェクトから生み出される収益が新規の提供者にも配分され、新たなプロジェクトのリスクが既存の提供者にも押し付けられることがあります。この問題の例としては、株式発行による資金調達が行われるとき、新規の資金調達（株主数の増加）によって既存の株主が得る収益が低下してしまう**希薄化**（dilution）の問

[*6] ある資源が誰のものか確定していないとき、皆がそこから得られる収益を競って自分のものにしようとする一方で、費用の負担はできる限り他人に押し付けようとする傾向が生まれます。こうした状況では、資源の利用・採取が過大になり、その保守・維持が過小になる「**共有地の悲劇**（tragedy of commons）」と呼ばれる非効率性が生じます。「争奪競走」の問題は、こうした「共有地の悲劇」がもたらす非効率性の一種と考えることができます。

題が挙げられます。一方、新たなプロジェクトから生み出される収益が既存の提供者にも配分され、従来のプロジェクトのリスクが新規の提供者にも押し付けられることもあります。このとき、新たなプロジェクトが収益性の高いものであっても、新規の提供者は適切な資金回収を確信できず資金調達に応じない、すなわち収益性の高いプロジェクトが実行されないという問題が発生します。この問題の例としては、既存債務に不履行の可能性があるとき、調達者が有望なプロジェクトを新たに見つけても資金調達ができない**債務過剰**（debt overhang）の問題が挙げられます。

3.4 「契約の不完備性」の克服

　「契約の不完備性」の問題が深刻ならば、最悪のケースには金融取引が不可能になります。したがって、「利益」を求める経済主体は、この問題を放置せず解決を目指して様々な創意工夫を凝らします。

　「契約の不完備性」の下では、資金返済の形態や関係者のとるべき行動を複雑に取り決めても、それに実効性が伴わないという問題があります。このため、提供者と調達者は、シンプルな方法で金融取引を実現する仕組みを考案しなければなりません。とくに、「契約の不完備性」の下では、再交渉時点における「フォーマルな強制力の不在」と「競争環境の欠如」が問題を引き起こすので、効率性を回復するような当事者間の望ましい「力の配分」や事後的な「競争」を作り出すことがポイントになります。以下では、こうした目的を持った様々な工夫について検討します（コラム3.1）。

> COLUMN 3.1　「ヘゲモニック・スタビリティー」と「バランス・オブ・パワー」

　フォーマルな強制力が存在しないアナーキーにおいて秩序が維持される「力の配分」には、大きく分けて2つ典型的な形があります。1つは**「ヘゲモニック・スタビリティー（覇権安定：hegemonic stability）」**であり、もう1つは**「バランス・オブ・パワー（勢力均衡：balance of power）」**です。

　前者では、他の主体を圧倒する「力」を持つ単一の主体（ヘゲモン：hegemon）が、秩序の維持活動という「公共財供給」を行うと同時に、秩序の安定から生じるメリットを大きな割合で享受します。「力」において劣る他者は、秩序に挑戦することなく、秩序の安定から得られるメリットに「ただ乗り」するため秩序が保たれます。一方、後者では、「力」の拮抗を背景に、それぞれの主体がお互いを牽制できる立場にあります。すなわち、たとえ、ある者が秩序に挑戦しても、他者から対抗を受け、現状を自分に有利に変更できないため、挑戦が抑止され秩序が保たれます。

　たとえば、「世界平和」は、有効な法の支配（国際法による利害対立の解消）が存在しない一種のアナーキーの下で保たれる秩序です。「ヘゲモニック・スタビリティー」と「バランス・オブ・パワー」は、こうした「世界平和」が、長期にわたって維持された2つの国際的な政治力学の状況を表しています——前者の例としてはローマ帝国支配による平和（Pax Romana）、大英帝国支配による平和（Pax Britannica）が、後者の例としては中世ヨーロッパの封建国家群の相互牽制が有名です。

　「契約の不完備性」の下で問題解決を導く「力の配分」にも、この一見対照的な2つの形があります——そして、そのことが解決策の多様性を生む原因となります。第1の「ヘゲモニック・スタビリティー」型の解決策では、取引関係者のうち特定の主体が強い「力」を持ち、取引の監視、契約履行の強制、関係特殊的資産の蓄積など取引関係が生む総利得を増大させるための努力や投資を行います。この場合、主体間で「力」が非対称的に配分されているからといって、取引関係において他の主体が一方的に不利益を被っているとはいえません。「力」を持つ主体が取引関係に生じうる「非効率性」を解消するように行動している限り、その活動に他の主体は「ただ乗り」できるからです。つまり、「ヘゲモニック・スタビリティー」型の解決策では、他の主体は自分で"自分の利益を守る"自己防衛の「力」を与えられないが、同時にその「力」の必要性からも解放されるという意味で、整合的な「力の配分」がなされているのです。

　第2の「バランス・オブ・パワー」型の解決策では、取引関係者の間でより対称的に「力」が配分されます。いま、ある主体が他の主体の不利益において自分の利益を追求し、取引関係に「非効率性」を持ち込んだとします。このとき、「バランス・オブ・パワー」型の解決策では、他の主体はそれぞれ自分の利益を守るべく、「非効率性」をもたらす行動に制約を課したりそれを覆したりすることができます。そして、こうした相

> 互チェックの結果、すべての主体が一方的に不利益を被ることがない状況が実現されたとき、「効率性」が回復するのです。つまり、「バランス・オブ・パワー」型の解決策では、各々の主体が自己防衛の「力」を与えられるが、同時に"他者の利益を侵す"形でその「力」を悪用することも抑止されているという意味で、整合的な「力の配分」がなされているのです。

3.5 「コントロール権」の配分と所有権の取引

　状態の立証が難しく契約が不完備になるとき、一般に資金返済を状態に依存してことこまかく取り決めることができません。しかし、このような場合でも、契約の一方の当事者が収益から一定額を受け取り、他方が「残り」を受け取るという配分方法は、簡便で容易に明文化できる契約になるといえます。このとき、後者の収益請求権を**残余請求権**（residual claim）といい、この権利を持つ主体を**残余請求者**（residual claimant）といいます。

　一方、取引にかかわる資産の使用・処分の意思決定をする権利を**コントロール権**（control right）といいます。やはり、状態の立証が難しく契約が不完備になるとき、一般にコントロール権の配分（誰がコントロール権を持つか）を状態に依存してことこまかく取り決めることができません。しかし、このような場合でも、コントロール権を当事者の一方に集中的に与えるという配分方法は、簡便で容易に明文化できる契約になるといえます。

　さて、このとき、残余請求者が同時にコントロール権を持つという「収益と力の配分」が効率性をもたらすメカニズムとなります。なぜなら、「取引関係が生み出す利得＝残余請求者が受け取る利得＋他の関係者が受け取る一定の利得」であるため、残余請求者の利得の最大化は取引関係が生み出す利得の総和の最大化と同値となるからです。[7]

　われわれは、この「残余請求権」と「コントロール権」のパッケージを「**所有権**（property right）」と呼んで、資本主義経済の根幹に据えています。[8] そし

て、「所有権」には、売買の自由が存在する点が重要です。つまり、高い能力を持つなどコントロール権を有効に行使できる（生み出される利得の総和を大きくできる）主体が所有権を獲得することによって、効率的な状況が達成されるのです。

たとえば、現行の所有権の配分が、そのような状況と乖離しているとしましょう。このとき、高い能力を持つ主体は、所有権を現行の所有者から買い取ることができます。所有権の価値は、コントロール権を有効に行使できる前者にとって後者よりも大きい（生み出される利得の総和が大きいとき、そこから一定額を差し引いた利得も大きい）はずです。したがって、所有権の価格を両者の評価額の間に設定することによって、この所有権取引から前者も後者もメリットを受けることになり取引が実行可能になります。原則的に「契約の不完備性」の問題は、経済主体の間で行われる所有権獲得をめぐる自発的な競争によって解決するといえるのです。

3.6 所有とコントロールの分離

以上では、「所有権」が「残余請求権」と「コントロール権」のパッケージであることを議論し、その獲得競争が効率性を回復させることを見ました。しかし、現代の大企業（株式会社）による資金調達には、この原則からの逸脱が見られます。このような企業の多くでは、企業利潤（＝企業収益から固定的な

---

*7 コントロール権を持つ残余請求者が受け取る利得には、収益から一定額を引いた残余という金銭的利益のほか、コントロール権を持つことによる私的便益（マイナスの場合はコントロール権を行使するために必要な監視や努力の費用）が含まれます。ただし、私的便益を考慮しても残余請求者の利得の最大化と取引関係が生み出す利得の総和の最大化は同値です（Alchian, A. and H. Demsetz, "Production, Information Costs, and Economic Organization," *American Economic Review*, Vol.62, 1972, pp.777-795）。

*8 法律や契約で資産の使用・処分に関する特定の権利が他者に帰属することが明記されている場合は、所有者といえどもその権利を侵食するわけにはいきません。したがって、所有者が持つ「コントロール権」は、資産の使用・処分に関する権利のうち、「自分に帰属することが明記されている権利」および「自分にも他者にも帰属することが明記されていない権利——**残余コントロール権**（residual control right）」から構成されます。

契約支払いを差し引いた残余)の分配を受ける株主とは別に、企業経営の専門家として経営者が選任され企業の運営に当たっているからです。すなわち、企業に対する資金提供者のうち残余請求者としての地位を与えられ、法的には企業の所有者と見なされるべき株主と実際に企業経営の意思決定をする経営者が一致していない「**所有と経営の分離(separation of ownership and management)**」あるいは「**所有とコントロールの分離(separation of ownership and control)**」という現象が見られるのです。[*9]「所有権取引による効率性回復」の原則に照らせば、経営者は実質的なコントロール権を持っているのに企業の所有者ではない、あるいは、株主は企業の所有者とされるのに実質的なコントロール権を持たない、という逸脱が現代の大企業にはあるのです。

この逸脱は、第1に、企業を経営するあるいは企業に資金供給をする主体がリスク回避的であるという現実から生じます。つまり、不確実性が存在する下で実質的なコントロール権を持っているからといって特定の主体が企業の全面的な残余請求者になると、そのリスク負担が過大になるという問題があるのです。望ましいリスク負担とは、①リスクを集団で分担する、②リスクをリスク回避度が低い主体に移転することでした。しかし、「コントロール権を持つ主体が残余請求者になるべきだ」という「**コントロール権保有に基づくリスク負担(control-based risk bearing)**」では望ましいリスク負担を実現できず、「コントロールとリスク負担のトレード・オフ」が生じるのです。

第2に、資金制約(financial constraint)のために、限られた主体が企業の所有権を全面的に買い取ることができないという問題があります。資金制約には、①主体が買い取りのための自己資金を十分保有していない、②主体が買い取りのための巨額な借入(債券発行)ができない、という2つの制約があります(後者の制約は、第2章8節で議論した「資産代替」の問題や本章3節で議論した「債務過剰」の問題が借入を制約することにその原因を求めることができます)。

これらの理由によって、経営者が専門的な知識・情報を持ち、コントロール

[*9] 「所有と経営の分離」に着目した古典的文献としては Berle, A. and G. Means, *The Modern Corporation and Private Property*, Macmillan: New York, 1932(バーリー＝ミーンズ『近代株式会社と私有財産』北島忠男訳、文雅堂書店、1958年)が著名です。

権を有効に行使できる主体であっても、企業を所有することが望ましくない、あるいはできないという状況が発生します。一方、株主の側にも1人1人の企業所有の割合が低下する「所有の分散化」が生まれ、コントロール権の行使に「ただ乗り」問題が発生します。つまり、コントロール権の行使に必要となる経営監視や経営介入の費用・努力を考えると、それは各々の株主から見て引き合わず、株主がコントロール権を行使する意思を失うという状況が発生するのです。

こうした状況の下では、基本的に経営者にコントロール権の行使を委託する一方、彼らがその乱用を行うこと（怠業や私的便益の追求をするなど）を防がねばなりません。一方で、経営に関して専門的な知識・情報を持たない株主が経営者の行動を不用意に制約したり恣意的な介入をしたりすること（効率的な投資を中断させる、労働者・債権者など他の利害関係者——**ステークホルダー**（stakeholder）——の報酬になるべき資金を配当として請求するなど）も防がねばなりません。こうした企業に関係する主体それぞれの権利の乱用を回避することにより効率的な経営を実現し、その下で資金提供者に適切な資金回収を保証する仕組みが**企業統治**あるいは**コーポレート・ガバナンス**（corporate governance）のメカニズムといわれるものです。

3.7　企業統治の構造

■**取締役会**■

企業統治のもっとも直接的なメカニズムは、株主総会における株主の議決権行使です。議決の対象となるのは、取締役の選任・解任、利益処分案の承認、およびそれらの決定のベースとなる会計データの承認などです。選任された取締役が構成する**取締役会**（board of directors）は、業務執行の意思決定と取締役会で選任された代表取締役および執行役員（トップ経営陣）の業務執行の監督という機能を持っています。したがって、このメカニズムでは、株主は総会における取締役の選任・解任を通じて、間接的に企業のコントロール権を行

使していることになります。

　取締役会については、それが真にトップ経営陣から独立したものとなりうるかがしばしば問題となります。すなわち、取締役会が文字通り株主を代表してトップ経営陣に対し能動的な働きかけが行えるのか、それともトップ経営陣の意思決定を受動的に受け入れるだけになるのかという点が問題なのです。たとえば、取締役会には独立性を確保するために広く実業界や学界から**社外取締役**（outside director）が選任されます。しかし、この選任には「独立性と情報へのアクセス」のトレード・オフが存在します。トップ経営陣からの独立性が高い取締役が経営情報を十分に理解できないならば、彼らが形式的に経営介入の権限を持っていても実質的に権限を行使できなくなります。一方、独立性が低い取締役を選任すれば、いわゆる"ゴム印を押すだけの取締役会（rubber-stamp board）"が生まれてしまうのです。この点で、社外取締役が存在しさえすれば取締役会の機能が向上する、とはいえないことにも注意しておく必要があります。

恒常的集中化と大株主

　株主のコントロール権喪失は、「所有の分散化」による「ただ乗り」問題に、その主要な原因があります。したがって、この問題を防ぐために「所有の集中化」を意図的に維持するメカニズムも考えられます。「所有の集中化」の1つの典型的な構造は、特定の主体が**大株主**（large shareholder）の地位にあり続ける「**恒常的集中化**（permanent concentration）」です。大株主は、主要な残余請求者として企業の業績変動に大きな利害関係を持ちます。このため、経営への監視・介入を通じて、コントロール権を有効に行使するインセンティブを強く持ちます。つまり、大株主には、「ただ乗り」問題を克服して、一種の「公共財供給」である経営への監視・介入を私的に行うインセンティブがあるのです。

　ただし、先に「所有とコントロールの分離」が発生する理由でも検討したように、このメカニズムでは大株主は十分なリスク分散を行えないかもしれません。また、大株主となるためには、多くの資金を必要とします。仮に、大株主となる主体がその資金を自分で保有しておらず広く他の主体から集めねばなら

ないならば、今度は大株主そのものに"企業統治の問題"が発生してしまいます（この問題は、「誰がモニターをモニターするのか（Who monitors the monitor?)」という複層モニタリングと呼ばれる問題の一種です）。さらに、恒常的集中化では、特定の主体が特定の企業の株式を持ち続ける長期的関係へのコミットメント（commitment）ができなければなりません——株式が容易に市場で売り払うことができ、企業との関係が簡単に解消できるならば、経営への監視・介入のインセンティブは低下するでしょう。したがって、このメカニズムでは、「状況に応じてコントロール権を有効に行使できる主体に移動させられる」という所有権が本来持っている**フレキシビリティー**（flexibility）が犠牲にされています（コミットメントとフレキシビリティーのトレード・オフの存在）。

■一時的集中化とコントロール権市場

　「所有の集中化」のもう1つの典型的な構造は、経営に非効率性が生じたとき、ある主体が一時的にコントロール権を収集して経営に介入し、問題を解決した後にそれを手放す「**一時的集中化**（temporary concentration）」です。このように経営への介入を目的に企業のコントロール権の掌握を目指す主体を**企業買収者**（corporate raider あるいは acquirer）と呼びます。

　まず、**委任状争奪戦**（proxy fight）と呼ばれるコントロール権の掌握手法では、買収者が「非効率な経営を行っている現経営陣を追い出して新たな経営陣を選任すべきだ」とターゲット企業の株主に説得し、株主総会で議決権を行使する委任状を取り付けます。争奪戦に成功すれば、買収者は自らの意に沿った経営者を選任でき企業のコントロール権を握ることができます。次に、**敵対的企業買収**（hostile takeover）と呼ばれるコントロール権の掌握手法では、買収者がターゲット企業の発行する株式を大量に買い付けます。とくに、株式が広く分散所有されている場合に行われる買い付け価格・買い付け株式数量・買い付け期間などを公表して行う買収は、**株式公開買い付け**（tender offer あるいは TOB：takeover bid）と呼ばれます。

　これらのメカニズムは、企業のコントロール権の取得を目的とした市場——略して**コントロール権市場**（market for corporate control）——に基づくメカ

ニズムといわれます。とくに「一時的集中化」は、買収者とターゲット企業の経営陣が直面する以下の得失によって、その実効性が支えられています。

いま、非効率な経営のために企業の株価が低迷しているとしましょう。このとき、買収者はコントロール権を入手し、その上で経営者を解任して経営の非効率性をただせば株価上昇の利益を得ることができます。つまり、買収者は「株式を安く買って高く売る」ことから生まれるキャピタル・ゲインに動機付けられています。一方、このようなメカニズムによる解任を恐れる経営者は、買収者のターゲットにならないように経営を効率化し株価を最大化することを動機付けられます。したがって、「一時的集中化」はそれが実際に発生することによってだけでなく、それが発生するかもしれないという可能性によっても経営の効率化に資するのです。[*10]

ただし、このメカニズムが有効に働くためには、買収者が大きな「マーケット・インパクト」（株価の変化）なく株式を買い集められることが必要です。たとえば、極端なケースとしてターゲット企業の既存株主が完全に買収者のプランを見抜けるとしましょう。いま、買収によって経営が効率化し、現在800円の株価が1000円になるとします。このとき、既存株主にとって1000円未満で株式を手放すことは合理的ではありません。なぜなら、株式を持ち続ければ、買収後1000円の価値を手に入れられるからです。しかし、株主が皆そう考えて買収に応じなければ買収は成功せず、株主は買収によって得られたはずの価値を失うことになります。この逆説は、既存株主の「ただ乗り」問題に起因しています。つまり、他の株主が買収に応じて株価が上昇すれば、自分は買収に応じず株価上昇の利益を得たほうがよいのです。結果として、買収成功のために買収者は1000円まで買い付け価格を吊り上げねばならず、そのとき買収者は買収活動から何らの利益を得ることができない（経営への監視・介入に費用がかかるなら、買収者は利益どころか損失を被る）ことになってしまいます。[*11]

....
[*10] このことは、「一時的集中化」が「もし経営が非効率化したら集中化が起こる」という「信頼に足る脅し（credible threat）」となっていればよく、むしろ実際には起こる必要のないケースが多いことを意味します。つまり、実現すべきは「効率的な経営がなされる・集中化がなされない」という状況になります。

[*11] Grossman, S. and O. Hart, "Takeover Bids, the Free-rider Problem, and the Theory of the Corporation," *Bell Journal of Economics*, Vol.11, 1980, pp.42-64を参照。

もちろん、現実には既存株主が完全に買収者のプランを見抜けるわけではありません。とくに、株価形成にノイズがある——たとえば、ランダムな株式取引をする主体がいる——とき、買収準備が開始され株価に変化が現れ始めてもそこから買収者の意図が完全に読み取れるわけではありません。また、買収後、手に入れたコントロール権を使って買収者が企業の資産を自らの利益にかなうように処分し、買収に応じなかった株主が持つ株式の価値を下げること（希薄化の一種）ができるかもしれません。このとき、既存株主は1000円未満の買い付け価格にも応じる方が得です。さらに、買収者が買収前にターゲットとなる企業の株式を部分的に保有しているならば、買収者はその部分について経営効率化による株価上昇の利益を受け取ることができ「ただ乗り」問題を克服できるかもしれません。

　次に、「一時的集中化」は、状況の変化に応じてコントロール権をより適切に行使できる主体に移動させるフレキシビリティーをもったメカニズムといえます。しかし、このフレキシビリティーの裏側では、コミットメントの喪失というマイナス面が生じます。つまり、株式が容易に市場で売買されることによりフレキシビリティーが得られるならば、買収者が企業に対して持つ利害関係が短期化し経営者の活動も近視眼的なものになる可能性があるのです。たとえば、経営者が買収を回避するために、株価吊り上げの操作を行う行為（選別的に有利な情報を開示し不利な情報を隠蔽する、長期的には損失をもたらすものの短期的には大きな収益をもたらす投資プロジェクトを採用するなど）は近視眼的活動（short termism あるいは managerial myopia）の例です。

　また、「買収や買収の脅威によって買収者および既存株主が得るキャピタル・ゲインは経営の効率化から得られるものではなく、労働者や債権者など他のステークホルダーの報酬を奪ったものだ」という点もしばしば指摘されます。もしそうならば、株主の利益は誰かの損失にすぎず、全体としていかなる価値も生み出されていないことになります。さらに、こうした「コミットメントの喪失」によって、他のステークホルダーが「自分たちが企業に貢献しても、その見返りが保証されない」と疑えば、彼らの企業への貢献（労働者の努力や債権者の資金供給）が低下し企業価値を棄損することになりかねません。いいかえれば、「一時的集中化」は、経営者と株主の間にある「契約の不完備

性」の解決に貢献する一方、彼らと他のステークホルダーの間にある「契約の不完備性」を激化させるかもしれないのです。[*12]

　さらに、買収を誘発するターゲット企業の株価の低迷には、経営に大きな非効率性はなくとも株式市場の参加者に企業価値が十分に評価されていないという原因も考えられます。このようなとき、買収の目的は経営の効率化ではなく、コントロール権の略奪をちらつかせて株式をターゲット企業に高値で買い取らせる**グリーン・メイル**（green mail：緑色の脅迫状、緑はアメリカ紙幣の色）や企業の資産や事業を切り売りして現金化する**バスト・アップ（企業解体：bust-up）**になってしまいがちです。このようなタイプの「一時的集中化」も全体として新たな価値を生み出さず、むしろ企業価値を破壊する活動といえます。

　最後に、買収者は、買収資金として十分な資金を利用できなければならない点も重要です。したがって、買収者が自己資金を保有していないならば、それを借入など外部資金に頼る必要があります。先に述べたように、この借入の難しさが「所有とコントロールの分離」を発生させる１つの理由となってきました。近年、この制約を取り払うべく巨額の借入による買収が金融の技術的工夫の中で実行できるようになりました。このような借入に基づく買収活動を**レバレッジド・バイアウト**（LBO：leveraged buyout）といいます。ただし、LBOは、負債契約が持つ様々なメリット、デメリットの影響を受けるため、LBOの買収メカニズムとしての有効性には肯定、否定の評価が相半ばしています[*13]（コラム3.2）。

[*12] Shleifer, A. and L. Summers, "Breach of Trust in Hostile Takeovers," in A.J. Auerbach ed., *Corporate Takeovers: Causes and Consequence*, Chicago: University of Chicago Press, 1988, pp.65-88 を参照。

[*13] LBOが経営者を含むグループに主導され、彼らが企業や企業の一部門を買収するケースを**マネイジメント・バイアウト**（MBO：management buyout）と呼びます。MBOは、敵対的買収に対する経営陣自身の対抗買収として、あるいは企業の特定部門の運営や業績評価を独立させる企業分割の手法として用いられますが、その本質は、すでに実質的なコントロール権を持つ経営者が残余請求権も手に入れ、それらの権利を単一の主体の下に統合する買収メカニズムということができます。

COLUMN 3.2　LBO のスキームとそのメリット・デメリット

　企業買収手段としての LBO は、「ターゲット企業の資産や将来の収益を担保に借入を行い調達資金で買収を行う」手法です。買収資金のうち買収者の自己資金は一部でよく、少ない自己資金でも大規模な買収を行うことができます。

　LBO は、一般に以下のプロセスで行われます。①買収者が自己資金を出資して買収の受け皿会社——**特別目的会社**（SPC：special purpose company）——を設立する。② SPC が借入を行い、残りの買収資金を調達する。このとき、債務者の範囲を SPC に限定する**ノンリコース**（non-recourse）の借入契約——資金返済が買収者まで遡及されず買収者が債務者とならない借入契約——が結ばれる。③ SPC が買収資金でターゲット企業の株式を取得する。④ SPC とターゲット企業が合併し、合併企業は SPC の債務を受け継ぐ。

　結果として買収者が合併企業の大株主となり、合併企業は多額の債務を背負うことになります。つまり、ターゲット企業のコントロール権が新たな企業所有者である買収者に移動するとともに、ターゲット企業の資本構成の再編（株式の債務への置換＝「債券発行による自社株買い」と同一の取引）が行われるのです。このうち、コントロール権の移動については自己資金を使った買収のケースと同じですが、資本構成の再編は LBO に固有の特徴といえます。この点で LBO のメリット・デメリットは、資本構成の再編とりわけ債券に偏った資本構成の構築が持つ効果に左右されることになります。

　まず、メリットとしては、「ハードな請求権による規律」が挙げられます。債務は返済されねばならないので、返済資金獲得のための経営努力が懸命に行われ、非効率な投資など「フリー・キャッシュフロー」問題が抑制されます（そのほかに、債券への利子支払いが企業にとって費用と見なされることによる節税効果もメリットです）。次に、デメリットとしては、「債務過剰」問題による過少投資や企業資産の切り売り（マイナスの投資）、「資産代替のモラル・ハザード」による過度のリスク・テイキングが挙げられます。

　実際、買収者による激しいリストラや**ジャンク・ボンド**（junk bond：債務不履行確率の極めて高い債券）による資金調達は、しばしば「**野蛮な来訪者**（Barbarians at the Gate）」と揶揄される企業解体への恐れを生むものでした。LBO は、"乗っ取り屋"による企業の生産活動の破壊と捉えられるケースもあったのです。LBO への評価が肯定・否定相半ばするのは、このように負債契約のメリット・デメリットが資本構成の再編を通じて極端な形で表出することにその原因があるといえます。

3.8 企業統治における負債契約の活用

ハードな請求権によるコントロール

　以上のように、株式発行による資金調達がもたらす統治構造は基本的にコントロール権を経営者に委託し、経営の非効率化が認められたとき、株主がコントロール権を掌握するというものになります。このような状態に応じてコントロール権が移動する企業統治のメカニズムを「**状態依存的コントロール (state-contingent control)**」といいます。ただし、株主によるコントロール権の掌握は彼らの経営監視に基づいて、彼らがコントロール権を移動させるのが望ましいか否かを判断した上で行われるものです。裏返せば、こうした"能動的な意思決定が行われない限り"コントロール権の移動は起こらないのです。この意味で株式がもたらす「状態依存的コントロール」は、**ソフト**なものだといえます。

　これに対して、負債契約、すなわち債券発行がもたらす「状態依存的コントロール」は、**ハードな請求権**に基づくコントロールといわれます。なぜなら、債券発行によって資金調達がなされた場合、あらかじめ約束された資金返済が滞るという状態が発生したとき、より機械的にコントロール権が経営者から債権者に移動するからです。この移動は債権者が持つ**清算権** (right to liquidate)、すなわち約束された資金返済がなされないとき債権者が企業の資産を処分する（いいかえれば、資産を経営者から切り離す、つまり経営者を解任する）権利を持つことに起因します。

　経営者は債権者にこのような権利を行使させないため、企業経営を効率化するように動機付けられます。また、債券はそのハードな請求権によって、経営者が資金提供者に帰属すべき資金を私的便益に流用してしまう「フリー・キャッシュフロー」問題を防ぐのにも役立ちます。決められた返済額は、清算を避けようとする限り企業から債権者に向けて払い出されねばならないからです。

「ただ乗り」によるコミットメント

　もっとも、債権者の持つ「清算権」は権利であって、資金返済が滞った場合に、いつも行使されねばならないものではありません。この意味で負債契約の"ハードさ"も実は可変的なものといえます。この点に関して、負債契約の"ハードさ"の程度と債権者の数の間に存在する関係に注目する議論があります。

　たとえば、「戦略的債務不履行」や「ソフトな予算制約」問題において、経営者が返済額の削減や追加の資金支援を望んでも債権者の数が多い状況では、「ただ乗り」問題によってそれは実現困難なものとなります。個々の債権者は、他の債権者が返済額の削減や追加の資金支援に応ずればよいとし、自らはわれ先にと資金の引き揚げにかかる「争奪競走」が発生するからです。結果として、「ハードな予算制約」（債権者が再交渉に安易に応じないというコミットメント）が成立し、「戦略的債務不履行」や「ソフトな予算制約」問題を排除できます。これに対して、債権者の数が少ないとき、「ハードな予算制約」は信頼に足るものにはなりません。なぜなら、債権者が少なければ彼らの間での「ただ乗り」問題が調整され利害を1つにして交渉のテーブルに着くことが期待されてしまうからです。そして、この期待をベースに経営者は「戦略的債務不履行」や「ソフトな予算制約」の問題を引き起こすことになってしまうのです。[*14]

返済期間

　以上では、「ただ乗り」によって負債契約の"ハードさ"を増すことが望ましいケースを議論しました。しかし、逆に"ハードさ"が非効率性を生む場合もあります。なぜなら、債務不履行には「戦略的」なもの以外に、外生的ショ

[*14] 類似のメカニズムとして「債務過剰」問題におけるコミットメントも考えることができます。「債務過剰」問題では、既存の債権者の間で再交渉が行われて債務の減免があらかじめ合意できれば、既存債務の不履行の可能性を減らすことができ、新規の資金調達への支障を除去できます。しかし、それを経営者が予期すれば、債務不履行の可能性が生じても債務が減免されると考え、経営効率化へのインセンティブを弱めてしまいます。したがって、分散された数多くの債権者が関わるようにして"債権者会議"が容易に債務減免の結論に至らないようにする（「債務過剰」問題を「ただ乗り」問題によってあえて解決できないようにする）ことにメリットがありうるのです。

ックのために発生する経営者にとって回避不可能なものがあるからです。経営者の責任にあたらない不確実性の影響を企業の清算を通じて経営者に負担させると、事前的には経営者の行動と利得の関係が曖昧になり、そのインセンティブを阻害するという問題が生じます。また、事後的には採算がとれるはずの企業を清算に追い込み、本来得られる利益を放棄することにもなります——このようなプロジェクトの途中で発生する資金不足による企業倒産を**流動性債務不履行**（liquidity default）といいます。

このようなとき、債権者の中に異なったタイプの請求権を持った主体が存在すると、「戦略的債務不履行」にはハードに対応しつつ、「流動性債務不履行」にはソフトに対応できる可能性があります。1つの可能性は**満期**（maturity）が違う債券の発行です。いま、**短期債券**（short-term bond）と**長期債券**（long-term bond）が発行されたとしましょう。このとき、経営者がプロジェクトの途中で「戦略的債務不履行」に訴えたとします。経営者は再交渉を行って首尾よく返済額の減免を手にすることができるでしょうか？ 答えは"No"かもしれません。なぜなら、企業の清算価値がすべての債権者の請求権をカバーできないとしても、短期の請求権はカバーできるかもしれないからです。そうならば、短期債券の保有者は再交渉において経営者による減免要求に屈することなく、企業を清算して資金を引き揚げることにメリットを見出します。したがって、清算を恐れる経営者は「戦略的債務不履行」に訴えることができないのです。

一方、「流動性債務不履行」のケースでは、長期債券の保有者は、プロジェクトの継続にメリットを見出し、再交渉において返済の繰り延べ・追加の資金貸与などの資金支援を行うインセンティブを持ちます。なぜなら、プロジェクトが継続すれば、自らの請求権が関わる長期において利益を得られるからです。そして、この長期債券が持つ継続へのコミットメントを裏付けに資金返済への疑念が払拭されるならば、短期債券の保有者についても「争奪競走」のインセンティブが消え、企業の非効率な清算が回避されるのです*15。

3.9 事後的な競争の創出

「契約の不完備性」が問題となる基本的な理由に、事後的な競争環境の喪失がありました。そうであるならば、意図的に事後的な競争環境を創出するメカニズムも問題への解決策となるはずです。

複数の取引先

事後的な競争環境を創る最も直接的な方法は、当初の契約段階で取引先を1つに限らず複数にまたがっておく**デュアル・ソーシング**（dual sourcing）です。「情報独占」の問題を考えてみましょう。資金調達において複数の資金提供者と契約を結び、彼らが同等に情報へアクセスすることを可能にします。すると、事後的に彼らの間に競争関係を創り出すことができます。このため、取引条件を調達者に不利に変更するという恣意的な行動が不可能になります。そのような変更をしたら、調達者は他の提供者との契約だけを続行し、当該提供者との取引関係を断ち切ればよいからです。もちろん、そこでは情報が重複して生産されるという無駄が生じます。しかし、それは以上のようなフレキシビリティーを手に入れるための費用ということになります。

退出型コントロール

証券の二次市場（流通市場）の発達によって、資金提供者は資金供給先の企業の経営非効率化への新しい対応手段を得られます。それは、**退出型コントロール**（exit）あるいは**消極的コントロール**（passive control）と呼ばれるものです。退出型コントロールでは、提供者の経営監視の目的は経営効率化を目指

---

*15 以上のストーリーは、債務不履行時の返済に順序が付けられた債券——**優先債券**（senior bond）と**劣後債券**（junior bond あるいは subordinate bond）——が発行された場合にも、ほぼ同じように当てはまります。すなわち、プロジェクトの清算への動機が強い優先債がもたらす資金の引き揚げ圧力とプロジェクトの業績回復から利益を受ける劣後債の資金投入へのコミットメントのバランスが、「戦略的債務不履行」へのハードな対応と「流動性債務不履行」へのソフトな対応を可能にするのです。

したコントロール権の行使——**発言型コントロール**（voice）あるいは**積極的コントロール**（active control）——ではなく、経営に非効率性が見えたときいち早く証券を売り抜け当該企業から撤退することです（アメリカの金融街の名前に因んでウォール・ストリート・ルールと呼ばれます）。[16] この撤退によって得られた資金が他企業の証券の購入に当てられる可能性を考慮すると、二次市場を通じて企業の経営者は他の（不特定多数の）経営者との競争に直面していると解釈できます。とくに、こうした撤退の過程で生じる証券価格の下落は、新規の資金調達を困難にする、買収の可能性を増大させる、あるいは経営者の報酬の低下を引き起こす（株価連動型報酬が存在するケース）ので、それらを恐れる経営者への規律として働くのです。

議論してみよう

「ある企業統治の仕組みや工夫（たとえば、取締役会への社外取締役の選任）が、企業に利益をもたらすものであるならば、それは各企業によって自主的に選択されるはずである。したがって、特定の企業統治の仕組みや工夫を法律によって一律に禁止したり強制したりするのは、（その仕組みや工夫が企業に利益をもたらす一方で社会に害悪をもたらすなど外部性を有する場合を除いて）望ましくない」との意見があります。あなたは、この意見に賛成ですか、それとも反対ですか？　あなたの考えを、あなたがそのように考える理由とともに説明してください。

---

[16]「発言」と「退出」が組織の効率化に資する様々な具体例については、Hirschman, A., *Exit, Voice and Loyalty*, Harvard University Press: Boston, 1970を参照してください。

第4章

金融市場と金融機関

「金融システム」は、「情報の非対称性」や「契約の不完備性」など金融取引を阻害する要因を解消し、円滑な取引を実現するための制度の組み合わせと定義できます。この制度の中核にあるのが、金融市場と金融機関です。本章では、「金融システム」を理解する準備として、様々な金融市場と金融機関の形態と機能について議論します。

4.1 望ましい金融システム

「金融システム」とは、経済主体間の金融取引を円滑に実現するための制度の組み合わせと定義できます。金融取引を円滑に実現するためには、「情報の非対称性」や「契約の不完備性」など金融取引を阻害する要因を解消しなければなりません。

前章までに見たように、「情報の非対称性」や「契約の不完備性」の問題を解消する工夫には様々なものがあります。それらの中には、相互にその効果を支え合う整合的なものもあれば、相互にその効果を打ち消し合う非整合的なものもあります。したがって、望ましい「金融システム」とは、それらのうち相互に整合的なものを制度として組み合わせ一体化したものということができます。とくに、「金融システム」を構成する制度の中核には、金融市場と金融機

関が存在しています。以下では、「金融システム」を理解する準備として、様々な金融市場と金融機関の形態と機能について説明します。

4.2 金融市場

「金融市場」とは、証券の買い手と売り手が証券の需要と供給を申し出て、証券の需給均衡によって証券価格を形成する場です。「金融市場」は、取引される証券の性質や機能に従って、以下のような分類がなされます。

■一次市場と二次市場

分類の1つ目は、**一次市場**（primary market）と**二次市場**（secondary market）の区別です。一次市場は**発行市場**とも呼ばれ、資金調達者が新規に発行した証券を資金提供者に販売する市場です。つまり、一次市場は「将来時点での資金返済の約束」をする調達者が提供者と"金融契約を新たに取り結ぶ場"ということができます。

これに対して、二次市場は、**流通市場**とも呼ばれすでに発行された証券が売買される市場です。つまり、二次市場は調達者が行った「将来時点での資金返済の約束」が誰に対してなされているのかを変更するためにあり、"金融契約の当事者が異動する場"ということができます。

二次市場は、市場参加者に対して保有する資産の構成を適宜変化させる機会を提供しています。市場参加者は二次市場を利用して、自らのポートフォリオのリターン（期待収益率）とリスクの関係を調整したり、**流動性**（liquidity）の必要に応じて証券を換金したりといったフレキシビリティーを得ることができるのです（コラム4.1）。

さらに、市場参加者がこのような動機に基づき行う証券の需要・供給のオッファー（買い・売りの申し出）によって形成される証券価格は、各時点で参加者が証券の価値についてどのような評価を行っているかを集計して公表するものになります。二次市場は、こうした情報の集計と伝達の機能も果たしま

す。

短期金融市場と資本市場

分類の2つ目は、市場で発行される証券の満期の長さに着目するものです。満期が短い（通常1年以内の）証券が取引される市場を**短期金融市場**（money market）と呼び、満期が長いあるいは満期がない証券が取引される市場を**資本市場**（capital market）と呼びます[*1]。これら2つの市場は、その主

COLUMN 4.1　流動性

「流動性」は、資金を必要としたとき計画した金額をどれだけ速やかに入手できるか、その程度を表す概念です。流動性という概念が金融取引において重要なのは、資金が必要になっても、「情報の非対称性」や「契約の不完備性」など金融取引を阻害する要因のために、取引成立に時間がかかる場合があるからです（資金提供者に将来の適切な資金返済を確信させられない、予期しない状態の発生に対して提供者との間で再交渉を行わねばならないなど）。流動性の問題には、資金が必要なとき、どれだけ容易に新規の資金調達ができるかという問題とどれだけ容易にすでに保有している証券を換金できるかという問題があります。

銀行は、相対取引（特定の相手との1対1の取引）における流動性の創出で大きな役割を果たしています。たとえば、資金調達者が銀行との間で引いている**クレジット・ライン**（line of credit）は、調達者の緊急の支出に対して銀行が応える貸出の拡張枠を設定しています。

一方、市場取引（不特定の相手との取引）における流動性に関しては、資金調達や証券の換金がもたらす**マーケット・インパクト**（market impact）の大きさが問題となります。このような流動性の確保には、資金提供者と調達者を仲介する金融機関のマーケット・メイキング活動を容易にするために、市場参加者の多い「**厚みのある市場**（thick market）」の存在がきわめて重要です。「厚みのある市場」では資金を必要としたとき、証券の買い手側に立ってくれる主体の存在する確率が高く、またそのような主体が多ければ証券価格の大幅な下落なしに資金需要が吸収できるからです。

[*1] 短期金融市場はさらに市場に参加する主体によって、**インターバンク・マーケット**（金融機関のみが参加する市場：inter-bank market）と**オープン・マーケット**（金融機関だけでなくそれ以外の主体も参加する市場：open market）に分けられています。

たる利用目的の違いによって特徴付けられます。

短期金融市場は、参加者が一時的なポートフォリオの調整や流動性過不足の調整を行うために利用されます。たとえば、当座の支出に迫られた主体が手元に余剰資金を持っていないとき、短期間での資金返済を約束して手元に余剰資金を持っている主体から資金を借入するために短期金融市場は利用されます。

一方、資本市場は、主として資金調達者の実物投資の動機と結びついています。たとえば、資本市場で株式や債券を発行する企業は、証券発行で得た資金を工場の建設や機械設備の購入に充当します。そして、それらの投資活動が現在から将来にわたって生み出す資金の「見通し」をベースにして資金返済の約束がなされているのです。[*2]

4.3 金融機関

金融機関は、経済主体間の金融取引を円滑化するための様々なサービスを提供する企業です。金融機関は、それぞれが行う業務の種類によって分類がなされています。以下、代表的な金融機関が行う業務について説明しましょう。

証券会社・投資銀行

証券会社（security company）や**投資銀行**（investment bank）が行う業務は、以下の3つに大きく分けられます。まず第1は、**引受業務（アンダーライティング業務：underwriting）**です。引受業務では、証券を発行する資金調達者に助言を与え、その信用度を調査・審査し、証券の発行価格と発行額の設定を行います。とくに、発行された証券をいったんまとめて購入し、それを資金提供者に分売する（さらに売れ残りがあればそれを買い取る）という形で調達

[*2] 満期が長い国債・地方債といった公債の市場も資本市場の1つです。こうした公債市場は、中央政府や地方政府が長期の資金調達（公共投資のための資金調達など）を行う場です。公債のケースでは、現在から将来にわたる政府の徴税"能力"と返済"意思"への信認をベースにして資金返済の約束がなされているといえます。

者と提供者の間の証券売買の仲介を行います。この意味で、引受業務は、一次市場における**マーケット・メイキング（市場創出：market making）** の機能を担っているということができます。

これに対して、第2、第3の業務は、二次市場におけるマーケット・メイキングの機能を担うものです。1つは、**委託売買業務（ブローカー業務：broking）** で、顧客からの証券売買注文を市場に取り次ぐ業務です。もう1つは、自らの資金で証券売買に参加する**自己売買業務（ディーリング業務：dealing）** です。これら業務は、証券の売り手と買い手の売買注文を引き合わせ取引の成立を図るとともに、仮に市場に反対売買をする参加者が乏しいときには、自分が取引の相手側に立って取引を成立させるという役割を果たしています。

格付け機関

債券を購入する資金提供者にとって、債券の信用リスクは最大の関心事です。こうした債券の信用リスクに関する情報を提供する金融機関を**格付け機関（rating agency）** といいます。一般に格付けは債券の発行時になされ、その後満期まで継続的に更新されていきます。

格付け機関には、債券を購入する資金提供者の情報量を高めるという存在意義があります。同時に、債券を発行する調達者にとっても高い格付けを取得することが資金調達を有利に運ぶための不可欠な要素となります。したがって、彼らも提供者への情報伝達や自らへの規律付けのために、格付け機関を利用しているということができます。

投資信託

専門的な運用者が広く資金提供者から資金を集め、提供者の「委託」を受けて行う資産運用は、「**ファンド（fund）**」と呼ばれます。その代表例が、株式市場や債券市場で証券の売買を行って資金を運用する**投資信託（mutual fund）** です。資金提供者（投資家）は以下の目的から投資信託を利用します。まず、証券取引に固定費用が存在する（したがって、取引単位が大きくないと取引が引き合わない）とき、資金量の制約から各々の資金提供者が十分に達成

できない「分散投資」を実現するという目的です。次に、投資信託の運用者（ファンド・マネージャー）は、優れた情報収集と解析の能力を持っているプロフェッショナルと考えられます。したがって、投資信託の利用には、資金提供者が彼らの優れた能力を活用する（資金提供と資金運用の）分業の推進という目的もあります。

　投資信託の運用のスタイルにはパッシブ運用とアクティブ運用があります。パッシブ運用の代表例は、株式市場に上場されている全構成銘柄を近似したファンド——**インデックス・ファンド**（index fund）——で、資金提供者が株式などリスクのある危険資産と銀行預金など安全資産の適切な組み合わせ——**資産選択**（ポートフォリオ・セレクション：portfolio selection）——を行うのを容易にします。一方、アクティブ運用はファンド・マネージャーの相場観に基づいて割安と判断される証券を買い割高と判断される証券を売り、**ベンチマーク**（インデックス・ファンドの収益性など市場全体を買った場合のパフォーマンス）を上回る収益性を目指します。

■保険会社と年金基金■

　保険会社（insurance company）は、契約者から保険料を受け取り、彼らに特定の状態（自動車事故など）が発生したとき、契約に従い保険金を支払うことによって契約者のリスクを分担する企業です。**年金基金**（pension fund）は、労働者と企業から資金の拠出を受けて、労働者の退職後に資金を給付するファンドです。

　保険会社でも年金基金でも集められた資金は資産運用に付されます。先に議論した投資信託と合わせて、保険会社と年金基金は広く他人の資金を集め、株式や債券などで資産運用を行ういわゆる**機関投資家**（institutional investor）の中心的なプレーヤーです。機関投資家は、伝統的には「退出型・消極的コントロール」を行う主体でした。ただし、近年ではファンドの規模が大きくなり、彼らの証券売買の「マーケット・インパクト」が大きくなるケースも生じるようになりました。そこで、機関投資家の中には証券を長期保有（バイ・アンド・ホールド）し、**行動する投資家・もの言う投資家**（activist）として「発言型・積極的コントロール」によって企業経営に関与するものも現れてき

ています。

銀行

　銀行（bank）は、資金提供者から資金を預金の形で受け入れ、それを調達者に貸出の形で貸与する金融仲介機関です。この仲介プロセスにおいては、調達者についての情報生産と預金という金融商品の創出による提供者への流動性や安全資産の供給が行われます。とくに、預金と貸出を通じる金融仲介ルートには資本市場が介在せず、資金提供者と特定の銀行、特定の銀行と調達者という相対取引の組み合わせで金融取引が行われる点に特徴があります。

ベンチャー・キャピタルとバイアウト・ファンド

　資金提供者から集めた資金を専門的なプロジェクト評価能力を生かして、リスクは大きいが高い成長性を持つ新興企業に投入する金融機関を、**ベンチャー・キャピタル**（venture capital）と呼びます。ベンチャー・キャピタルは、企業の株式（および株式価値に連動した収益をもたらす証券——転換社債など）を保有し、取締役会に人材を送り込むなどの方法で企業のコントロール権を維持します。そして、経営陣を近くから監視すると同時に彼らに様々な経営上のアドバイスを与えます。ベンチャー・キャピタルに特徴的な性格は、資金供給先の企業が順調に成長した後には、株式を市場に売り出し（**新規株式公開、IPO: initial public offering**）、株式の売却から大きなキャピタル・ゲインを得ることを目的としていることです。このことは、ベンチャー・キャピタルが市場を利用した「退出（exit）」を前提に資金供給していることを意味します。そして、市場もベンチャー・キャピタルによって育成された一定の信頼性のある企業を上場できるメリットを受けるのです。

　バイアウト・ファンド（buyout fund）も、ベンチャー・キャピタルとほぼ同じ性格を持っています。しかし、1つ違うのは資金供給先が新興企業ではなく、倒産の危機に見舞われたり効率性が低下したりした成熟企業や企業の特定部門であるという点です。バイアウト・ファンドも、多くの場合、資金支援に際して企業を非公開化し（going private）、再生の後に企業を市場に公開し（going public）、キャピタル・ゲインを得ることを目的としています。

ベンチャー・キャピタルやバイアウト・ファンドのように、資金供給先の企業経営に深く関与しながら（ハンズ・オン：hands-on の資金供給といわれます）、非公開の株式を保有し最終的にその売却を通じてキャピタル・ゲインの獲得を目指すファンドのことを、**プライベート・エクイティ・ファンド**（private equity fund）と呼びます。

4.4　「金融システム」の型

　以上でみたように、金融市場と金融機関は、「金融システム」にあって金融取引の円滑化を図るための制度の中核を担っています。一般に、同じ目的に使われる制度が複数あるとき、それらが「代替的に」機能する場合と「補完的に」機能する場合があります。たとえば、銀行の貸出業務は、資金提供者と調達者の間に銀行が介在し"資本市場を経由しない"金融取引によって、資金提供者と調達者のニーズを満たす役割を果たしています。一方、証券会社や投資銀行の引受業務は、資本市場における証券発行を円滑化し、"資本市場を経由する"金融取引によって、資金提供者と調達者のニーズを満たす役割を果たしているのです。

　資本市場と代替的な機能を果たす前者のようなタイプの金融機関が金融取引の大きな部分を仲介しているのか、それとも資本市場と補完的な機能を果たす後者のようなタイプの金融機関が金融取引の大きな部分を仲介しているのかによって特定の経済で主流となる金融取引に関わる情報収集・契約履行の形態は大きく変化します。いいかえれば、特定の国、特定の時代において金融取引の主要な部分を担っている金融機関が、資本市場と競合的な機能を持っているか否かの違いが「金融システム」の型を決め、国によるあるいは時代による「金融システム」の多様性を生み出すのです。

　本章に続く第5章では、資本市場に対して代替的な機能を果たす金融機関が金融取引の大きな部分を仲介している「金融システム」、すなわち、「銀行中心のシステム」を取り上げます。また、第6章では、資本市場に対して補完的な

図4-1 銀行中心のシステム

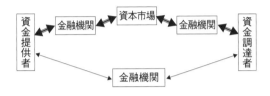

図4-2 市場中心のシステム

機能を果たす金融機関が金融取引の大きな部分を仲介している「金融システム」、すなわち、「市場中心のシステム」を取り上げます（それぞれの金融システムは図4-1、図4-2に模式化されています。なお、矢印の線の太さは、当該ルートを通じる金融取引のウェイトを示します）。そして、第5章および第6章では、それぞれのシステムにおいて、金融取引に関わる情報収集・契約履行の形態にどのような違いが生まれるのかを順次議論していきます。

議論してみよう

「格付け機関に対して、格付け業務の報酬を支払っているのは、資金調達者（証券の発行者）である。したがって、格付け機関には資金調達者に有利な格付けを行う動機があり、格付け機関から提供される情報は信頼性に欠けるものになりがちである」との意見があります。あなたは、この意見に賛成ですか、それとも反対ですか？ あなたの考えを、あなたがそのように考える理由とともに説明してください。

第5章

銀行中心のシステム

本章では、金融システムの1つの類型である「銀行中心のシステム」について議論します。「銀行中心のシステム」とは、主要な金融機関としての銀行が、資本市場と競合する機能を担っており、資本市場を介さない金融のウェイトが高い金融システムのことです。資本市場を介さない金融では、資金提供者は銀行への預金によって資金供給を行い、資金調達者は銀行からの貸出によって資金需要を満たします。本章では、まず、「銀行中心のシステム」において銀行が果たす役割を整理した後、「銀行中心のシステム」が持つ特徴について議論します。

5.1 委託されたモニターとしての銀行

　金融システムの1つの役割は、資金提供者と調達者の間にある「情報の非対称性」を解消し、金融取引を円滑化することです。「銀行中心のシステム」では、必ずしも整備が十分でない「情報開示制度」の下で、主として証券の「購入者責任」によって、この問題への対処が行われます。

　第2章6節で議論したように、このような「購入者責任」に基づく情報の獲得には、以下の2つの問題が発生します。1つは、各々の資金提供者が他の提供者に情報生産の費用を押し付けようとする「ただ乗り」問題です。もう1つ

は、同じ情報が何重にも費用をかけて生産される「重複生産」問題です。

これらの問題のために、各々の資金提供者がそれぞれ個別に行う情報生産は効率的ではありません。「銀行中心のシステム」で銀行が果たす第1の機能は、こうした分権的な情報生産に発生する非効率性を解消することにあります。すなわち、銀行は個々の預金者に代わり彼らを代表して情報生産を行う**委託されたモニター**（delegated monitor）としての役割を担っているのです。

5.2 委託された交渉者としての銀行

金融システムのいま1つの役割は、金融契約の「不完備性」に伴う問題を解消し金融取引を円滑化することです。とくに、資金提供者が資金返済への確信を持つことが取引実現の大前提となります。このため、金融システムには、資金提供者の適切な資金回収を支える仕組み──資金提供者保護（投資家保護）のメカニズム──が必要です。

「銀行中心のシステム」では、法的な強制力に基づいて投資家保護に実効性を持たせるのに障害があるといえます。情報開示の欠如や情報生産の委託によって、情報を持つ主体が調達者自身や調達者を監視する銀行に限定されてしまうからです。法的な強制力による投資家保護が実効性を持つためには、情報が裁判所など法的な手続きを担う第三者にも容易に入手できる必要があります。しかし、「銀行中心のシステム」では、公に観察できる情報の不足からその要件が欠けてしまうのです。

「銀行中心のシステム」では、"独占"に基づく私的な強制力が、法的な強制力に代わる役割を担っているということができます。情報生産を行う銀行は、個々の調達者にとって独占的な（唯一のあるいは"メインの"）資金提供者となります。そして、調達者に虚偽や不正などの行為があれば、それ以降資金供給の条件を悪くする、典型的には資金供給を停止することによって罰則を与えます。銀行は調達者にとって独占的な資金提供者であるため、他所からの資金調達ができない調達者にとって、この罰則は裏付けのある脅しとなります。そ

して、この罰則を予見する資金調達者は、提供者に対し"協調的に"振舞い、誠実な資金返済が確保されるのです[*1]。すなわち、「銀行中心のシステム」で銀行に与えられる第2の機能は、個々の資金提供者に代わり彼らを代表する形で調達者に向き合い強制力を行使する**委託された交渉者**（delegated negotiator）としての役割なのです[*2]（コラム5.1）。

> COLUMN 5.1　反復ゲームにおける自律的な協調の生成
>
> 　ゲーム理論を使って考えると、日本のメインバンク・システムなどに見られる銀行と資金調達者との長期取引関係は、調達者から"協調的な"行動（誠実な資金返済）を引き出すための「**反復ゲーム（repeated game）**」のメカニズムとも解釈できます。資金の貸借が「反復ゲーム」として行われるとは、特定の銀行と調達者の間で、資金の貸借が1期限りでなく現在から将来にわたって繰り返し行われることを意味します。こうした「反復ゲーム」においては、ゲームのプレーヤーが現在の抜け駆けから得るメリットと将来の報復から受けるデメリットを勘案し後者を前者より重視したとき**自律的な協調（self-enforcing cooperation）**が生成します。
>
> 　いま、資金調達者が虚偽や不正を行わず誠実な資金返済をする場合の利得を2、虚偽や不正を行って資金返済をしない場合の利得はそれより大きく3、資金貸与を受けられない場合の利得を最低の0としましょう。一方、資金返済がなされる場合の銀行の利得を1、資金返済がなされない場合の利得を−1、資金貸与をしない場合の利得を0としましょう（表5-1の利得行列を参照）。また、調達者が現在と比較してどのくらい将来を

[*1] 「銀行中心のシステム」では、銀行自身も同様の強制力の行使を受ける原則です。つまり、銀行に対する監督者（情報生産者）である官僚機構が虚偽や不正を発見した場合、銀行の営業条件に制約を加える、典型的には営業停止にすることによって罰則を与えます。後で議論するように、銀行は預金保護などの目的から政府の手厚い保護や競争規制のメリットを受けています。しかし、虚偽や不正を行うとそのような環境で得ている超過利潤——**免許価値**（charter value）あるいは**営業権価値**（franchise value）——を失うのです。この官僚機構の強制力は、理論的には「資金提供者であるにもかかわらず銀行を監視できない」預金者から集合的に政府に移譲された権限と解釈できます。ただし、このメカニズムには、直接の経済的利害を持たない官僚機構に問題解決を任せるという本質的な困難があります。

[*2] 「銀行中心のシステム」では、"メインの"銀行という単一の主体に強制力の行使が委託されるという意味で、「契約の不完備性」の問題に対して「ヘゲモニック・スタビリティー」型の解決策が採られているといえます。他の資金提供者は強制力の行使をすることなく、"メインの"銀行による問題解決に「ただ乗り」するのです（第3章コラム3.1参照）。

銀行 調達者	資金貸与する	資金貸与しない
資金返済する	(2, 1)	(0, 0)
資金返済しない	(3, −1)	(0, 0)

カッコ内の数字は、調達者と銀行がそれぞれの行動をとったときの（調達者の利得，銀行の利得）を示します。

表5-1 資金調達者と銀行の利得

重視しているかを表すものとして、将来の利得に対するディスカウントを考え、そのパラメーターを δ（$0<\delta<1$）としましょう（調達者は、δ が 0 に近いほど将来を軽視し、δ が 1 に近いほど将来を重視します）。

調達者が現在も将来も虚偽や不正を行わず誠実な資金返済をしたときの調達者の利得は、$2+\delta\times2+\delta^2\times2+\cdots\cdots=2/(1-\delta)$ となります。他方、現在時点で虚偽や不正を行って資金返済を回避し、来期以降資金貸与を受けられないときの利得は、$3+\delta\times0+\delta^2\times0+\cdots\cdots=3$ となります。したがって、$2/(1-\delta)>3$、すなわち $\delta>1/3$ ならば、資金調達者は虚偽や不正を行わず誠実な資金返済をすることに利益を見出します。

一方、銀行は資金返済がなされる限りにおいて、資金貸与をすることが利益にかないます（1>0）。しかし、資金返済がなされないならば、資金貸与をしないことが利益にかないます（0>−1）。

ここで、資金の貸借が「1回限りのゲーム（one-shot game）」として行われる短期取引関係（それは、以上のゲームで $\delta=0$ と置いたものにほかなりません）では、明らかに「調達者が資金返済をしない、そして、銀行が資金貸与をしない」という行動の組み合わせがゲームの均衡になります。しかし、$\delta>1/3$ ならば、この「1回限りのゲーム」の均衡の繰り返しを「信頼に足る脅し（かりに資金返済をしなければ、これからは短期取引関係に入る。資金返済がなされないと銀行が予想すれば、銀行は資金貸与をしないことが利益にかなうのだから、この脅しはカラ脅しではない）」とすることで、「調達者が資金返済をする、そして、銀行が資金貸与をする」という行動の組み合わせを均衡として実現できます。いいかえれば、短期取引関係の中で虚偽や不正に走る調達者が、長期取引関係の中で将来を十分に重視すれば誠実な行動をとるようになるため、銀行が資金調達に応じ金融取引が成立するのです。

＊神取道宏『ミクロ経済学の力』日本評論社、2014年（第7章参照）

5.3 保険提供者としての銀行

「銀行中心のシステム」における「リスク分担」については、預金者（資金提供者）と銀行の関係、企業（資金調達者）と銀行の関係、という2つの視点から考えることができます。以下では、それらを順に考え、銀行に与えられる第3の機能、**保険提供者**（insurance provider）としての機能について議論します。

預金

「銀行中心のシステム」で資金提供者が保有する資産、すなわち預金は、「元金と利息が名目値で固定されている」という意味で安全な資産です[*3]。銀行から資金供給を受ける調達者は債務不履行を起こす可能性があるので、銀行の資金供給には本来「信用リスク」が伴っているはずです。したがって、銀行は資金提供者と調達者の間に立って資産が持つリスクの性質を変えていることになります。なぜ、銀行はこのような「**資産変成**（asset transformation）」を行えるのでしょうか？

まず第1に、銀行は多数の資金調達者に貸出を行うことにより、資産構成を分散化し、個々の調達者に存在する「信用リスク」を相殺しています。ただし、調達者の債務不履行がいっせいに発生するような場合は、リスクを完全には相殺することはできません。たとえば、経済がマクロ的に不況に陥った場合など、多数の調達者に収益の低下が同時に発生してしまえばリスクの相殺は不完全になります。

それにもかかわらず、銀行が預金者に安全資産の提供を約束できるのは、1つには資金供給にあたって担保をとり、投資活動の成功・失敗の影響から独立性の高い資産を確保しているからです。また、銀行の資産に発生するショック

[*3] つまり、存在するのは物価水準の変動によるインフレ・リスクのみということになります。

を銀行の株主が吸収するメカニズムの存在も重要です。銀行の資産から負債を差し引いたものは、銀行の**自己資本**と呼ばれ、銀行の資産のうち株主に帰属する資産の価値を表すものになります。ショックが発生し銀行の資産の価値が減少しても、それは預金に代表される負債の価値を直接的に減少させるのではなく、まず緩衝材（バッファー）としての自己資本の減少に反映されるのです。さらに、銀行の資産をすべて処分しても預金が返済できない、すなわち銀行が債務不履行を起こすケースについては、預金保険制度（銀行が保険料を積み立て債務不履行時に保険金によって預金を保護する仕組み）によって、そのリスクが負担されます。そして最終的には、銀行に政府から公的資金（税金）が投入されることによって預金が保護されるという実態もあります。

■「情報非感応的」証券としての預金

このように、「銀行中心のシステム」では、資金提供者の保有する預金の安全性が徹底して図られています。安全な金融商品が存在すれば、資金提供者にとって、自らが直面するリスクを回避できる手段が利用できるというメリットが生じます。しかし同時に、「銀行中心のシステム」では、そうした安全資産を資金提供者に与えることが、システムの整合性の上から必要だという視点も重要です。

資金提供者が適切な資金返済を確信するためには、調達者に関する情報を得なければなりません。なるほど、銀行は預金者に代わり調達者に関する情報生産を行いますが、このとき預金者・銀行間では、預金者が資金提供者であり銀行が調達者であるという関係が新たに生じています。仮に、預金者が銀行という調達者について情報生産を行わねばならないとしたら、それは1つの「情報生産」問題を別のそれに置き換えたものにすぎなくなってしまいます。このことは、銀行の情報生産にあたり、「誰がモニターをモニターするのか」という複層モニタリングの問題が発生することを意味します。

この問題を防ぐ最も直接的な方法は、預金者に「情報非感応的」な証券——つねに一定の資金返済を約束する証券——を持たせ、彼らが情報を得るか得ないかにかかわらずその利得が影響を受けないようにすることです。すなわち、預金の徹底した安全性は、預金者が情報生産に携わることを不必要とすると同

時に、情報を持たない預金者に確実な資金返済を確信させるためのものなのです。*4

貸出

次に、銀行が持つ資金調達者に対する保険提供の機能について議論します。銀行が行う貸出は基本的に負債契約（資金提供者があらかじめ決められた固定返済額を請求する金融契約）の形をとります。しかし、「銀行中心のシステム」において、それは単純な負債契約とはいえないケースが多く見られます。銀行が調達者の状況に応じ、返済額を裁量的に変更し、調達者が直面する投資のリスクを機動的に負担する現象——**債務者救済機能**——が見られるのです。

たとえば、貸出先企業が経営危機に陥ったとき、その企業が再建可能と判断できるならば、銀行は返済繰り延べ、利息減免、追加融資など、救済の手を差し延べます。この救済によって、企業は清算を避けることができ事業を継続できます。一方、銀行は企業の存続により、それまで情報生産の費用をかけて構築した長期取引関係を維持できます。*5

資金提供者としてのコミットメント

銀行が、このような救済機能を発揮できる背景には、銀行が資金調達者に対して独占的な資金提供者であるという事実が存在しています。第1に、銀行は調達者の債務不履行の可能性に直面して「争奪競走」の問題を回避できます。分散化された不特定多数の提供者が資金供給をしている場合には、各々の提供

---

*4 裏返せば、このシナリオは「ペイオフ解禁」で高額（日本では1000万円以上）の預金者について預金を全額保護しないとすることに対する1つの正当性を与えています。そのような高額の預金者は、私的に銀行に対する情報生産を行ってもその費用が便益に引き合うと考えられるため、彼らに「情報感応的」な証券——状態条件付の資金返済を行う証券——を持たせることが合理化されるのです。

*5 銀行が企業に対して救済を行うとき、**役員派遣**（銀行から企業の取締役会に役員を送り込むこと）などを通じて企業に対するコントロール権の掌握を図るケースが見られます。これは、債務不履行が発生したとき「あらかじめ決められた固定返済額を請求する固定請求者」から「残余請求者」へとその立場を変更することになる銀行が、「残余請求権」と「コントロール権」を自らの手中に統合するメカニズムと見ることができます。この意味で、銀行の救済活動を、株主による企業買収になぞらえ"債権者による企業買収"と性格付ける考え方もあります。

者が協調して救済活動にあたることは困難です。なぜなら、各々の提供者が救済活動を他者に押し付け自らの資産保全のためにいち早く資金の引き揚げにかかる「ただ乗り」問題が発生するからです。これに対して、独占的な資金供給者は、救済活動を他者へ押し付けられないため、「ただ乗り」問題を克服し債務者救済にコミットすることができるのです。

　第2に、銀行は、独占的な資金提供者として「匿名性」がないという点も重要です。銀行が、「委託されたモニター」、「委託された交渉者」として機能している限り、調達者が陥る債務不履行の危機は、不正や虚偽に起因するものではなく、資金支援を受ければ乗り切れる「流動性債務不履行」と判断されるべきものです。したがって、銀行がそれまで情報生産を行ってきた調達者に救済機能を発揮しないとすると、それは「銀行が有能なモニターあるいは交渉者でなかった」ことを公表する意味を持ってしまいます。いいかえれば、銀行は、「有能なモニターあるいは交渉者としての評判」を維持するために、積極的に債務者救済にコミットするのです。

　第3に、銀行が債務者救済にコミットできる理由には、独占的な資金提供者として調達者が再建を果たした後に救済費用を回収するように返済額を操作できる（負担した費用を将来の利息引き上げで賄うことができる）という事実も挙げられます。つまり、銀行はその非競争的な地位を利用して"時間を通じた価格操作"を行えるため、調達者が得る利得の平準化（スムージング）を図れるのです。

5.4　流動性創出者としての銀行

　「銀行中心のシステム」におけるリスク分担のもう1つの形態は、「流動性」に関するものです。流動性の必要は、各主体が見舞われる緊急の資金需要に関する不確実性から生じます。このリスクについても、預金者と銀行の関係、企業と銀行の関係という2つの視点からの検討が可能です。以下では、2つの関係を順に考え、銀行に与えられる第4の機能、**流動性創出者**（liquidity creator) としての機能について議論しましょう。

■預金

「銀行中心のシステム」において、資金提供者が保有する預金は、「あらかじめ決められた額の資金をいつでも引き出せる」という意味で極めて流動的な資産です。銀行から資金供給を受けている調達者が行う投資は、資金をいつでも回収できるものとは限らないため、銀行は資金提供者と調達者の間に立って資産の"満期"を変えていることになります。したがって、これも「資産変成」の1つと考えることができます。

なぜ、銀行はこのような「資産変成」を行えるのでしょうか？ そこでは、やはりリスクが相殺されているということができます。銀行は多数の預金者から資金を集めることにより、個々の預金者に発生する「流動性リスク」を相殺しているのです。すなわち、個々の預金者に発生する流動性の必要が同時に発生しない限り、預金を引き出す者がいる一方で預金を預け入れる者がいるため、銀行には絶えず一定の預金がとどまることになります。したがって、預金の多くを非流動的な投資に回しても銀行が預金者の引き出しに応じられないということはないのです。[*6]

■「退出型コントロール」証券としての預金

このように「資産変成」によって、流動性がある金融商品が創出されることは、資金提供者にとってそれ自体メリットがあることです。しかし、「銀行中心のシステム」では、そうした流動的な資産を資金提供者に与えることがシステムの整合性の上から必要だという視点も重要です。

先に、銀行は個々の預金者に代わり調達者に向き合い、その資金返済を確保する「委託された交渉者」としての機能を持つことを述べました。しかし、このような委託に伴い、預金者・銀行間では預金者が提供者であり銀行が調達者であるという関係が新たに生じています。仮に、「契約の不完備性」の問題が

[*6] ただし、預金者の預金引き出しが個別的なものでなく、いっせいに行われるようなことがあればこの限りではありません。この問題については第10章2節で議論します。

預金者・銀行間で発生し、銀行の資金返済が疑われるならば、それは1つの「契約の不完備性」の問題を、別のそれに置き換えたものにすぎなくなってしまいます。

　この問題の発生を防ぐ最も直接的な方法は、資金提供者である預金者に徹底した「退出型・消極的コントロール」、つまり、いつでも確定した額の資金を手にして取引関係から退出できる状況を保証することです。すなわち、預金の流動性は、分散化した小規模な預金者が、銀行経営への介入といった「発言型・積極的コントロール」に訴えることなく、確実な資金返済を確信できるために必要な性質なのです。

貸出

　次に、資金調達者の緊急の資金需要に応える銀行の機能について議論しましょう。調達者が投資活動の途中で事前に予期されなかった資金の必要、すなわち流動性ショックに見舞われたとします。このとき、銀行との間で引かれたクレジット・ライン（調達者への貸出の拡張枠）は以下のような機能を果たします。

　第1に、有望なプロジェクトが資金繰り難から中止されること、さらにはプロジェクト中止によって調達者が「流動性債務不履行」に陥ることを防ぐことができます。いいかえれば、将来時点まで考えれば十分な収益性を期待できる調達者が資金収支のタイミングの不突合により、いわゆる"黒字倒産"を起こす可能性を回避できます。

　第2に、プロジェクト実行の際、各々の調達者が流動性ショックに備えて個々に持たなければならない流動性資産（換金が容易な分だけ資産価格にプレミアムが上乗せされ期待収益率は低い資産）の節約が図れます。その結果、クレジット・ラインを通じた流動性の創出により、経済全体では、むしろ必要となる流動性資産の保有量を"減少させる"ことが可能になり、期待収益率が高い非流動的な投資を活発化できます。銀行は個々の調達者に発生する流動性ショックをプールすることにより、経済全体で準備しておくべき流動性の量を、実際に発生する流動性ショックの量と等しいものだけに限定できるのです。

▇ 資金提供者としてのコミットメント

　銀行が調達者に対する流動性創出の機能を発揮できる背景には、銀行の「モニター」としての機能、「交渉者」としての機能が重要な役割を果たしています。

　流動性ショックが調達者にとって問題なのは、資金が必要となっても「情報の非対称性」や「契約の不完備性」のために、資金提供者に将来の適切な資金返済を確信させられない、予期しない状態の発生に対して提供者との間で再交渉を行わねばならないなどの困難があるからです。提供者への説得や交渉を行っている間に事態が悪化し、債務不履行が発生してしまうというわけです。

　不特定多数の提供者に向かって説得や交渉を行うのではなく、取引関係がある銀行のクレジット・ラインを利用できるならば、こうした事態を避けることができます。取引関係がある銀行の情報生産機能が十分発揮されている限り、調達者が流動性ショックに見舞われたとき銀行はその事実をすばやく認定し、適切な資金返済を期待しつつ貸出を拡張することができるからです。また、流動性創出による債務不履行の回避は、銀行にとって調達者との長期取引関係や「自らが有能なモニターであり交渉者である」との評判を維持できるというメリットがあります。したがって、銀行は、取引関係や名声の維持のために、積極的な流動性供給にコミットすることを動機付けられるのです。

5.5 「銀行中心のシステム」の特徴

　以上のような銀行の機能は、「情報の非対称性」や「契約の不完備性」がもたらす問題を解決し、円滑な金融取引を実現するのに貢献しています。これらの機能に伴って、「銀行中心のシステム」には以下の特徴が現れます。

▇ 情報の内部化

　一般に、情報生産のインセンティブの確保には、生産された情報が生産者に占有されることが必要です。なぜなら、費用を負担して情報を生産しても、そ

れが公開され他者に簡単に利用されてしまうのでは、情報生産の利益はなくなる――自分は費用を負担せず他の主体の生産した情報が公開されるのを待ったほうがよい――からです。このため「銀行中心のシステム」では、銀行による情報の占有を保証するため、情報の内部化（internalization of information）や情報秘匿（concealment of information）の仕組み、たとえば限定的な情報開示の許容などが必要であるといえます。[*7]

■リスク負担の集中

「銀行中心のシステム」では、資金提供者である預金者と調達者である企業がともに彼らが直面するはずのリスクから大きく解放されています。このことは、裏返せば銀行にリスクが集中する仕組みが成立していることを意味します。

リスク負担の銀行への集中は、銀行が行う「情報生産」や「契約履行の強制」といった活動へのインセンティブを確保するのに整合的な仕組みです。なぜなら、資金調達者の投資に伴うリスクを銀行が大きな割合で引き受けてこそ、銀行の活動の巧拙が銀行の利得に影響を与え、銀行が真面目に情報生産や契約履行の強制を行うインセンティブを持つからです。

しかし、「銀行中心のシステム」においてリスク負担が分散化されていないという現実は、大きなショックの発生に対して、銀行が負担するリスクが臨界点（銀行の自己資本の範囲）を超えるかもしれないという脆弱性を生み出します。とくに、経済全体を同時に襲う負のショック（負のマクロ・ショック）があったとき、銀行がいっせいに債務不履行に陥るならば、「銀行中心のシステム」はシステム崩壊の危機に直面してしまいます。

■資産選択の画一性

「銀行中心のシステム」には、最終的な資金提供者である家計が多様なポー

[*7] 「情報生産」に占有性が必要とされるという問題は、金融活動に固有のものではありません。たとえば、R&D活動（それは発見・発明という知識獲得をめざす「情報生産」活動にほかなりませんが）の成果である新技術は、特許制度によりその占有性が認められています。やはり、占有性によって発生する超過利潤が報酬となり、人々のR&D活動へのインセンティブを高めているのです。

トフォリオを形成することが難しいという問題があります。本来、資金提供者は、そのリスク回避度や情報の収集能力が一様でなく、そうした選好や能力に対応してそれぞれのポートフォリオ選択を行う動機をもっているはずです。しかし、一律に情報へのアクセスが確保されない下で、こうした要求は抑圧され安全資産である預金への一様な偏りを持ったポートフォリオが形成されやすくなるのです。

貸出債権の非市場性

「銀行中心のシステム」では、銀行が保有する資産（貸出債権）は、市場性が低く、不特定多数の主体が売買する対象になりにくいといえます。第1に、資金調達者に関する情報が銀行によって占有されているため、市場で貸出債権の売買が行われようとしても買い手となる外部者には債権に関わる情報が正確にわかりません。とくに、こうした「情報の非対称性」がある場合、売りに出された資産はその保有が不利だから売却されるという推測が成立しやすく大きなディスカウントを受けるあるいは買い手への説明のために追加費用を必要とするといった形で、売買が妨げられます（「逆選択」問題の発生）。

第2に、銀行が「情報生産」や「契約履行の強制」の努力をする十分なインセンティブを持つためには、銀行が資金供給をした調達者との長期的関係にコミットし、両者が容易に分離しないようにすることが必要です——貸出債権が容易に市場で売り払えリスクを簡単に他者に移転できるならば、銀行の「情報生産」や「契約履行の強制」のインセンティブは低下するでしょう。この意味で、貸出債権の非市場性は銀行のコミットメント能力を高め、その活動への信頼性を向上させる働きを持っているのです。

取引関係の固定性

銀行のコミットメント能力向上の裏側では、「フレキシビリティー」のメリットが犠牲にされています。つまり、銀行が組成した貸出債権を保有し続けねばならないとき、貸出を行った後で判明する様々な状況変化への銀行の対応力が失われるという問題が生じます（コミットメントとフレキシビリティーのトレード・オフの存在）。情報生産にしてもリスク負担にしても、原則的には各

時点で有効にそれらを担える主体がその任にあたることがもっとも効率的なはずです。しかし、貸出債権に市場性がない限り、銀行は過去の時点で行った意思決定の帰結を時間の経過とともに新たな状況が発生しても引き続き受け入れねばなりません。たとえば、貸出を行った後、環境変化によって貸出先の投資機会が大きなリスクを有するものになったとします。このような新たに判明した事実があっても、銀行はその事実に対応して即座に自らが晒されるリスクを変化させる手段を持たず、過大なリスクを抱えねばならないのです。

■専門化の限界

　リスクを集中して引き受ける銀行は、そのリスク負担の能力を高めるために、資産構成を分散化する必要があります。数多くの、しかもそれぞれ異なったショックに直面する資金調達者に資金供給することにより、個々の調達者の信用リスクを相殺する必要があるからです。しかし、こうした分散化の必要性は、それぞれの銀行が特定の分野の融資に専門性を発揮する分業の進展を妨げます。専門化による分業の進展は、経済主体の活動を効率化するもっとも基礎的な要因の1つですが、銀行はそれと反対の総花的な活動に従事しなければならないのです。

■競争の制限

　「銀行中心のシステム」は、競争的な環境と整合的なシステムとはいえません。まず、情報生産や契約履行の強制における「ただ乗り」問題の防止のために、各々の資金調達者に向き合う銀行は少数（典型的には単一）であることが望ましくなります。

　情報生産の後で、他の銀行が参入し競争が発生してしまったのでは、情報生産を行った銀行に帰着するはずの超過利潤（レント）が消失し、銀行は投下した情報生産の費用を賄えない事態になるからです。したがって、情報生産の適切なインセンティブを確保するには、競争規制によって情報生産を行った銀行の独占的地位を守るようにしなければなりません。

　また、銀行が資金回収のために行使する私的な強制力の源泉は、"独占"にあります。不正な資金調達者に、銀行が資金供給の停止という罰則を科して

も、競争的な環境の中で他の提供者が有利な資金供給を行ってしまったのでは、罰則は実効性を持ちえません。いいかえれば、資金回収を保証する長期取引関係は、規制によって競争圧力から保護されることが必要となるのです。

こうした銀行を取り巻く非競争的な環境は、銀行が競って業務の効率化を図ろうとする動機を弱め、長期的に見て銀行業の産業としての弱体化を招く副作用がある点に注意が必要です[*8]。

議論してみよう

預金の安全性や貸出債権の非市場性に見られるように、銀行中心のシステムでは、資産価値を市場価格に基づき絶えず評価し直す「時価評価（値洗い：mark to market）」のメカニズムが抑制されています。このため、「銀行中心のシステムでは、短期的な価格変動に一喜一憂することなく長期的な観点に立った経済活動を行うことができ、企業や国の持続的な成長にとって有利な経済環境を築くことができる」との意見があります。あなたは、この意見に賛成ですか、それとも反対ですか？　あなたの考えを、あなたがそのように考える理由とともに説明してください。

[*8] 銀行と資金調達者の長期取引関係は、2つの主体の協調（cooperation）を促進し、資金返済の確実性を高めるのに役立つものでした。しかし、より広い観点からいうと、それは2つの主体間のみでの協調であり、他者を取引関係から排除しているという意味で問題があるといえます。このような部分的な"協調"は、**結託**（coalition）ないし**共謀**（collusion）としての側面を持ち、経済厚生上から見て、そのような協調が実際に望ましい結果をもたらすか否かは、自明なことではないのです。

第6章

市場中心のシステム

　本章では、金融システムのもう1つの類型である「市場中心のシステム」について議論します。「市場中心のシステム」とは、金融機関が資本市場を介する金融を支える機能を担い、資本市場を介する金融のウェイトが高いシステムのことです。「市場中心のシステム」では、資金提供者・調達者は、金融機関の提供する様々なサービスを利用して資本市場に直接・間接にアクセスして金融取引を行います。本章では、「市場中心のシステム」が金融取引を円滑化する基本的な仕組みを説明した後、システムが正しく機能するために解決しなければならない諸問題について議論します。

6.1　情報開示制度の整備

　資金提供者と調達者の間にある「情報の非対称性」の解消は、金融システムに課せられた役割の1つです。「銀行中心のシステム」では、主として証券の「購入者責任」によってこの問題への対処が行われました。「委託されたモニター」である銀行が行う情報生産によって、「情報の非対称性」を解消するのです。
　「市場中心のシステム」では、証券の「販売者責任」がより重要視されます。つまり、調達者に関する情報が広く公開され、誰もがそれに等しくアクセスで

きるように、「情報開示制度」が整備されなければならないのです。「情報開示制度」が未整備だと、資金提供者は、資金供給先の収益性やリスクを正しく評価できず、資本市場への参加を積極化できません。いうまでもなく、そのような状況では、資本市場は縮小してしまいます。

「情報開示制度」は、開示情報に裏づけを与える監査法人や金融機関の調査活動と政府が運営する会計制度や虚偽開示を処罰する罰則制度によって支えられています。これらの監査法人・金融機関や公的な制度は、資本市場が十分な機能を発揮するために必要な基盤という意味で、**市場インフラ (financial market infrastructure)** と呼ばれます。「市場中心のシステム」において、これら機関や政府は、"**市場の門番 (gatekeeper)**" あるいは "**市場の守護者 (guardian)**" として振舞い、市場を形成し発展させることを使命としているのです[*1]。

とくに注意すべきことは、「市場中心のシステム」では金融機関は獲得した情報を自分で利用するだけではなく、それを資金提供者に信頼される形で伝達していく機能を期待されている点です。格付け機関、投資銀行のアナリストなど資金提供者への情報伝達をビジネスとしている主体はもちろん、投資信託のように提供者から集めた資金の運用結果に対する説明責任(accountability)を果たす中で、間接的に情報伝達を期待されている主体もあります。こうした金融機関の情報伝達機能は、「銀行中心のシステム」において銀行が獲得した情報を外部に伝達することなく占有するのと対照的です。

また、「市場中心のシステム」において、政府は無為な放任主義者(do-nothing government)であってはならないという点も重要です。政府はその担うべき公共政策として、市場インフラの整備・維持を期待されているからです。この意味で、「市場中心のシステム」における政府を、市場と対立的なものと捉え「政府＝市場の機能を侵食する主体」という図式で理解することは適切ではありません。むしろ、それは、「政府＝市場の機能を強化する主体」と

[*1] アメリカでは、大恐慌後の1930年代に、情報開示を促進し証券取引に絡む不正を防止するための機関として証券取引委員会(SEC)が設立されました。SECの設立が、ギャンブルの場と見なされがちだった証券市場への人々の評価を変え、市場の形成・発展を通じて「アメリカを資本主義国にした」とまで言われています。

いう図式で理解されるべき行動主義者（activist）であることが理想とされるのです。[*2]

6.2 フォーマルな投資家保護

　「市場中心のシステム」では、「情報開示制度」の存在が、適切な資金回収への確信を支える大きな要素となります。しかし一方で、資金提供者が情報を持てば、それだけで金融契約の履行が自動的に保証されるわけではありません。契約履行のためには、提供者の権利が侵害されたとき権利を迅速に回復できる仕組み、すなわち「投資家保護」のメカニズムが必要だからです。

　「情報開示制度」が整備された「市場中心のシステム」では、「投資家保護」を法的な手続きと明示的な契約によって実現できる余地が広がります。金融取引の当事者だけでなく、裁判所など第三者にも観察・検証可能な情報があれば、そうした情報に条件付けられた契約の内容が法的な手続きに支えられて実現できるからです（契約の内容が法的な手続きに支えられて実現するとの予想の下に、実際に法的な手続きを経ることなく契約が遵守されるという面もあります）。

　一方、契約の内容が法的な手続きに支えられて実現できるならば、それを詳細に決める動機も高まります。契約が強制力に裏付けられた実効的なものならば、内容をことこまかく記述する努力が無駄にならないからです。この点は、「銀行中心のシステム」が取引の当事者間でインフォーマルな問題解決の手段（長期取引関係による信頼形成）を発展させているのと対照的です。[*3] とくに、

....
[*2] このことは、「市場中心のシステム」における政府が、市場で得られた結果を反故にする所得・資産の再分配指向の"大きな政府"であってはならないだけでなく、公共政策の役割を否定し市場に対し放任の姿勢を取る"小さな政府"であってもならないことを意味しています。
[*3] こうした対照性は、何事も契約で決定する「契約準拠社会」と関係への拘束をベースに暗黙の理解を重視する「以心伝心社会」といった、しばしば 文化の違いに還元される国ごとのビジネス規範の差異を生み出す一因にもなっています。

「市場中心のシステム」のフォーマルな問題解決は、金融契約を明示的な形で様々に工夫することを可能にし、多様な状態条件付証券や金融取引の手法を生み出す**金融革新**（financial innovation）の制度的な基盤にもなるのです。

6.3 コントロール権市場の活性化

　もっとも、「市場中心のシステム」で、法的な手続きと明示的な契約の役割が重要といっても、依然として「契約の不完備性」を完全に除去することはできません。事前に想定されず契約に書き込めない状態の発生を完全に排除することはできないからです。このような問題に対処するには、資金提供者が調達者に対して行使できる"私的な"強制力を持ち、自分の力で適切な資金回収を確保できなければなりません。

　現代の大企業（株式会社）による資金調達のケースを考えると、そのような強制力を資金提供者のうち企業の残余請求者の地位にある株主に与えることが建前とされています。第3章5節で議論したように、「残余請求者」が企業の資産に対する「コントロール権」を握るとき、「残余請求権」と「コントロール権」の結合が実現し資産の有効な活用がなされるからです。

　ただし、すでに論じたように、現代の大企業におけるコントロール権の配分の実態からみて、こうした原則論には反論もあります。「所有の分散化」が生じている場合、名目上、株主にコントロール権が与えられても、実質上、彼らがそれを行使する意思を失うからです。[*4]

　「市場中心のシステム」において、この問題に対処する工夫が「コントロール権市場」を通じた「所有の一時的集中化」です。すなわち、企業買収者が株式を買い集め、実質的なコントロール権を手中に収めて経営に介入するのです。こうした「コントロール権市場」としての株式市場の機能が、いざという

[*4] もう1つのありうる反論は、現代の大企業における残余請求権の配分の実態、すなわち「株主だけが残余請求者であるわけではない」という論拠に基づいて行われます（本章7節参照）。

とき発揮されるならば、平常は「所有の分散化」が生じていてもかまわないことになります。[*5]

したがって、問題は「所有の分散化」そのものにあるのではなく、必要に応じて「コントロール権」の集中化を望ましい形で行える環境が整備されているか否かという点にあることになります。コントロール権の収集を容易にする流動性に富む株式市場の存在に加えて、買収者・被買収者の権利・義務の明確化（M＆A法制の整備）や企業買収に関わるアドバイスを与えたり資金面での支援をする金融機関の存在が重要です。

なお、「コントロール権市場」を通じた強制力行使の際立った特徴は、企業経営への介入を行う主体が不特定の主体であることを許している（企業買収者は、それまで企業と関係がなかった主体の中から突然現れるかもしれない）点です。これは「銀行中心のシステム」において、企業経営への介入を行う主体が長期取引関係を結んだ（大債権者、そして大株主でもある）特定の銀行であるのと対照的です。前者には、従来からの関係者に限ることなく、幅広く経済から新しいアイデア・ノウハウを持つ主体を企業経営の改善に参画させられるメリットがあります。一方、後者には、長期取引関係をベースに企業のインフォーマルな事情に通じた主体を核に企業経営の改善を図れるメリットがあります。

6.4　価格の「情報集計・伝達」機能

市場で形成される証券価格は、市場参加者が証券に対して出す需要・供給の均衡によって決まります。したがって、証券価格には、市場参加者がそれら需

[*5] さらに、「コントロール権市場」の機能が十分に発揮されると予想されるならば、企業経営が株主の利益を重視して行われ、実際に「所有の一時的集中化」が起こらなくてもかまわないことになります。このことは、現実の経済で「敵対的企業買収」が頻繁には起こらないという事実をもって、買収メカニズムは有効性に乏しいと主張する見解が誤りであることを示唆します。むしろ、それが有効であればあるほど、実際には買収が観察されなくなるからです。

要・供給のオッファー（買い・売りの申し出）の背後に持つ情報が反映されているはずです。

　いま、ある企業の投資活動に対して様々な情報を持つ市場参加者が数多くいるとしましょう。彼らは、各々の情報に基づきその企業の業績を予想し、企業が発行している証券への需要・供給をオッファーします。企業の投資活動が有望だとの情報を持つ市場参加者は、証券の購入をオッファーして価格を競り上げます。有望でないとの情報を持つ市場参加者は、証券の売却をオッファーして価格を競り下げます。こうした取引の結果、市場で形成される証券価格は、市場参加者それぞれが分散して持つ情報を集計したものになります。

　一方、証券価格が情報を集計しているならば、市場参加者は形成された価格を見て、そこから新たな情報を知る（もともと自分が持っていた情報に他者が持っていた情報を加える）ことができます。

　このように、証券価格は、市場参加者が個別に持つ私的な情報を集計した上で、再びそれを公的に観察できる情報として市場参加者に伝達する「**情報の集計・伝達**（aggregation and transmission of information）」機能を果たすのです。こうした価格の機能によって、個々の市場参加者は、自分一人の力では到底得られなかった多量の"情報の束"にアクセスすることが可能になります。

　「市場中心のシステム」では、市場で形成されるこの"情報の束"＝価格シグナルを指針として、資金供給先の選択や投資機会の活用、さらには資金調達者の規律付けを行っていくことになります。この点は、価格シグナルの欠如を特徴とする「銀行中心のシステム」との大きな違いです。

6.5　分散投資とデリバティブ

　「市場中心のシステム」では、資金提供者は証券保有者として証券の価格リスクを引き受ける立場に置かれています。投資活動に伴うリスクが銀行に集中する（したがって、銀行がリスク管理を担当すればよい）「銀行中心のシステ

ム」と違い、「市場中心のシステム」では、個々の資金提供者にとって望ましいリスク管理の工夫がより実質的な意味を持ちます。

分散投資

　こうした工夫の第1のものは、**分散投資**（diversification）によるリスクの軽減です。一般に、市場で取引される証券には、2つのタイプの価格リスクが伴います。1つは、各々の証券に固有の価格変動のリスク——**個別リスク**（idiosyncratic risk）——です。もう1つは、すべての証券に共通の価格変動のリスク——**システマティック・リスク**（systematic risk）——です。証券保有者は、多数の証券に分散化したポートフォリオを作ることによって個別リスクについては除去していくことができます。一方、システマティック・リスクは、ポートフォリオを分散化しても、除去することができません。

　したがって、自らに他者より優越する情報収集・分析能力がない、あるいは価格の「情報集計・伝達機能」が強力で市場参加者が持つすべての情報が即座に証券価格に反映するといった状況では、個別リスクについては徹底的に除去するポートフォリオを構築することが合理的になります。割安・割高の証券が見つけられない状況では、個別リスクを取ったところで、超過収益を得られません。しかも、個別リスクは、"除去しようと思えば"除去できるはずのリスク、したがって、リスク・プレミアムを要求できないリスクであることから、引き受けたリスクに見合う高い収益率を期待することもできないからです。

　このような状況では、リスク回避度に応じて、分散投資によって除去しえないシステマティック・リスクをどの程度引き受けるべきかという決定が、資金提供者の主たる選択となります。この選択を容易にする金融商品が、パッシブ運用の投資信託が提供するインデックス・ファンド（株式市場に上場された全構成銘柄の市場価値をトレースするファンド）です。資金提供者は、十分に分散化された危険資産のパッケージであるインデックス・ファンドと価格変動のリスクがない安全資産（現金や預金など）の保有比率を調整することにより、どれだけシステマティック・リスクを引き受けるか（そして、その見返りにどれだけ高い収益率を期待するか）を決定することができます。このような分散投資の意思決定が、価格リスクに晒される資金提供者が行うリスク管理の基本

原理となるのです*6（コラム6.1）。

■ デリバティブ

　価格リスクに晒される資金提供者のリスク管理に資する第2の工夫は、**デリバティブ（金融派生商品：derivative）** を使った「リスクの取引」です。デリバティブとは、もっとも広くいえば「その価値が他の資産（**原資産：underlying asset**）の価値に依存して決まる証券」のことです。具体的には、買い手と売り手が、将来時点での原資産の価格や収益に依存する形で、資金の受け渡しをあらかじめ約束する「状態条件付」の金融契約を指します。

　たとえば、**先物（future）** と呼ばれるデリバティブでは、一定期間後（満期日）に、原資産（現物）をあらかじめ決められた一定価格（約定価格）で購入する契約が結ばれます。仮に、満期日の現物価格が約定価格よりも下がっていれば、この先物の買い手は差額を支払い、売り手は差額を受け取ることになります。

　なぜ、先物の売買が「リスクの取引」になるかというと、現物を保有する（あるいは将来入手する予定の）主体がこの先物を売っていれば、現物価格が約定価格より下がれば差額を受け取り、上がれば差額を支払うことになり、現物価格の変動を相殺できるからです。一方、この先物を買った主体は、あらかじめ決められた約定価格で、実際には価格が上下している現物を購入しなければなりません。したがって、先物が取引されるとは、前者（**ヘッジャー：hedger**）から後者（**スペキュレーター：speculator**）に、現物の価格リスクが移転されることに他ならないのです。

　ただし、すでに気づかれた読者もいるかもしれませんが、本来そのようなリ

----

*6　もっとも、インデックス・ファンドの保有が合理的だからといって、すべての投資信託がパッシブ運用に徹し、それを資金提供者が受け入れるだけになると、市場には割安・割高の証券が認識されず放置される可能性が生まれます。割安・割高の証券を探索する活動がなくなれば、市場は証券価格に反映されるべき情報の源泉を失うことになるからです。事実、実際の投資信託では、様々なアクティブ運用のファンドが売り出されており、その組み入れ証券の構成は、インデックス・ファンドのそれと大きく乖離しています。現実には「パッシブ運用が隆盛だと、割安・割高の証券が放置されアクティブ運用に勝目が出る」、「アクティブ運用が隆盛だと、割安・割高の証券が消滅しパッシブ運用に勝目が出る」という可能性が存在し、そこに様々なタイプのファンドが活躍する余地が生まれるのです。

スク移転が行いたければ、現物を保有する主体が現物を売って、売却資金を安全資産で運用しておけばよいともいえます。このとき、（安全資産の利子率で資金を借りて）現物を買った取引の相手側が、価格リスクを負担する主体となります。一般に、デリバティブを使った取引の効果は、原資産と安全資産を使った取引でそれを再現できるため、デリバティブは余分な（redundant）証券といわれることもあります。[*7]

　それにもかかわらず、デリバティブの存在が有益であるのは、それが「リスクの取引」に焦点を絞った目的が明確な証券であること、原資産の市場に並行して機動的なリスク移転やリスク評価の機会を創出すること、買い手と売り手の間で受け渡される資金の状態依存の形態を工夫し移転されるリスクを細かく調整できることなどのメリットがあるからです。とくに、原資産の市場に何らかの取引上の不都合（取引コスト——手数料や税、流動性の欠如、規制など）があるとき、そこを迂回する形でデリバティブの市場が発展することが多いといえます。

　事実、「市場中心のシステム」では、価格リスクを管理するための様々なデリバティブの開発（金融商品としての仕組みの設定と価値評価）が、金融革新の中核技術の1つとなります。[*8]　そして、このような技術開発を行い、資金提

[*7] 原資産・安全資産の組み合わせとデリバティブが証券として同等であるということは、理論的にはその価格の間にも一定の関係が保たれるべきことを意味します。仮に、その関係が崩れ、理論価格に比べて割安・割高な証券が存在すれば、前者を買って後者を売る**裁定取引者**（arbitrager）が現れ、一定の関係が回復されます。たとえば、先物の場合、本文中に述べた同等性から、（1年もの先物の約定価格）＝（1＋1年もの安全資産利子率）×（現在の現物価格）が成立します。

[*8] **オプション**（option）は、金融革新がその導入と多様化を推し進めてきた代表的なデリバティブです。具体的には、将来時点で、原資産をあらかじめ決められた一定価格（行使価格）で購入したり、売却したりする権利を示す証券のことを指します。原資産を購入する権利を**コール・オプション**（call option）といい、売却する権利を**プット・オプション**（put option）といいます。たとえば、プット・オプションの場合、満期日の原資産価格が行使価格よりも下がっていれば、オプションの買い手は権利を行使し差額を受け取ります。原資産価格が行使価格よりも上がっていれば、買い手が権利を放棄するため資金の受け渡しは行われません。一方、売り手は、買い手が権利を行使する前者のケースにおいて差額を支払う義務を負っています。したがって、プット・オプションの購入は、原資産を保有する主体にとって、原資産価格の下落に対する保険としての役割を持つことがわかります。このようなリスク移転に伴い支払われる一種の"保険料"がオプションの価格であり**オプション・プレミアム**（option premium）と呼ばれています。

COLUMN 6.1　分離定理と市場ポートフォリオ

　分散投資の意義を明らかにするいくつかの金融理論についてまとめましょう。以下では、2つの危険資産AとBが存在する簡単なケースを例示します（3つ以上の危険資産が存在するケースも議論の本質は同じです）。A、Bそれぞれの価格変化率の平均値（期待収益率、リターン）を5％、10％、それぞれの標準偏差（分散の平方根、リスク）を5、10、相関係数を−0.5としましょう。相関係数とは、AとBの価格がどのくらい同じ方向に動くかを示す数値で、1ならばそれらがつねに同方向に、−1ならばつねに反対方向に動くことを意味します。

　このとき、資産AとBでポートフォリオを作ると、図6-1の曲線 AB のような期待収益率とリスクの組み合わせが得られます。ポートフォリオ中、資産Bの割合を増やしていくと期待収益率については単調に増加してしきますが、リスクについては低下する領域があります。このリスク低下は、分散投資によって資産A、Bの価格変化が相殺される効果——**分散投資のリスク低減効果**——によりもたらされます（たとえば、資産AとBにそれぞれ1/2の比率で投資すると、平均値は7.5％、標準偏差は4.3のポートフォリオができあがります）。*

　ここで、価格リスクがない安全資産——価格変化率あるいは利子率が3％で確定的、当然その標準偏差は0——もポートフォリオに入れられる状況を考えましょう。このとき、同じ期待収益率を最小のリスクで達成するポートフォリオは、縦軸上の点（0,3）から曲線 AB に引いた接線 CML 上に求められます。この接線は、**資本市場線**（capital market line）と呼ばれています。

　資金提供者が、同じ期待収益率ならばリスクの小さいポートフォリオを好む限り、彼らは CML 上のどこかの点を自分にとっての最適なポートフォリオとして選ぶはずです。点（0,3）から曲線 AB の他のいかなる点に引いた直線も CML の右にあるので、それらは同じ期待収益率を得るのに過大なリスクを取るポートフォリオとなるからです。

　ここで、興味深いのは、すべての資金提供者が、危険資産については接点 M に対応する同一のポートフォリオを選択するという事実です。危険資産の最適なポートフォリオを安全資産も考えたポートフォリオ全体と別個に決められるという意味で、この性質は**ポートフォリオ分離定理**（portfolio separation theorem）と名付けられています。**

　さらに、この性質を証券市場の均衡という視点から見直すと、危険資産の最適なポートフォリオは、証券市場に存在するすべての危険資産からなるポートフォリオであることがわかります。証券市場の需給均衡では、同一の危険資産の構成比を持つ個人のポートフォリオを足し合わせていったもの（証券需要）と市場に存在するすべての危険資産のポートフォリオ（証券供給）は、一致しているはずだからです。この事実から、接点

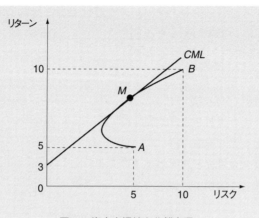

図6-1 資本市場線と分離定理

Mのポートフォリオは、**市場ポートフォリオ**（market portfolio）と名付けられています。

本文中で述べた、分散投資によって除去できないシステマティック・リスクとは、この市場ポートフォリオの価値変動のリスクのことであると考えられます（こうした考え方をとる資産価格モデルは、**CAPM**（capital asset pricing model）と呼ばれます）。個々の危険資産の価格変動は、市場ポートフォリオの価値変動と連動したすべての危険資産に"共通"の部分とそれに連動しない"個別"の部分に分けられるのです。

このとき、個々の危険資産の価格変動が、どのくらい、市場ポートフォリオの価値変動と連動しているかを示す指標は、β（ベータ）と呼ばれています。β が小さければ小さいほど、その資産の価格変動は市場全体の変動に連動しにくくなります。このため、β が小さい資産は、資金提供者に市場全体の変動のリスクを避ける機会を与える分だけ、リスク・プレミアムが低くなり、その期待収益率は小さくなります。逆に、β が大きい資産は、リスク・プレミアムが高くなり、その期待収益率は大きくなります。[***]

[*]Markowitz, H.M., "Portfolio Selection," *Journal of Finance*, Vol.7, 1952, pp. 77–91.
[**]Tobin, J., "Liquidy Preference as Behavior toward Risk," *Review of Economic Studies*, Vol.67, 1958, pp. 65–86.
[***]Sharp, W.F., "Capital Asset Prices: A Theory of Market Equilibrium under Conditions of Risk," *Journal of Finance*, Vol.19, 1964, pp. 425–442.

供者に多様なリスク管理の専門サービスを提供することが、「市場中心のシステム」における金融機関の重要な役割となります。「市場中心のシステム」では、価格リスクに晒される資金提供者のリスク管理へのニーズを原動力に、金融機関が金融革新を強力に推し進める主体となるのです。

この点は、「銀行中心のシステム」で、銀行が自らの組織内にリスク管理の機能を集中する一方、個々の資金提供者が行うリスク管理へのサービス提供を利益の源泉とする動機を強く持たないのと対照的です。むしろ、そこでは組織内の集中的なリスク管理と個々の資金提供者が行う分散的なリスク管理を競合的に捉え金融革新を抑制する傾向があるからです。

6.6 市場流動性の向上

「市場中心のシステム」の成立には、資金提供者が資本市場に積極的に参加できる環境が必要です。いままで述べてきた情報開示制度の整備、投資家保護の充実、多様なリスク管理サービスの提供などは、どれも彼らの市場参加を促進するためのものでした。もう1つ、資金提供者に市場参加を躊躇させないための要件として、市場流動性の向上が挙げられます。

一般に、証券の売り注文が買い注文を上回っているとき、証券価格が下方に調整し、やがて売り注文が減り買い注文が増え需給均衡が達成されます。しかし、一瞬一瞬を見れば売り注文と買い注文の数量が一致する保証はなく、また、それを瞬時に一致させようとすれば証券価格の過剰な調整（オーバーシュート）が必要となりがちです。そうした状況では、望むときに換金ができない、証券が買えない、あるいはそれらができたとしても、市場参加者が証券売買の「マーケット・インパクト」による追加的な価格リスクを引き受けることになってしまいます。

証券が売買されるとき、取引を速やかにかつ大きな「マーケット・インパクト」なく実現できる市場のことを流動性の高い市場といいます。市場流動性が低いと、そもそも資金提供者が証券を保有しようとする動機が弱められてしま

います。このような資金提供者の躊躇は、結果的に資金調達者にとって資金調達の費用を押し上げ、その投資活動を抑制するものとなります。非流動的な証券を購入させるには、証券にそのデメリットを償うだけの高い期待収益率——**流動性プレミアム**——を付与せねばならない（つまり、証券価格をディスカウントしなければならない）からです。

　このような問題を防ぎ、市場流動性を向上させるためには、様々な制度上の工夫が必要です。伝統的には、証券取引所を設けそこに証券売買を集中させる制度（集中義務）によって、証券の売りと買いのマッチング確率を高める方法が採用されてきました。証券の規格化（standardization）、すなわち類似の証券を整理し1つの証券にまとめることを通じて、それぞれの証券について売りと買いのボリュームを増すのもこうした工夫の1つです。[*9]

　また、多くの証券取引で流動性の維持に大きな役割を果たしているのが、市場創出の機能を担うマーケット・メーカーの存在です。アメリカのニューヨーク証券取引所では、スペシャリストと呼ばれるマーケット・メーカーがそれぞれ担当する証券の売りと買いのアンバランスを調整する役割を果たしてきました。とくに、彼らは、証券の売り注文と買い注文をマッチングさせるだけでなく、自らの保有する証券の在庫を用いてそれぞれの注文の相手側となって取引の成立に努めています。日本でも、ニューヨーク取引所のスペシャリストと同様の活動が証券会社のディーリング業務として行われています。

　こうしたディーリングにおいて、マーケット・メーカーは売り注文、買い注文それぞれに買い値（**ビッド価格**：bid price）、売り値（**アスク価格**：ask price あるいは offer price）を提示します。そして、提示価格より証券の売り手・買い手に有利な注文が入らない限り、その価格で注文に応じていきます。したがって、ビッド価格は売り注文に対する価格の下限値を、アスク価格は買い注文に対する価格の上限値を与えることになります。マーケット・メーカーは、このようにして売り注文・買い注文を速やかに吸収し、証券売買の「マーケット・インパクト」の緩和に貢献しているのです。なお、アスク価格とビッ

[*9] ただし、近年では、市場間競争の促進や多様な金融商品の存在が、市場参加者のニーズをより的確に吸い上げるとの考えに基づき、取引の集中や証券の規格化を必ずしも支持しない流れも強くなっています。

ド価格の差は、**ビッド・アスク・スプレッド**（bid-ask spread）と呼ばれています。ビッド・アスク・スプレッドは、マーケット・メーカーが保有せねばならない証券在庫の個別リスクや彼らが注文者よりも情報上不利な立場にある場合に取引から被る損失を補填する利ざやになります。[*10]

さらに、証券の売りや買いの注文を出そうとする市場参加者やそれに応じるマーケット・メーカーに証券や資金を貸し付ける信用取引制度も市場流動性の向上に寄与します。証券取引の意図はあるが、手持ちの証券や資金がない主体を市場に呼び込み、証券の売りと買いのボリュームを増すことができるからです。

信用取引は、証券や資金の貸借を伴う取引であるため、契約の適切な履行への信頼が、その成立に不可欠です。すなわち、契約不履行のリスク＝「信用リスク」を低減し、決済の確実性を保証する必要があるのです。したがって、証拠金・担保の請求、ポジション価値（各時点において取引が生んでいる利益・損失）や担保価値の常時評価、差額決済による資金移動の最小化、契約不履行への罰則を含む清算ルールの整備など、信頼向上のための仕組みが設けられています。[*11]

6.7 「市場中心のシステム」が克服すべき諸問題

協調の失敗

「市場中心のシステム」では、証券価格が経済に分散する情報を収集し、そ

[*10] 証券価格の先行きに関して情報上の優位性を持つ主体（informed trader）からの注文に応じるとき、マーケット・メーカーは平均的にみて損失を被る立場にあります。マーケット・メーカーが買いで応じる売り注文の背後には価格下落を予想させる情報があり、売りで応じる買い注文の背後には価格上昇を予想させる情報があるからです。したがって、売り注文・買い注文から、その背後にある情報を完全には読み取れないとき、マーケット・メーカーは、価格が下落する証券を買い価格が上昇する証券を売るという一種の「逆選択」問題に直面し損失を被るのです。

[*11] ただし、証券市場が大きな混乱に見舞われるショックが発生した場合、こうした「信用リスク」低減策の厳格さがむしろあだとなり市場流動性を枯渇させる場合もあります。この問題については、第10章6節を参照してください。

れを再び人々に伝達するという役割を果たします。このメカニズムが有効に働くためには、多くの人々が市場に参加し市場が「厚み」を持つことが必要です。各人は不十分な情報しか持ち得ないが、多くの人々の情報を集計することにより、有益な"情報の束"が作り上げられるところに、このメカニズムのメリットが存在するからです。

また、証券保有者が晒される価格リスクは、分散投資によって低減させることができます。とくに、分散投資の有効性は取引される証券の数が増えていくと高まります。ポートフォリオに組み入れ可能な証券の多様性が増せば、より期待収益率が高くリスクが低いポートフォリオが構築できるようになるからです。

さらに、証券の市場流動性についても、市場参加者の多い「厚みのある市場」の存在が有益です。「厚みのある市場」では、資金を必要としたとき、証券の買い手側に立ってくれる主体の存在する確率が高く、また、そのような主体が多ければ大きな「マーケット・インパクト」なしに資金需要を吸収できるからです。

以上のように、「市場中心のシステム」の機能向上のためには、多くの資金提供者・調達者が市場に参加することが必要です。この事実は、限定的な市場参加者では、参加者は、「市場中心のシステム」が本来持つメリットを十分には得られないかもしれないことを示唆します。つまり、人々がいっせいに市場参加を決めるという"協調"がないと、「市場中心のシステム」のメリットが高まらないという「**協調の失敗（coordination failure）**」の可能性があるのです。

「協調の失敗」の存在は、金融システムを「市場中心のシステム」に転換することに潜在的メリットがあっても、容易に「市場中心のシステム」が成立しない原因になります。また、「協調の失敗」の存在は、それぞれの投資機会の特徴に応じて資金調達の工夫をばらばらに行うことが、個々の主体にとって有利な選択とならず、システム全体としても、そのパフォーマンスを高めることにならない可能性も示唆しています。[*12]

■市場インフラと政治プロセス■

「市場中心のシステム」において、資本市場の機能が十分に発揮されるためには、政府による「市場インフラ」の整備・維持が必要です。

しかし、市場がインフラを必要とし、したがってインフラを整備・維持する政府を必要とするとき、「はたして政府は公平無私な"市場の守護者"として振舞いうるか？」という問題が浮上します。なぜなら、政府は経済的利害を持った主体の政治的な影響力と無縁ではないからです。仮に、政府が民間部門の特定の集団と結託して、「制度」の運営をその集団に有利なように歪めるならば、「公正な(fair)」市場が成立せず不利な扱いを受ける人々の市場参加は抑制されてしまいます。

とりわけ、公正な取引をもたらす開かれた市場は、皆に幅広く利益を与えるものであることから（すなわち、誰かを特別に利するものでないことから）、その擁護を熱心に訴える利益団体が形成されにくいという政治的な困難を抱えています。逆に、市場を歪め取引環境を自らに有利にしようとする集団は、その直接的な利益を動機として、利益団体を形成しやすいといえます。このことは、「市場中心のシステム」が"市場の守護者"としての良質な政府、すなわち利益団体の圧力に左右されにくい政府を必要とするという非常に難しい問題を抱えていることを意味します。つまり、「市場中心のシステム」は有効なチェック機構をもった民主主義的な政治プロセスの発達がなければ、その成立が容易ではないのです。[*13]

[*12] ここで議論した「協調の失敗」の発生は、各主体が他の主体と同じ行動をとるとき利得を高めることができる（皆が市場参加すれば自分も市場参加することが有利、逆は逆）という主体間の相互依存関係の存在に起因しています。こうした相互依存関係を、ゲーム理論では、「戦略的補完性」といいます。「戦略的補完性」についての詳細は、第10章コラム10.1を参考にしてください。

[*13] この意味で、「市場中心のシステム」も「銀行中心のシステム」と同様、システムの健全性の保証に、政府ないし官僚機構が最終的に関与しているということができます。ただし、市場参加者が投資活動から生じるリスクを広く負担する前者のシステムでは、国民にとって公正な市場を打ち立てる良質な政府・官僚機構を持つことがより実質的な意味を持つといえます。この点は、エンロンやワールドコムなどの不正事件後のアメリカにおける市場公正化へ向けての迅速な対応と1990年代の不良債権問題の後始末に長い時間を必要とした日本の対応との差に反映していると見ることもできるでしょう。

"市場の門番"の利益相反

「市場中心のシステム」では、"市場の門番"と呼ばれる監査法人や金融機関が、「情報開示制度」を支え、証券の「販売者責任」に実効性を持たせます。しかし、アメリカで、そして日本でも発生してきた不正会計事件で明るみに出たことは、これら門番が期待される職務を実行せず、調達者企業すなわち証券の発行者の不正行為に加担していたという事実です。

この"番犬が吼えなかった"という事実について、監査法人や金融機関の組織内における「利益相反」の存在が問題視されました。たとえば、2001年、2002年と立て続けに破綻したエンロンやワールドコムといった企業の監査を担当していた監査法人アーサー・アンダーセンは、両社の会計処理の問題点を指摘し、その情報を公表する立場にあったといえます。しかし、アーサー・アンダーセンは、同時に両社からコンサルティング業務（その中には、結果的に会計粉飾への助言になるものさえあった）に対する巨額の報酬を得ており、公正な監査を望めない状況にあったのです。

また、「**アナリスト中立性問題**」と呼ばれる「利益相反」問題では、証券の評価（レーティング）を正しく報告すべき投資銀行所属の証券アナリストが、真に独立した立場で投資家に情報を発信できていたかという点が疑問視されました。投資銀行にとって、巨額の利益を生むその他の業務（証券の引受業務や企業買収の助言業務など）を獲得する上で、証券発行者である企業に対して否定的なレポートを出すことは得策でないからです。事実、エンロンに関するレポートを出していた投資銀行の少なくないアナリストは、事件が伝わり始めエンロン株が下落した後でさえ、エンロンに「Buy（買い推奨）」のレーティングを付けていました。これについて、アナリストが投資銀行業務の利益を優先し、自分が発信する情報を歪めていたのではないかという疑いが持たれたのです。

こうした市場インフラへの不信を前にして、2002年にアメリカは**企業改革法**（Sarbanes-Oxley Act）を成立させました。そこでは、監査法人の独立性確保（監査対象企業へ提供される非監査業務の制限、監査責任者の定期的交代、監査対象企業と監査法人の間の人材移動の制限など）、証券アナリストの独立性確保（アナリスト・レポートへの投資銀行部門による承認の制限、投資銀行

業務の関係者によるアナリストの監督・報酬評価の禁止、アナリスト自身の情報開示など）が謳われています。これらの規則は、"市場の門番"の「利益相反」問題を解消し、市場インフラへの不信を払拭することを意図したものにほかなりません。

略奪的な金融技術

「市場中心のシステム」は、新しい金融商品や金融取引の手法が積極的に生み出される金融革新を1つの特徴としています。すでに議論したように、「金融革新」を支える制度的基盤があり、リスクを引き受ける資金提供者の「金融革新」へのニーズも高いからです。

しかし、科学技術でもそうであるように、同じ技術も使い方によっては**生産的な技術**（パイの総量を増やし、各人が得るパイを増やす技術：productive technology）にもなりえるし、**略奪的な技術**（一定のパイに対して、他人が得る部分を減らし自分の得る部分を増やす技術：predatory technology）にもなりえます。この意味で、技術が善用されるか悪用されるかは、技術を使う"人間の意図"に依存するといえます（生産的な民生技術も使い方を誤れば、略奪的な軍事技術として利用されます）。

金融においても事情は同じです。たとえば、デリバティブは、経済主体間のリスク移転を容易にし、それぞれの主体の適切なリスク分担の実現に貢献する生産的な技術のはずです。しかし、リスク移転の容易さを悪用し、他者に過大なリスクを負わせて自らのリスク負担を免れたり、複雑な取引の中に損失を隠蔽し、あたかも存在しないように見せかけることに、それが利用されるならば、技術は略奪的に用いられたことになります。

過去、金融技術に不信感を招いてきた不祥事のいくつかは、専門家や取引の事情を知る「内部者」が情報の優位性を利用し、情報に劣る人々の犠牲において自らの利益追求を図ろうとしたところに、その発生の根本原因があったといえます。金融革新を必要とし、それを推進する「市場中心のシステム」には、知識の社会的な共有を通じて、彼ら情報優位者の専横をチェックするメカニズムや不祥事が生じた場合の厳しい罰則が必要なのです。[*14]

ミスプライシング

「市場中心のシステム」では、市場で決定される証券価格が資金供給や投資機会活用の指針、さらには資金調達者への規律付けの道具として機能します。この機能が適切に働くには、証券価格が正確な情報を反映していることが必要です。このことは、証券価格を決定する市場参加者の持つ情報が"全体として"一方向に偏った歪みを持っていないことの重要性を示しています（逆に、個々の市場参加者の持つ情報にそれぞれランダムな歪みがあってもあまり問題ではありません。市場に「厚み」がある限り、それらは価格形成において相殺され、証券価格は平均的な正しい情報を反映するからです）。

証券価格が正確な情報を反映するとは、証券価格がファンダメンタルズと呼ばれる「証券がその保有者に現在から将来にわたってもたらす支払（株式ならば配当）の現在価値の和」に等しく決まることです。証券価格がファンダメンタルズから乖離しているとき、そこには価格付けの間違い——**ミスプライシング**（mispricing）——が存在しているといいます。

ミスプライシングが発生しやすい、すなわち証券価格が正確な情報を反映しにくい環境としては、以下のような状況が考えられます。まず、1つ目は、資金調達者側の性格に起因するもので、投資機会がきわめて新しい技術やそれまでなかったアイデア・ノウハウをベースに登場する状況です。このとき、資金提供者は、過去の経験に基づきその投資機会の有望さを適切に判断することが難しくなります。2つ目は、資金提供者側の性格に起因するもので、過去に証券取引の経験がない新たな投資家が大量に市場へ参加する状況です。

たとえば、1990年代末から2000年にかけてアメリカを中心に発生した「ITバブル（dot-com bubble）」は、この2つの要因が相互に強めあう形で進行したミスプライシングの例といわれています。インターネットなど、いままでに

[*14] ただし、金融取引における略奪的な技術使用の原因を情報優位者の作為のみに求めるのは問題の描写として不十分かもしれません。なぜなら、自らを情報劣位者であると認識する主体には、自らに損失をもたらす恐れの大きい取引を敬遠し行わないという選択肢があるからです。この意味で、問題の背後には、略奪的な情報優位者との取引に応じてしまう、あるいは、応じざるを得ない情報劣位者サイドの事情が潜んでいるといえます。こうした略奪的な技術使用のより深層にある原因については、第11章で議論します。

ない情報技術の発展をベースに、多くの新興企業が、株式市場に上場しました。当初、それら企業の株式への投資が高い収益率を上げ、その良好なパフォーマンスに惹かれて、新たに市場に参加する投資家が大量に現れました。こうして、IT株式への購入圧力は、累積的な株価上昇をもたらしていきます。一方、機関投資家など情報をより多く持つはずの専門家もこの動きに追随しまし

COLUMN 6.2　効率的市場とミスプライシングの逆説

　本章4節で議論したように、証券価格には市場参加者が分散して保有する情報を集計する機能があります。**効率的市場** (efficient market) とは、証券価格がつねに市場参加者が持っている情報を十分に反映した水準に決定されている市場のことです。このような市場では、市場参加者が得た情報はそれら主体の証券売買によって形成される価格を通じてすぐに他の市場参加者に伝達・共有されてしまいます。このため、ミスプライシングは存在せず、市場参加者は自らの持つ情報を利用して割安・割高の証券を見つけ、それを売買することによって超過収益を上げることができません。

　しかし、こうした効率的市場については、1つの逆説（パラドックス）が指摘されています。いま、市場が効率的であるとしましょう。このとき、市場参加者は情報を得ても割安・割高の証券を見つけられず、超過収益を上げられません。したがって、情報収集に費用がかかるならば、誰も情報収集をしようとはしません。しかし、一方で、市場が効率的であるのは、割安・割高の証券がなくなるほど精力的に情報収集が行われ、その情報が証券価格に反映されているからです。そこには、市場が効率的であれば情報収集が行われない、情報収集が行われなければ市場が効率的でなくなるという逆説が存在するのです[*]。

　逆説の解消には、現実の市場では、情報が証券価格の形成を通じて市場参加者に完全に伝達・共有されることはなく、市場には費用をかけて情報収集をするメリット、つまりミスプライシングが残存していると想定することが必要です。このようにミスプライシングが存在する状況としては、流動性の必要のために証券を売買する主体や非合理な投資戦略に従う**ノイズ・トレーダー** (noise trader) と呼ばれる主体が存在し、彼らのランダムな証券取引のために市場参加者が証券価格から真の情報を十分には抽出できない状況が考えられます。つまり、市場の効率性に反するミスプライシングの存在が、逆に市場の一定の効率性を支えるのです。

[*]Grossman, S. and J.E. Stiglitz, "On the Impossibility of Informationally Efficient Markets," *American Economic Review*, Vol.70, 1980, pp.393-408.

た。たとえ、株価がファンダメンタルズから見て正当化できないとしても、このプロセスが続く限りIT株式をポートフォリオに組み入れないと、自分の収益パフォーマンスが相対的に低くなり評価を下げる（"持たざるリスク"と呼ばれます）からです。ただし、最終的には、株価上昇がミスプライシングであるという現実の下、こうした専門家の資金は陶酔（ユーフォリア：euphoria）の世界から引き揚げられました。この段階で、過大評価された株式への売却圧力が高まり、バブルが崩壊したのです。

つねに合理的というわけではない市場参加者が決定する証券価格にミスプライシングが存在するのは、それが短期的なものである限りやむをえないといえます。さらに、ミスプライシングは、その存在を発見した主体には利益の源泉となるものです（割安の証券を買い割高な証券を売る）。つまり、ミスプライシングの存在は、人々に正しい価格を探索させる動機を与えているともいえます。そして、こうした人々の情報を求める活動が、ミスプライシングをただし、証券価格をファンダメンタルズに収束させていくのです。

したがって、ミスプライシングに伴う真の問題は、その存在そのものではなく、それが何らかの理由で長期に渡って解消しない、すなわち、ミスプライシングに対する修正メカニズムが欠如することだといえます。そうしたケースとしては、証券取引の費用や規制などの制度的要因によって、市場参加者が情報を持っていてもそれを取引に反映させられない、機関投資家など専門家が他者から委託を受けて資産運用を行っているとき、相対パフォーマンス評価を意識して「横並び行動」からなかなか離脱できない、などの状況が挙げられます（コラム6.2）。

■ 株主以外のステークホルダーの利益

「市場中心のシステム」における「投資家保護」や「コントロール権市場」の強化は、企業の他のステークホルダーの利益を侵害しないでしょうか？　1つの解答は、株主が残余請求者である限り、企業の所有者としての株主のコントロール権は徹底して守られるべきであるというものです。「残余請求権」と「コントロール権」の結合こそが、効率的な企業経営をもたらすからです。

しかし、もし株主以外にも実態として残余請求権者と考えられる主体がいる

場合はどうでしょうか？　この問題に関して、**企業特殊的な人的資本（firm-specific human capital）** を蓄積する労働者の利害がしばしば議論の対象とされます。企業特殊的な人的資本とは、特定の企業においてのみ高い価値を持ち、その企業の外部では汎用性に乏しい人的資本のことです。

このタイプの人的資本は、その蓄積が企業内部で行われるのに加えて、"企業特殊的"であるがゆえに第三者には実際に望ましい人的資本が蓄積されたか否かの判断が難しいという性質があります。このような観察可能性や立証可能性に乏しい人的資本蓄積への対価の支払は、暗黙の契約（長期雇用関係に基づく当事者間の信頼形成）に基づいて行われなければなりません。このとき、契約に明示されていない報酬を得る労働者は、株主と同じように残余請求者の立場にあるというのです。

こうした状況では、株主が労働者との信頼形成にコミットできず労働者が得るはずだった報酬を奪取してしまう――たとえば、企業の外部から突然現れる企業買収者は、暗黙的な契約を簡単に破棄する――という問題が生じます。したがって、「投資家保護」や「コントロール権市場」が強力であると、労働者は「人的資本を蓄積する努力を行ってもその対価が保証されない」と考え、人的資本蓄積のインセンティブを失ってしまうかもしれません。このような問題が存在するとき、株主の利益と労働者の利益はどのように調和されるべきなのでしょうか？

この問題への第1の解答は、企業の内部にいる労働者に比べ外部にいる株主は自らの権利を守る手段に乏しいと主張します。つまり、現代の大企業において、残余請求者としての株主（とりわけ、企業の外部にいる小規模株主）の利益は、他の残余請求者のそれに比べてより容易に侵害されてしまう性質を持っているというのです。[15] この解答では、企業統治における「バランス・オブ・

---

[15] 「契約の不完備性」の下で起こりうる権利侵害の形には、様々なものがあります。この点について、伝統的には、「資本家（株主）に搾取される労働者」という権利侵害のパターンが数多く議論されました。それに対して、ここでは「労働者に搾取される株主」という権利侵害の可能性が主張されていることになります。資本家が経営者であるシンプルな古典的オーナー企業とは異なり、現代の大企業において生産要素供給者としての資本供給者と労働供給者の関係はより複雑です。したがって、それらのいずれかを先験的に権利侵害をしている者、権利侵害をされている者と見なすのではなく、権利侵害についてその実態を冷静に見極めることが必要となります。

パワー」の回復という視点から、やはり株主の権利が強く保護されてこそ、対等な力を持つ主体がお互いの専横をチェックする仕組みができあがり望ましいと考えます（第3章コラム3.1参照）。

　第2の解答は、「投資家保護」や「コントロール権市場」の強化に伴い、労働者が蓄積する人的資本の性質が変化するという点に着目します。すなわち、労働者は企業特殊的な人的資本ではなく、企業間を移動しても生産性が下がらない**一般的な人的資本**（general human capital）の蓄積により精力を注ぐことになるというのです。

　こうした考えには、生産性向上への寄与という点で、特殊的な人的資本の一般的な人的資本に対する優位性を主張する立場からの反論があります。ただし、この反論は、各々の企業の永続性が保証される環境においてのみ正当化されるという点に注意が必要です。たとえば、ある労働者が特定の企業において生産性を向上させる特殊的な人的資本を蓄積しても、その企業が衰退してしまえば労働者は長い時間をかけて価値の乏しい資本を蓄積した——そして、個人的にも社会的にも価値のある一般的な人的資本を蓄積できなかった——ことになってしまいます。このように、特殊的な人的資本の蓄積は、個別企業の盛衰に関わる不確実性を考慮すると、個々の労働者の選択としてそれが有利か否かという視点からはもちろん、社会的に見てそれが効率的か否かという視点からも、つねに優位性を主張できるものではないのです。[*16]

　第3の解答は、特殊的な人的資本が真に高い価値を生み出している企業においては暗黙の契約の破棄は、株主にとって望ましくなく回避されるはずだというものです。なぜなら、そのような企業では、人的資本の特殊性による生産性の上昇によって**レント**（rent）——労働者が当該企業を離れたとき生み出せる収益を上回る収益——が生じ、そのレントは株主と労働者の間で分かち合われていると考えられるからです。このとき、暗黙の契約の破棄が、株主に労働者報酬の奪取という1回限りの利益をもたらしたとしても、人的資本蓄積の阻害

---

*16 この点で、企業（とりわけ大企業）の永続性を暗黙の前提としてきた戦後の日本には、一般的な人的資本と比較して特殊的な人的資本への肯定的評価が生まれやすい環境があったといえます。ただし、企業の永続性の程度は、企業が直面する投資機会の性質や金融システムのあり方によって左右される内生的なものであり、望ましい人的資本のタイプを先験的に断じられないところに注意が必要です。

（人的資本蓄積をすでに行った労働者の離散を含む）によって将来にわたるレントの分配が見込めなくなれば、その価値喪失を織り込む株価低下によって株主は不利益を被るのです。

　もっとも、このストーリーが成り立つには、株価に大きなミスプライシングがないという前提が必要です。たとえば、人的資本蓄積が将来にわたりレントを生み出すものであるにもかかわらず、その事実が株主に認識されず（情報の非対称性）、株価がそれを織り込んでいないとしましょう。このとき、労働者報酬を奪取することの利益のみが評価され契約破棄への誘惑が高まるかもしれません。このようにつねに正しいとは限らない市場に直面して、企業買収防衛策など「コントロール権市場」に対する一定の制限が許容される余地が生じます。防衛策を講じることにより、株主とのコミュニケーション（情報の非対称性の解消）の"時間を稼ぎ"、ミスプライシングの解消（株価すなわち買収価格の上昇）を図って株主が得るべき価値の棄損を防ぐのです。つまり、一見したところ株主に不利と思われる防衛策が、実は株主の利益になるという逆説的な状況において「コントロール権市場」の制限が許されるのです。[*17]

　以上のように、「投資家保護」や「コントロール権市場」の強化が、企業特殊的な人的資本の蓄積を阻害するがゆえに望ましくないとする議論は、一面的なものかもしれないことがわかります。むしろ重要なことは、それぞれの経済において金融システムと労働システムはリンクしており、その接点に企業が存在しているとの認識です。つまり、「投資家保護」や「コントロール権市場」の強化といった企業の金融面の変化に対応して、それと整合的な労働市場をいかに構築すべきか、という問題を考えねばならないのです。一方で、企業間の移動を前提とする労働者が生まれたのに、他方で、労働市場が既雇用者の囲い込みを目指す市場（内部労働市場）に分断されていたのでは、いったんある企業を離れた労働者は失業プールに留まらざるを得なかったり、再雇用先で著しい報酬の低下を飲まざるを得ないからです。金融システムが「市場中心のシス

[*17] この意味で、防衛策は必ずしも買収の絶対的な回避ではありません。株主とのコミュニケーションによって、株式市場の評価が間違っておらず、むしろ買収にメリットがあることが明白になる場合には、やがて買収が推進されることになります。"市場の間違い"とそれに対するステークホルダーの対抗策については第9章でも詳しく議論します。

テム」に転換するならば、同時に企業間の労働移動を許容する労働市場の柔軟性を確保していくことが、経済システムを全体として効率的に機能させるために必要になります。柔軟な労働市場は、企業の盛衰という不確実性に直面する労働者に対して代替的な雇用機会の選択肢を増やし、"保険"提供の役割を果たすからです。[18]

議論してみよう

「デリバティブ（金融派生商品）の利用により、人々の間のリスク移転や各人のリスク負担をより細かくコントロールできるようになる。したがって、デリバティブの利用をさらに世の中で広め、われわれの経済活動をより安心安全なものにしていくべきだ」との意見があります。あなたは、この意見に賛成ですか、それとも反対ですか？ あなたの考えを、あなたがそのように考える理由とともに説明してください。

---

[18] このように、経済のサブ・システム（金融システムや労働システム）がお互いにお互いの望ましい働きを強めるように機能することをサブ・システム間に「**制度的補完性**（institutional complementarity）」が存在するといいます。「制度的補完性」についての詳しい議論は、青木昌彦・奥野正寛編著『経済システムの比較制度分析』東京大学出版会、1996年を参照してください。

第2部 応用編

学生「株式持合の解消が進んでも、日本では、敵対的企業買収がなかなか成功しませんね。」
教授「もともと株主のものでない企業の株式を買い集めても、企業の所有者になれないのは自然の成り行きだよ。」
学生「それじゃ、企業は誰のものなんですか。」
教授「株主と債権者と経営者と従業員と取引先と消費者と地域住民と……のものさ。だから、日本企業の経営には株主だけでなく社会みんなの意見が反映されるんだよ。」
学生「？？？？？」

（「共有地の悲劇」）

第7章

金融システムの改革
――経済成長と投資機会の質的変化

本章では、経済成長がもたらす「投資機会の質的変化」が要請する金融システムの改革について考えます。とくに、「キャッチアップ」成長に成功し、「フロントランナー」成長を実現しようとする経済に、なぜシステム改革が必要とされるのか、その理由を検討します。

7.1 投資機会の質的変化

　1990年代の日本の金融危機が衝撃を持って受け止められた理由は、2度の石油ショックを乗り越え成長を持続していた経済の"優等生"がバブルの生成と崩壊を経て、いきなり大きな困難に見舞われたところにあります。そこには、「めざましい成功を収めていたはずなのに、なぜ突如として失敗の罠にはまってしまったのか？」という疑問があります[*1]。
　以下では、近年発展した**内生的成長理論**（endogenous growth theory）の考え方をベースに、成長エンジンの転換――「投資機会の質的変化」――という視点から経済成長と「金融システム」の関わりを考え、経済成長に成功した国にシステム改革が要請される理由を議論します。
　内生的成長理論では、経済の様々な成長エンジンが経済主体の最適化行動に基づき稼働される状況をモデル化しています。ここでは、成長エンジンが既存

技術の下での資本蓄積と新技術を開拓する R&D 活動という2つの投資からなる"2部門成長モデル"を考えます。

まず、「キャッチアップ」成長をする後発国に特徴的なのは、いまだこの国では活用されていない既存技術の大きなストックが存在することです。このとき、経済主体は、新技術の開拓に乗り出すのではなく、既存技術を所与として資本蓄積をする成長を最適なものとして選択することができます。つまり、後発国では、先発国を「模倣」した量的拡大が主たる成長エンジンとなります。

しかし、このタイプの成長は、まさにその成功の結果として既存技術の取り尽しによる投資の収益性の低下を招きます。この段階で、R&D 活動による「革新」を目指す投資の収益性が相対的に高まり、資金をそのような「革新」投資に向けることが望ましくなるのです。これが成長エンジンの転換――「**投資機会の質的変化**」――であり、それを実現することが成長持続の要件となります[*2]。

しかし、成長エンジンの転換はそれ単独で発生するわけではありません。すなわち、「投資機会の質的変化」に対応するためには、それに応じた「金融システム」の変化が必要になります。なぜなら「革新」投資には「模倣」投資とは異なった性質があり、その資金調達には新たな工夫を必要とするからです。いわば、新たな成長エンジンの稼働は、"燃料注入法"の変化を伴ってはじめ

[*1] 「成功の後の失敗（Success breeds failure.）」という問題は、事例を歴史に繰り返し見ることができます。20世紀初頭の世界大恐慌は、1929年のアメリカ・ウォール街の株価大暴落に端を発しています。当時、アメリカは奇跡の成長国として多くの資金を海外から集めていました（ヨーロッパからアメリカへの"資本"輸出船であったタイタニック号――1912年沈没――を思い出してください）。熱狂の中にあった、そのアメリカが突然の危機に見舞われたのです。また、より新しいところでは、東アジア諸国が約20年間の奇跡の成長の後、1990年代後半に深刻な危機に直面した事例があります。やはり、経済の"優等生"ともてはやされた国々がバブルの生成と崩壊を経て、いきなり大きな困難に直面したところに衝撃があったといえます。

[*2] たとえば、「アジアの奇跡（Asian Miracle）」について、P. クルーグマン教授は、A. ヤング教授らの成長会計分析（成長エンジンの要因分解）に基づき、これら諸国の成長が要素投入量の増加に依存した旧ソ連の社会主義経済の成長と類似のものだとの議論を展開していました（Krugman, P., "The Myth of Asia's Miracle," *Foreign Affairs*, Vol.73, 1994, pp.62-78; Young, A., "The Tyranny of Numbers: Confronting the Statistical Realities of the Asian Growth Experiences," *Quarterly Journal of Economics*, Vol.110, 1995, pp.641-680）。本文中の議論のように、成長にこのような"壁"があるならば、それを破り成長を持続するには、ある段階で成長エンジンの転換が必要となります。

て円滑に行われるのです。

　成長エンジンの転換という実物経済上の変化が要請されているにもかかわらず、金融システムがそれに対応しないならば新たな投資機会に資金が回らず、収益性が低くなった旧来の投資機会に資金がつぎ込まれ続けることにもなりかねません。

7.2 「キャッチアップ」成長と金融システム

　第5章で見たように、「銀行中心のシステム」では、資本市場と代替的な機能を持つ金融機関である銀行が情報生産や資金配分・リスク負担の機能を担い、教科書的な市場メカニズムとかなり異なった形で金融取引を支えています。それでは「銀行中心のシステム」は、非効率な「金融システム」だったでしょうか？

　すでに議論したように、「銀行中心のシステム」は、「情報の非対称性」や「契約の不完備性」の問題への1つの整合的な解決策の組み合わせとして形成されています。したがって、「銀行中心のシステム」を、つねに非効率なものと断定することはできず、「どのようなときに、そのメリットがデメリットを上回るのか、あるいはその逆か」を考えることが重要になります。

　「キャッチアップ」の時代は、経済に先行モデルがある時代といえます。つまり、どの産業に成長性があるのか、その成長をどのように実現したらよいのかについて不確実性が少なく、それらについて人々の合意が広く形成されている時代です。とくに、「キャッチアップ」過程において「**いまだ資金が希少である一方、有望な投資機会がはっきり見えている**」ならば、銀行は自らの情報生産機能を生かして投資の優先順位を明確に作成できます。したがって、こうした環境では、「銀行中心のシステム」が持つ市場抑圧的性格の弊害は、比較的小さいといえます。とくに、市場インフラが未整備なとき、市場メカニズムが「情報の非対称性」や「契約の不完備性」の問題をうまく解決できないことを考えると、「銀行中心のシステム」を持つ後発国にめざましい「キャッチア

ップ」成長を遂げた例がある現実は、故なきものではないといえます*3。

 しかし、以上のことは、「銀行中心のシステム」が成功すればするほど、その成功の前提条件が崩れるという逆説的状況が生まれることも意味しています。なぜなら、"定義によって"「キャッチアップ」成長の成功は、「キャッチアップ」の時代に終止符を打つものだからです*4（コラム7.1）。

COLUMN 7.1 「モラル・ハザード」としてのバブル──投資機会変化の結節点

 日本で1980年代後半に発生した資産価格の急騰、いわゆるバブルについては金融緩和の長期化、キャピタル・ゲイン予想による資産価格の自己実現的な上昇が、その要因として記憶されています。しかし、それらだけでなく、バブル崩壊後、その深刻な影響が銀行の不良債権問題の形で顕在化したことからもわかるように、核心には銀行貸出によって賄われたリスクの高い投資があったといえます。

 すでに説明したように、資金提供者が調達者の投資に発生するリスクに関して正確な情報を持たないとき、過度のリスク・テイキング、すなわち「資産代替のモラル・ハザード」が発生する可能性があります。仮に、リスクの高い投資対象が土地や株式などのように供給量が固定的な資産であるとき、「資産代替」から生じるリスクの高い資産への需要シフトは、それらの価格を「資産代替」がない場合のファンダメンタルズを上回って押し上げます。もちろんリスク・テイキングは、事前的には成功する可能性もあるわけですが、「資産代替」の非効率な点はそれが失敗する蓋然性が高くても実行されてしまうところにあります。結果として高い確率で失敗が実現し、資産価格の下落ととも

---

*3 同様の事実は、「銀行中心のシステム」で銀行に権限を及ぼす官僚機構についても指摘できます。資金が希少で有望な投資機会が見えているならば、明確な「計画」を作り経済を誘導することが可能です。この点で「銀行中心のシステム」の運営は、社会主義下の計画経済のそれに擬せられることもあります。社会主義経済も、その初期の段階には、当時の多くの知識人に"資本主義の劣位性"を信じ込ませるほどのめざましい「キャッチアップ」成長を遂げました。このことは、「市場メカニズムを抑圧した経済は、決して高いパフォーマンスを上げられないわけではない」ことを示しています。ただし、社会主義経済は、「銀行中心のシステム」以上に早い段階で深刻な停滞に陥ってしまいました。

*4 日本の「銀行中心のシステム」の運営は、政府がターゲットとなる産業を選定し、その育成を図る「選別的産業育成政策」と親和性があったともいわれます。官僚機構がターゲットとなる産業への資金供給を図るのに、「銀行中心のシステム」における銀行への資金集中は、指令型の資金配分を容易にしたからです。しかし、「キャッチアップ」成長を終えた近年では、「選別的産業育成政策」は成功例を見ることが少なくなり、戦後日本の経済政策史を彩ってきた育成政策への人々の信頼は消え去ったといってよいでしょう。

に回収不能の不良債権が銀行に残されます*。

　疑問となるのは、なぜ情報生産機能によって「モラル・ハザード」を抑止すべき銀行が、リスクの高い貸出先を次々と求めていったかということです。ここで、「キャッチアップ」成長の終了と「投資機会の質的変化」の問題を考える必要があります。まず第1に、「キャッチアップ」成長の終了は、先行モデルがあるという意味でリスクの低い投資機会、すなわち銀行にとって情報生産が容易な"伝統的"資金調達者が貸出先リストから落ちることを意味します。これは、成長の結果、「先行モデルがある投資機会の成長エンジンとしての役割が低下し、そこからの資金需要が減少した」、「"伝統的"資金調達者の中に内部留保を蓄え、資金調達において銀行に頼る必要が薄れるものが現れた」という2つの要因を反映しています。第2に、成長の成果として、家計などの資金余剰部門に従来にはない膨大な資金が存在するようになります。「銀行中心のシステム」の不十分な情報開示や手厚い預金保護の下で、これら資金は引き続き銀行を経由して投資機会に向かいます。ここに銀行にとって「銀行中心のシステム」が有効な「**資金は希少だが投資機会が見えている**」ケースと正反対の「**資金は豊富だが投資機会が見えない**」ケースが生まれ、貸出先リストの急速な劣化が発生したのです。

　本来ならば、このようなとき、銀行は「フロントランナー」成長の時代に対応した投資機会を見つけ、そこに資金を回して新たな成長を先導すべきだったといえるかもしれません。しかし、現実には次なる投資機会を見つけえないまま、旧来の延長線上にある投資機会に資金が注ぎ込まれ、成長に繋がらない資産価格の高騰が発生しました。いわば、成長エンジンの転換が要請されているにもかかわらず、「金融システム」がその変化と整合的ではなく、新たなエンジンの稼働に失敗するという状況が生まれたのです。この意味で、1980年代後半に発生した日本のバブルは「投資機会変化の結節点」というそれまでの"成功の頂点"で生じた膨大な資金のミスアロケーションということができます。

　「投資機会の質的変化」への対応が、「銀行中心のシステム」の性格を色濃く残したままパッチワーク的に「市場中心のシステム」の真似をする——不十分な情報開示や手厚い預金保護をそのままにして銀行の裁量を拡大する——といった限定的な規制緩和では不十分なことを、バブルの発生はわれわれに語りかけているのです。

*Allen, F. and D. Gale, "Bubbles and Crises," *Economic Journal*, Vol.110, 2000, pp. 236-255.

7.3 「フロントランナー」成長と金融システム

　それでは、「キャッチアップ」成長を終了した経済、いいかえれば「フロントランナー」成長を目指す経済の「金融システム」は、いかなる特徴を備えるべきでしょうか？　要点は、「革新」投資には「模倣」投資とは異なった性質があり、その資金調達には新たな工夫を必要とするということです。以下では、「革新」投資と「模倣」投資の相違点を明らかにし、「市場中心のシステム」が「フロントランナー」成長にとって望ましい性質を持つことを議論します。

■ モニタリング vs. インセンティブ契約

　「革新」投資は、資金調達者が得たアイデアやノウハウが独創的であるが故に「革新」的であるといえます。このため、「革新」投資の有望さやその成否は、外部のモニターにとって容易に判断できるものではありません。

　「銀行中心のシステム」では、銀行が調達者に関する情報生産をすることによって、「情報の非対称性」を解消する証券の「購入者責任」が前提とされていました。しかし、「革新」投資では、上に述べた性質から、銀行による外部からのモニタリングが困難になるかもしれません。このような場合、「逆選択」や「モラル・ハザード」の問題が解消されず、「革新」投資は銀行にとって望ましくない貸出先と見なされてしまいます。結果として、潜在的に有望な投資機会があっても、そこへの資金供給が滞ることになるのです。

　「革新」投資への資金供給のためには、問題解消の責任を取引の反対側に移す（「依頼人・代理人問題」の解決方法を変える）ことが必要です。すなわち、証券の「販売者責任」を徹底させ、さらに調達者（調達者企業の経営者）が「情報の非対称性」の問題を自発的に抑止できるように、「インセンティブ契約」を活用することが効果的です。つまり、整備された「情報開示制度」の下で成果連動型報酬を採用することが、「革新」投資への資金供給に有効なのです。

「市場中心のシステム」は、このような「インセンティブ契約」の採用に有利な特徴を備えています。「情報開示制度」の整備を通じて調達者の能力や努力に関連した指標が、資金提供者にとって入手可能だからです。たとえば、株価に連動する報酬契約（ストック・オプションの付与など）が、提供者と調達者の利害を一致させるのに有効な手段となります。能力もあり努力も懸命に行っている調達者は、その情報を積極的に開示し、提供者の高い評価を得ようとします。一方、提供者は、開示情報をベースに投資機会の有望さを判断し、その評価を株価に反映させていくのです。そして、調達者の高い能力や努力は、株価に連動して上昇する報酬によって報われるものとなります。「情報開示制度」と「インセンティブ契約」の組み合わせは、こうした相互作用を通じて「革新」投資における「情報の非対称性」の問題を緩和し、そこへの資金供給を可能にするのです。[*5]

■モニタリング能力のリサイクル

　もっとも、投資の革新性がさらに高い場合には、外部からのモニタリングだけでなく、開示情報も資金提供者が行う評価の十分な助けにならないかもしれません。このような場合、専門知識を持つ資金提供者が、調達者の活動の内部に入り込んでモニターをする（提供者が調達者企業の取締役の一角を占める）、いわゆるベンチャー・キャピタル型の資金供給体制を構築することが必要です。そして、時間の経過とともに「革新」投資がより標準化していくに従い、調達者に対する評価を開示情報に基づき市場で行う段階——ベンチャー・キャピタルの退出＝IPO——に進むというプロセスをたどるのです。

　このようなプロセスは、「情報の非対称性」の問題の解決における「内部モ

[*5] 「インセンティブ契約」は、人々の間に事後的な所得格差をもたらすものとして批判の対象となることもあります。とくに、第2次大戦後、所得分配の不平等の大きな悪化なしに成長を実現できたと考えられている日本では、この批判は重みのあるものといえるでしょう。しかし、「情報の非対称性」の解消手段の優劣が、経済環境に依存して決まる点にも注目しなければなりません。つまり、代理人に対する監視や取引関係への拘束が有効なときは、それらの手段によって「モラル・ハザード」の抑止ができるため、事後的な格差はあまり必要とされないのです。この点で、日本において、株価連動型報酬といった「インセンティブ契約」の導入とモニタリングと長期取引関係をその機能の拠り所とした「メインバンク・システム」の崩壊が軌を一にしているのは、偶然ではありません。

ニターと市場」の"時間を通じた分業体制"と呼べるものです。こうした分業がもたらす大きなメリットは、一定期間後、内部モニターが当初の資金調達者のモニタリングから解放され、次の調達者のモニタリングへと能力を「**リサイクル（recycle）**」できる点です。「革新」投資に対するモニタリング能力は、極めて専門性が高く（資金提供者が調達者の「革新」のアイデアやノウハウを理解し共有できなければならない）、経済にとって希少な資源といえます。したがって、「リサイクル」によって希少なモニタリング能力を有効に活用することが、経済の中で次々と「革新」投資を立ち上げていくための必要条件ともなります。

　こうした「リサイクル」を支える最も重要な仕組みは、内部モニターの退出を許す整備された IPO 市場です。「市場中心のシステム」における「情報開示制度」やそれを支える金融機関の活動が、リスクの高い投資機会に対しても自己責任で行う資金供給を可能にし、内部モニターの退出に伴い放出される証券の受け皿を作り出すのです。

　これに対して「銀行中心のシステム」では、「情報開示制度」の未整備から、銀行にとって利用可能な退出市場が形成しにくいといえます。したがって、銀行はある資金調達者に対する資金供給の意思決定をすると、その調達者に対するモニタリングを継続して担当しなければならなくなります。その結果、モニタリング能力の「リサイクル」が緩慢になり、経済全体として「革新」投資を次々と立ち上げるキャパシティが不足してしまうのです。

試行錯誤の必要性

　「革新」投資は成果を予想するための過去のデータに乏しく、それが有望か否かを事前に評価すること（「**事前選別（ex-ante selection）**」）が難しいといえます。つまり、「模倣」投資と異なり、「革新」投資は「実際に行ってみなければ成果はわからない」という性質を強く持っているのです。

　このような「試行錯誤」を必要とする投資機会への資金供給で重要なことは、「**事後選別（ex-post selection）**」のスムーズな実現です。すなわち、事後的にある投資機会が有望でないとわかったら、速やかにそこから資金を撤退する機動性が必要とされるのです。取引関係の事後的な"解消（destruction）"

に関して機動性がないと、取引関係の事前的な"創出（creation）"に躊躇が生まれ、資金供給が阻害されることになるからです（＝出口のない部屋には入りたくない）。

ところが「銀行中心のシステム」は、取引関係の解消について機動性に富むシステムとはいえません。機動性の欠如は、まず、銀行が「ソフトな予算制約」の問題に直面しやすいという特徴によって生じます。「銀行中心のシステム」では、それぞれの資金調達者に対して特定の銀行が唯一あるいは"メイン"の資金提供者の地位を占めることが多いといえます。このように他の提供者と比べて規模が大きい資金提供者は、投資機会の有望さに疑いが生じた時点でも、投資機会を存続させる動機を強く持ちます。投資機会から撤退し資金回収の可能性を失うときの損失が大きいので、それとの比較で「自分単独でも」追加融資などの支援策を行い資金回収の可能性を残すことに利益を見出すからです。

次に、銀行は資金提供者としての匿名性に乏しいため、投資機会からの撤退は、銀行のモニターとしての名声を下げるという問題を生じさせます。有望でない投資機会に資金供給をした事実を外部に知らせることになるからです。とりわけ、銀行の経営者、あるいは融資担当者には自分の在任中に問題の存在、そして自分の能力不足が露見することを避けるインセンティブがあります。「問題先送り」によって、"過去"の経歴に傷がつかなければ、有能な人材と判断され望ましい"将来"の経歴を得ることができるという「**経歴への関心（career concern）**」があるからです。

匿名性がないことによるもう１つの問題は、銀行の経営者、あるいは融資担当者へのターゲットを絞った「**取り込み（capture）**」が容易になってしまうことです。この場合、取引関係が投資機会の収益性などから見て正当化できない非効率なものであっても、経営者や融資担当者と調達者の間で結託が成立し、関係の継続が図られてしまう可能性があります。たとえ、調達者が経営者や融資担当者に与える私的便益が、銀行に発生する金銭的損失に比較してわずかであっても、彼ら個人にとっては関係の継続が十分に魅力的なものとなりうるからです。

これに対して、「市場中心のシステム」で供給される資金は、一般に"逃げ

足の速い"資金ということができます。その理由として、第1に、それぞれの資金調達者と関わる資金提供者が多数にのぼり、個々の提供者の匿名性も高いことが挙げられます。こうした場合、個々の提供者が投資機会の存続に関して持つ利害は小さく、投資機会が有望でない可能性が判明したとき、そこに資金を追加供給する動機はほとんどないといえます——むしろ、そこでは他の提供者に負担を押し付け、自らはいち早く資金を回収して投資機会から撤退しようとする「争奪競走」が発生します。また、匿名性が高い提供者は、「経歴への関心」を払う必要もありません。このことは、資金提供者が純粋な金銭的動機に基づいた撤退の判断ができることを意味します。もちろん、分散化した多数の提供者をターゲットにして調達者が「取り込み」を行うことは不可能です。

　第2に、「市場中心のシステム」では、資金提供者が、基本的に投資のリスクから隔離されず、最終的にそれを引き受ける仕組みになっていることが挙げられます。たとえば、調達者と向き合う提供者がベンチャー・キャピタルなど特定のファンドであるようなケースには、上に挙げた第1の条件は満たされていません。しかし、ファンド自身による全面的なリスク負担がないことから、ファンドへの資金の提供者はファンドが上げる収益の変動によるリスクを被ります（キャッシュフローが加工されず、資金提供者にパス・スルーする）。このため、機動的な撤退ができず資金提供者に損失を与えるようなファンドは、やがて資金を集められなくなり存続が不可能になるのです。この点が、「銀行中心のシステム」において、安全資産を提供されている預金者が銀行が上げる成果に対して「非感応的」になり、その結果として、銀行が機動性を失いがちになるのと大きな違いです。

　もちろん、こうした資金の"逃げ足の速さ"には、本来は有望な投資機会から過剰に資金が引き揚げられるという問題が内包されています。しかし、それは取引関係に明確な"出口"を用意し"入口"での躊躇を除去するというメリットを持っています。こうして、「市場中心のシステム」は、「銀行中心のシステム」では難しい試行錯誤が必要な「革新」投資への資金供給ルートをより積極的に創出することができるのです。

分散保有される情報

「革新」投資は前例がない投資であるため、成果を上げるために有用な情報が何なのか、それがどこにあるのかをあらかじめ特定することが難しいという性質を持っています。このような投資に重要なことは、意思決定にかかわる情報をできるだけ広範囲から集められる仕組みを用意しておくことです。

「銀行中心のシステム」は、資金調達者と銀行という取引関係内部に情報のやり取りが限られるため、経済の中で分散保有されている情報を収集するルートに欠けるという問題を持っています。また、取引関係が構築されるとその関係が長期的になるため、情報を集めるルートが固定的になるという問題も抱えています。

「市場中心のシステム」は、この問題に関して効果的な解決策を持っています。すなわち、資金配分や投資決定の指針となる「価格シグナル」が、経済の中で分散保有されている情報を収集し、それを再び人々に伝達するという「情報の集計・伝達」機能を果たすのです。そこでは、ネガティブな内容であれポジティブな内容であれ、有用な情報が市場での証券売買を通じて証券価格に反映されていきます。そして、経済の"どこかにある"有用な情報が（情報が何なのか誰が持っているのかは依然わからないかもしれないが、そのようなことはおかまいなく）証券価格の変動を通じて公表されるのです。

たとえば、調達者が新たな投資計画を公表したとき、株価が下落したならば、それは集計された情報が調達者に計画の再考を促すメッセージを発したと受け取ることができます。こうして、調達者は「価格シグナル」を観察することにより、自らの情報をはるかに超えた膨大な"情報の束"にアクセスし、投資計画の修正を実現することができるのです。[*6]

[*6] 同様の事実は、コントロール権の市場取引を前提にした「敵対的企業買収」のメカニズムにも当てはまります。なぜなら、そこでは、企業外部からより有効に投資機会を活用できる不特定のコントロール主体が登場する可能性を許しているからです。したがって、「銀行中心のシステム」のように長期取引関係にある特定の主体の情報に限るのではなく、広く経済から有用な情報を収集し、投資機会の活用に生かす仕組みが確保されているのです。

予想の不一致

　最後に、「予想の不一致」という問題を取り上げましょう。「模倣」投資は先行モデルを持ち、人々の間に成果について幅広い合意が存在する投資といえます。これに対して「革新」投資は前例がない未知の投資であるため、成果について合意が形成されていません。

　「銀行中心のシステム」は、多様な予想を持っているはずの多数の資金提供者がそれぞれの予想に基づき資金供給をするのではなく、その意思決定を銀行という資金提供者の代表に委託する仕組みを採っています。したがって、そこには人々の予想の多様性を許容し、それを吸収して資金供給に生かすメカニズムが十分にはありません。

　たとえば、銀行が自分の特定の予想に基づく資金供給を行った場合、経済にはそれと異なった予想を抱く資金提供者がいるにもかかわらず、その意思は資金供給に反映されないことになります。また、銀行が資金提供者の代表として忠実に振舞おうとすればするほど、「予想の不一致」が大きい投資機会は忌避され、現状維持的な投資機会に資金供給先が限定されてしまいます。そして、そのような保守性は、「革新」に必要な"実験"が封殺されることを意味します。

　これに対して、「市場中心のシステム」では、個々の資金提供者が自らの予想に応じて自己責任で資金供給を行うため、予想の多様性を反映して資金供給がなされる投資機会にも多様性が生まれます。また、あらかじめ特定の投資機会をターゲットにし、同様の予想を持つ資金提供者の資金を集めるファンドが形成されれば、「予想の不一致」が大きい投資機会にも資金供給のルートが開かれます。

　もちろん、事後的には誰かの予想があたり誰かの予想がはずれるため、損失発生の蓋然性も高いわけですが、重要なことは「予想の不一致」が大きい「革新」投資も資金需要を満たせるという点です。そして、そのことは経済がより多くの"実験"を許し、より積極的に「革新」を押し進める潜在能力を持つことを意味します。このような経済は、短期的には誤った予想に基づく投資パフォーマンスの低下があったとしても、長期的には多様な"実験"の成功・失敗から多くのことを学習し、「フロントランナー」成長により有利な立場を築く

可能性が高いのです*7。

議論してみよう

「1990年代以降の長期にわたる日本の経済停滞は、それまで日本の経済成長を支えてきた金融システムを含む制度や慣行を、経済の自由化・国際化の名の下に改変してきたが故に発生した」との意見があります。あなたは、この意見に賛成ですか、それとも反対ですか？ あなたの考えを、あなたがそのように考える理由とともに説明してください。

---

*7 「金融システム」の選択と分散保有される情報、予想の不一致の関係については、Allen, F. "Stock Market and Resource Allocation," in C. Mayer and X. Vives (eds.), *Capital Markets and Financial Intermediation*, Cambridge University Press, 1993, pp.81-108も参照してください。

第8章

金融機関と市場
――資産証券化と価格シグナルの解放

「市場中心のシステム」へ向けた変化の中で、金融機関が果たす役割も様々な変化を見せます。本章では、その変化の意義を典型的に示す金融革新として、資産の「証券化」を取り上げます。まず、「証券化」の概要を説明した後、「証券化」が金融機関を「市場代替的」な組織から「市場補完的」な組織へ転換させる契機となること、固定的な取引関係に埋没していた情報を価格シグナルの形で表面化させることを議論します。

8.1　証券化とは？

「証券化（securitization）」とは、最も広く言えば「市場で取引されなかった資産を様々な工夫を施して市場で取引される資産に変えること」です。より具体的には、銀行や企業が持つ債権や不動産などの資産が将来にわたって生み出す収益（キャッシュフロー）を裏づけに証券を発行し、それを資金提供者（投資家）に売却することを意味します。

証券化の仕組み

最初に、実際に行われている証券化の仕組みを見ておきましょう（図8-1には具体例として債権証券化の仕組みが描かれています）。まず、**オリジネータ**

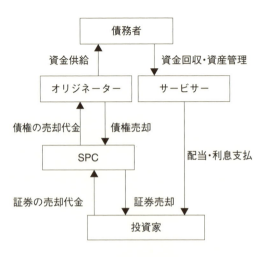

図8-1 証券化の仕組み

　一（originator）と呼ばれる債権や不動産などの当初の保有者である銀行や企業が、「証券化」のために設立された別会社である特別目的会社（SPC）に資産（原資産）を売却します。一方、SPCは、その資産を担保に証券を発行し、証券化商品を創出します。そして、機関投資家や個人投資家が証券化商品を購入します。[*1]

　元々の資産の管理や債権の元利金回収という業務は、**サービサー**（servicer）と呼ばれる主体が担います。サービサーは、その業務に対して手数料収入を受け取ります（このような手数料ビジネスはフィー・ビジネス：fee-based businessと呼ばれます）。そして、回収された資金は、配当や利息、元金返済などの形で証券化商品を購入した投資家に対して定期的に支払われていきます。

　以上の「証券化」の基本的なプロセスについて着目すべき点をまとめておきましょう。まず、「証券化」される資産は、オリジネーターの他の資産から完

[*1] 「証券化」には、SPCが証券を発行する方法のほかに、信託銀行がオリジネーターから資産を信託財産として受け入れ、その資産を裏付けに信託受託証書を発行する方法もあります。こうした、SPCや信託など「証券化」の媒介会社をまとめてSPV（special purpose vehicle）と呼んでいます。

全に分離されていることが重要です。とくに、オリジネーターが倒産した場合に、「証券化」の対象となった資産が差し押さえられるようなことがあってはなりません。証券化商品がオリジネーターの信用リスクから隔離されていなければ、証券化商品の価値を「証券化」の対象となった資産の価値のみでは判断できなくなり、特定の資産からのキャッシュフローを裏付けにして証券を発行する「証券化」の意義が失われるからです。別会社であるSPCの設立とそこへの資産の真正な売却（true sale）は、こうした資産の分離に対するコミットメントのために行われます。SPCのコミットメント効果は、**倒産隔離**（bankruptcy remoteness）と呼ばれています。

次に、証券化商品の創出にあたっては、「証券化」の対象となる複数の資産をプールすることができます。また一方で、満期の違い、優先・劣後の違いなど、投資家への支払スケジュールや支払キャッシュフローの異なる複数の証券を発行することもできます。この資産の"**組み合わせと切り分け**"により、新たなリスクの構造を持ったそれまでにない資産を創り出せるのです。

さらに、証券化のプロセスでは、様々な保証機関の参加を求めることも一般的です。保証機関とは、元々の資産からの資金回収が滞るなど証券化商品の弁済が困難になるとき、不足額を補完する主体のことです。保証機関は、この**信用補完**（credit enhancement）に対して保証料収入を受け取ります[*2]

いずれの工夫も、証券化商品に存在するリスクを制御し、商品を購入者である投資家に受け入れやすくするためのものといえます。こうした様々な工夫を行って、金融商品の資金提供者への利便性を高めていく活動を**ストラクチャード・ファイナンス**（structured financing：仕組み金融）といいます（コラム8.1）。

[*2] 信用補完の方法には、本文中の「第三者による保証」のほかに、優先証券と劣後証券を発行し投資家には前者のみを販売する方法や証券化商品の価値を元々の資産の価値より低く見積もり差額を担保とする方法、弁済に問題が生じたときオリジネーターやSPCが投資家から証券化商品を買い戻す方法もあります。

COLUMN 8.1　様々な証券化商品

　金融技術の進展に伴い、証券化商品には多種多様なものが生まれています。まず、証券化の対象となっている資産の違いによって、証券化商品を分類できます。住宅ローン債権や商業用不動産の貸付債権の証券化商品は、**モーゲージ証券**（MBS：mortgage backed security）と呼ばれます。一方、リース債権、割賦・クレジット債権、売掛債権、一般貸付債権、自動車ローン債権などを対象にしたモーゲージ証券以外の証券化商品は、**資産担保証券**（ABS：asset backed security）と呼ばれます。また、オフィスビル、賃貸マンション、商業施設などの不動産や特許権・著作権などの知的財産権が「証券化」の対象資産として注目されるようになっています。これらの資産では、既存の不動産や知的財産権を「証券化」する場合に加えて、これから開発する資産の建築や製作の費用を「証券化」で賄う場合もあります――映画製作の資金をあらかじめ証券を発行して集め、映画がヒットすれば興行収入を投資家へ配当するなど。さらに、証券化商品が証券市場に上場されれば、それは投資家間で売買され流通するようになります。2001年に日本でも登場した**不動産投資信託**（REIT：real estate investment trust）は、いくつかのオフィスビルなど不動産を組み合わせ、そこからの賃料収入を投資家に支払う不動産の証券化商品ですが、REITには証券市場に上場され活発に市場取引がなされている商品もあります。

　また、証券化商品は、リスク切り分けの手法の違いによっても分類できます。1種類の証券が発行され、元々の資産からのキャッシュフローが証券の持分に応じて投資家に与えられる証券化商品は、**パス・スルー**（pass through）証券と呼ばれます。これに対して、キャッシュフローが**トランシェ**（tranche）と呼ばれるいくつかのクラスに分けられて、数種類の証券に振り向けられる**CDO**（collateralized debt obligation）や**CMO**（collateralized mortgage obligation）といった証券化商品もあります。これらの商品では、キャッシュフローを優先部分と劣後部分（債券部分――debt、株式部分――equity、その中間部分――mezzanine）に分ける、長期返済部分と短期返済部分に分けるなど、様々な仕組み金融の手法を活用し、投資家にとって望ましい支払スケジュールや支払キャッシュフローを組み立てる工夫がなされます。

8.2 資金調達手段の多様化

「証券化」にはまず第1に、資産の売却者にとっての新たな資金調達手段の創出というメリットがあります。

とくに、従来の企業単位の（企業の様々な資産の合成物を裏づけにした）証券発行——コーポレート・ファイナンス——に対して、「証券化」は特定の資産を裏づけにした証券発行というところが新しく、**アセット・ファイナンス**と呼ばれることもあります。[*3]

コーポレート・ファイナンスにおいて、発行される証券の価値評価が複雑になる場合でも、アセット・ファイナンスでは特定の資産に着目して価値評価を行えばよいことから、それを単純化できる場合があります。

この単純化を基に、証券化商品のリスクの構造を資金提供者と調達者の間で客観化できれば、コーポレート・ファイナンスにおいて発生する「情報の非対称性」の問題を緩和できます。この点で「証券化」は、物理的な不確実性に起因する純粋なリスク・プレミアムの制御だけでなく、金融取引の非効率性に起因する「レモン・プレミアム」の制御を通じて、資金調達費用の低下に貢献するのです。

また、アセット・ファイナンスでは、特定の資産を資金調達者の他の資産から分離して資金調達を行います。この分離がコミットメント効果を持ち、コーポレート・ファイナンスにおいて発生する「契約の不完備性」の問題を緩和できる場合があります。

1つの典型例は、「債務過剰」問題の回避です。「債務過剰」問題では、既存債務に不履行の可能性があるとき、調達者が収益性の高いプロジェクトを新たに見つけても、調達者は資金調達ができません。新しいプロジェクトから生み

[*3] 投資プロジェクトに対する借入を企業の他の資産や他の投資プロジェクトと切り離して行い、返済もそのプロジェクトが上げる収益のみから行う契約（返済を債務者自身に遡及しないノンリコースの借入契約）を**プロジェクト・ファイナンス**といいます。プロジェクト・ファイナンスもアセット・ファイナンスの一種です。

出される収益が既存の債権者にも配分され、新規の資金提供者が自分に既存債務に起因するリスクが押し付けられると考えるからです。ここで、新しいプロジェクトを1つの資産と見なし、そこからのキャッシュフローを裏づけに証券化商品を創出したとしましょう。この場合、既存債務がどうであれ、新規の資金提供者は、それと独立に資金回収ができるため、資金調達に応じることができます。[*4]

8.3 所有と使用・管理の分離

「証券化」については、分業あるいは専門化の進展というメリットもあります。資産が「証券化」されない場合、資産の保有者は自ら資産の使用・管理を行い、資産価値の変動や収益の変動のリスクも引き受ける立場に置かれています。しかし、資産が「証券化」され投資家に販売されると、資産の使用・管理とリスク負担が別の主体によって担われる分業体制が構築され、それぞれの主体の特性を生かした専門化が進展します。

たとえば、伝統的に市場取引がなされなかった銀行の貸出債権を考えると、銀行は借手企業に対する情報生産を行うと同時に借手企業の投資の成功・失敗から生ずるリスクも負担してきました。つまり、そこでは｛情報生産＝資産の管理｝と｛資金供給＋リスク負担＝資産の所有｝が結合していたのです。しかし、貸出債権が「証券化」され投資家に販売されると、資金供給およびリスク負担の役割は、基本的に証券化商品を購入した投資家が担うことになります。その結果、銀行は情報生産者としての機能に専門化できます。いいかえれば、貸出債権の「証券化」には、従来は貸出債権を組成した銀行が統合的に担ってきた複数の金融仲介機能を分解し異なった主体に担当させるという仲介機能の**アンバンドリング**（unbundling）の効果があるのです。[*5]

[*4] 銀行など金融機関が、既存の不良債権を証券化商品としてまとめ売却した（バルク・セールによってオフバランス化した）場合も、新規の預金者が不良債権のリスクから切り離されるという意味で、同様の効果が得られます。

第5章5節で議論したように、伝統的な銀行業は、金融仲介機能の統合性を維持した結果、専門化の限界、取引関係の固定性などに見られる硬直的な業務形態を構築せざるを得ませんでした。「証券化」によってリスク負担の制約から解放されるならば、資金供給先の分散化の必要性が薄れ、各銀行が総花的な資金供給ではなくそれぞれ情報生産を得意とする分野への貸出に専門化することが可能になります。

　また、「証券化」を通じて、銀行は貸出後に判明する様々な状況変化へのフレキシビィリティーを手に入れることもできます。情報生産とリスク負担の機能を分解しうることから、各時点でもっとも有効にそれぞれの機能を担える主体がそれを担えばよいからです。たとえば、状況変化によって貸出先が過大なリスクを有するものになったとき、貸出債権を「証券化」した上で売却し、そのリスクを幅広い投資家に分担してもらうことができます。つまり、「証券化」によって、銀行は自らが晒されるリスクの構造を機動的に変化させる手段を得られるのです。[*6]

8.4 逆選択とモラル・ハザード

　もっとも、「証券化」には、それに伴い発生する新たな問題もあります。なぜなら、「所有と経営の分離」のケースと同様、「所有と使用・管理の分離」がなされると、劣悪な資産を背後にもつ証券を他者に売却したり、資産の使用・管理を怠けたりする、「逆選択」問題や「モラル・ハザード」問題が生じる可

[*5] 貸出債権を「証券化」して売却する場合には、基本的に｛情報生産｝と｛資金供給＋リスク負担｝の分離が目指されています。これに対して、主としてリスクを他者に移転する（｛｛情報生産＋資金供給｝と｛リスク負担｝を分離する）ための一種の「貸倒れ保険」——クレジット・デフォルト・スワップ（CDS：credit default swap）に代表される**クレジット・デリバティブ**（credit derivative）——も存在します。

[*6] 幅広い投資家を対象にした証券化商品の売り出しの形は取りませんが、**シンジケート・ローン**（協調融資：syndicate loan）や**ローン・セール**（債権転売：loan sale）といった、金融機関の間のリスク分担の仕組みも同様の効果を持ちます。こういった手段により、従来1つの銀行が固定的に負担していたリスクが、複数の金融機関の間で状況に応じて負担できるようになります。

能性があるからです。

　本書のいままでの章で議論した「逆選択」問題、「モラル・ハザード」問題への対応策は証券化の問題にも応用できます。たとえば、投資家には、「情報非感応的」な証券——証券の優先部分や債券型証券——を販売し、オリジネーターは、「情報感応的」な証券——証券の劣後部分や株式型証券——を保有し続ける方法は、問題軽減の1つの方法です。また、証券化商品の契約履行に問題が生じたときオリジネーターがそれを買い戻すことを約束しておき、投資家に容易な「退出」を許すのも1つの方法でしょう。しかし、これら直接的な「信用補完」を伴った方法では、「証券化」のメリットが十分に生かされないのも事実です。資産をオリジネーターから分離し、リスクを投資家に負担してもらうことが「証券化」の大きな目的だからです。

　したがって、問題の解決策としては、情報開示制度の確立や証券化商品の購入者への説明責任の明確化など「投資家保護」の充実を図っていくことが極めて重要になります。こうした証券化市場の整備には、様々な金融機関が大きな役割を果たします。とくに、「証券化」の対象となった資産の調査や評価を担う機関、証券化商品の格付けを行う機関、信用補完を行う第三者機関など多様な金融機関の「証券化」のプロセスへの参加が必要となります。これらの金融機関が良質な金融サービスを提供することによって、投資家の証券化商品への信頼性が高まり市場の拡大がもたらされるからです（コラム8.2）。

COLUMN 8.2　「依頼人・代理人関係」の複層化と可変化——「私も被害者だ！」

　「証券化」は、そのプロセスに様々な金融機関が参加することにより成立します。そこでは、情報生産、資産管理、リスク負担など金融取引の各段階で必要となる機能を分解し、それぞれの機能を各時点でもっとも有効に担える主体に任せることにより、主体の専門性を活かした取引の効率化が追及されるからです。

　しかし、皮肉なことに、こうした多くの主体が参加する「複層的で可変的な分業体制」は、取引にかかわる「依頼人・代理人関係」を複雑化し、むしろ取引を非効率化する場合もあります。ここでは、こうした「個別的な取引の効率化の追求が全体として取引の非効率化をもたらす」という逆説の発生を「依頼人・代理人関係」の形成における

外部性の存在という視点から考えておきましょう。

　「依頼人・代理人関係」の便益は、依頼人に利益をもたらす経済活動を依頼人より業務遂行能力やリスク管理能力が高い代理人に任せることによって生じる効率性の上昇から得られます。一方、「依頼人・代理人関係」には、「情報の非対称性」や「契約の不完備性」のために、代理人が依頼人の利益に沿う行動を取るとは限らないという問題があります。このため、依頼人は、代理人の行動を監視したり代理人にリスク負担をさせたりして問題軽減を図らねばなりません。この問題軽減のための情報費用や交渉費用が「依頼人・代理人関係」の費用となります。このように、「依頼人・代理人関係」には便益とともに費用も存在するため、たとえ依頼人より能力が高い代理人の候補者がいても、つねに「依頼人・代理人関係」が形成されるわけではありません。つまり、「依頼人・代理人関係」の形成は、その便益が費用を上回れば選択されるし、その費用が便益を上回れば選択されないのです。この意味で、原則的には、各主体の個別的な選択によって、経済の中に最適な「依頼人・代理人関係」が形成されていくといえます。

　ただし、「依頼人・代理人関係」が複層的で可変的である場合には、以下の問題に注意する必要があります。確かに、依頼人であるAさんが代理人であるBさんと「依頼人・代理人関係」を形成するとき、考慮すべきは以上で述べた便益と費用であり問題はシンプルです。しかし、さらに代理人Bさんが今度は依頼人となってCさんを代理人とする「依頼人・代理人関係」を複層的に形成していくならば事情は大きく変化します。この新たな「依頼人・代理人関係」によって生じるBさんのインセンティブの変化によって、AさんとBさんの「依頼人・代理人関係」が影響されるからです。たとえば、債権者であるBさんが自分よりもリスク管理能力の高いCさんと貸倒れ保険契約を結び信用リスクの一部をCさんに移転するとしましょう。このリスク移転によって債務者との利害関係が希薄化したBさんの債務者監視のインセンティブは低下します。このとき、やはり債権者であるAさんが自分よりも情報生産能力の高いBさんに債務者監視を依頼していたならば、BさんがCさんと契約を結んだことによってAさんがBさんに依頼していた監視活動の質が低下することになってしまいます。

　ここで問題なのは、BさんがCさんと新たに「依頼人・代理人関係」を形成するとき、Bさんが視野に入れるのは、基本的に自分にとっての便益と費用の変化だということです。つまり、新たな「依頼人・代理人関係」の形成によって、Aさんにとっても便益と費用の変化が生じるはずですが、それはBさんの選択では内部化されないかもしれないのです。もちろん、AさんがBさんの行動を監視していれば、BさんがCさんと新たに「依頼人・代理人関係」を形成したという事実に反応して、Bさんと再交渉を行いBさんとの「依頼人・代理人関係」をしかるべく改訂しようとするでしょう。しかし、CさんがDさんと、DさんがFさんと「依頼人・代理人関係」を形成していき、しかも、それらの「依頼人・代理人関係」が固定的でなく可変的なものならば、その連鎖と

変化を1つ1つ追いかけて最適な「依頼人・代理人関係」を再構築するための情報費用や交渉費用は膨大なものになってしまいます。また、Aさんがそうした費用負担を割に合わないと考えるならば、AさんはBさんとの適切な「依頼人・代理人関係」の再構築を目指すのではなく、Bさんとの「依頼人・代理人関係」を解消することにより問題に対処しようとするかもしれません。もちろん、Aさんが直面する以上の事情は、Bさん、Cさん、Dさん、Fさん、……にとっても同様であるため、結局のところ、各主体の個別的な選択によって、「依頼人・代理人関係」の連鎖と変化が生む外部性を内部化し制御していくことはきわめて難しいといえます。この結果、経済の中に、歪んだリスク配分やインセンティブ構造を持った「依頼人・代理人関係」の連鎖が広がったり、「依頼人・代理人関係」の突然の消滅が起こったりするようになるのです。

　2007年から顕在化した「**サブプライム・ローン（subprime mortgage）問題**」で、問題の増幅装置の1つとなったのは、こうした非最適な「依頼人・代理人関係」の存在であったと考えられます。証券化と信用補完を繰り返すうちに「リスクがどこにあるのかわからなくなった」といわれたように、連鎖を追いかけて俯瞰的にリスクの所在を把握している主体はいませんでした。また、その結果、正確さはさておきそれに頼るしかない情報として、もっぱら格付けに依存したリスク評価が行われていました。そして、その格付けも安易に高い格付けがなされており、その事実が知られると一気に信認が消滅するものに堕していたのです。

　こうした不適切な情報に基づくリスク評価は、本来ならば信用リスクが高く住宅ローン審査をパスしないはずのサブプライム層（優良借り手―プライム層―より信用リスクが高い下位の借り手）への貸出を後押しし、証券化商品の原資産であるサブプライム・ローンを大量に生み出しました。また、それは、サブプライム・ローン関連の証券化商品の中に、初歩的なリスク管理に欠けたものや意図的にリスク評価の基準を緩めたものが多く含まれる原因にもなったのです。

　とくに、「依頼人・代理人関係」の連鎖と変化は、各主体が依頼人でもあり代理人でもあり、そのアイデンティティーがめまぐるしく移り変わる状況も生み出します。実際、サブプライム・ローン問題に関して加害者として糾弾されたアメリカの投資銀行のトップが、議会の公聴会で「私も被害者だ！」と叫んだといわれることに象徴されるように、複層的で可変的な「依頼人・代理人関係」は、自分自身が行った経済行為の意味や目的、そして動機さえも不明確で無自覚にしていくものだったのです。

8.5 「市場補完的」な金融機関

　従来、金融機関には市場の不完全性を前提として資本市場を介さない金融を実現するという1つの役割がありました——伝統的な預金受入・銀行貸出はその典型です。そこでは、金融機関がその機能において市場と競合し、それを「代替」する立場にあったといえます。

　しかし、キャッシュフローのあるところに証券化の可能性を見出し、証券化商品を創出し、その販売者・購入者として取引に参加し、さらには証券化商品を取引する主体に情報やリスク管理のサービスを提供する金融機関は、市場との関係において伝統的なそれとちょうど反対の方向性を持っているといえます。

　そこでは、金融機関が市場に金融商品を提供し、自らその取引主体として市場に参加し、さらに市場参加者が行う取引の利便性を向上させるという市場創出の役割を担っているからです。つまり、「証券化」を通じて、金融機関は資本市場を介した金融と競合する「市場代替的」な存在から、資本市場を介した金融を支える「市場補完的」な存在に、その性格を変化させるのです。

　こうした「証券化」と金融機関の関わりは、「市場中心のシステム」の進展の中で伝統的な銀行業の衰退が生じていくのは事実だとしても、そのことが銀行を含む金融業全体の衰退を意味するものではないことを強く示唆しています。「市場中心のシステム」において、金融機関は新しく求められる多くの機能を獲得しつつ、その業務の変貌を通じて新たな収益機会を獲得していくのです[7]。

---

[7] このような金融機関の変貌が進んだアメリカにおける伝統的な銀行業の衰退と金融業変化の歴史については、たとえば、Edwards, F.R. *The New Finance: Regulation and Financial Stability*, The AEI Press, Washington, D.C. 1996(『金融業の将来』家森信善・小林毅訳、東洋経済新報社、1998年)を参照してください。

8.6　価格シグナルの解放

　最後に、「証券化」が持つ重要な効果として「価格シグナルの解放」の問題に触れましょう。繰り返し論じたように、証券価格は人々が市場に対してオファーする需要・供給の均衡により形成されます。したがって、証券価格は人々がそれらオファーの背後に持つ情報を収集し、それを集計して再び人々に伝達するという役割を果たします。

　ある資産が「証券化」されず、元々の保有者の手元に留まっているとき、その資産について人々が自分の評価を「述べ」、また他人の評価を「聞く」直接的なルートが絶たれています。この場合、利用される情報は資産保有者かその限られた関係者のものになり、資産評価は客観性に欠けるものになりがちです——たとえば、銀行が不良債権を自ら抱え込んでいる限り、いったい債権の価値をどれほどディスカウントして評価すべきか、その客観的な指標は得ることは難しいといえます。

　しかし、「証券化」がなされ、多くの主体が証券化商品の取引に参加するならば、限られた関係者のものだけでなく経済に広く分散する情報が証券価格に反映し表面化するルートが開かれます。とくに、個々の資産を裏づけに証券が発行されることから、「証券化」には固定した所有関係や取引関係に埋没して他の資産と区別されずに評価されていた個々の資産の価値を分離し顕在化する「**価値切り出し**」の効果があります。このように、「証券化」には経済の中に客観的で詳細な価格シグナルを作り出す意義があり、われわれはそこから得られる情報を利用して望ましい資産の使用や管理のあり方を模索することができるようになるのです。

議論してみよう

「銀行が不良債権を抱える事態が生じても、不良債権を証券化して投資家に売ることができれば、銀行が不良債権を長期にわたって抱え続けることはなくな

る。この点で、貸出債権の証券化市場の存在は、銀行経営の安定化に資する」との意見があります。あなたは、この意見に賛成ですか、それとも反対ですか？　あなたの考えを、あなたがそのように考える理由とともに説明してください。

第9章

企業経営と市場
—— 「市場との対話」と「市場の一時的排除」

「市場中心のシステム」では、株価変動を経営者へのプレッシャーとして利用する経営規律付けのメカニズムが積極的に活用されます。しかし、株価にミスプライシングが存在するとき、こうしたメカニズムには経営を誤った方向に導く危険性も存在しています。本章では、株価プレッシャーが経営者のインセンティブにどのような影響を与えるかを議論し、株価プレッシャーのメリットを生かしデメリットを抑えるのに必要な経営スタイルやコントロール権移動のあり方について考えます。

9.1 予想に基づく評価指標としての株価

「市場中心のシステム」では、株価連動型報酬や敵対的企業買収の脅威など株価変動を経営者へのプレッシャーとして利用する経営規律付けのメカニズムが積極的に活用されます。こうしたメカニズムには、「情報の非対称性」や「契約の不完備性」の下で発生する経営者の怠業や私的便益の追求を抑え、経営者に株主の利益に沿った（＝株価の最大化を目指す）経営を動機付ける効果があります。また、経済の中で分散して保有される大量の情報を株価という「価格シグナル」に集計し、その"情報の束"を経営者に経営の指針として利用させる効果もあります。

しかし、株式市場が必ずしも効率的でないとき、株価プレッシャーは経営者のインセンティブを歪める作用も持ちます。すなわち、株価にミスプライシングが存在する下で経営者が株価の最大化を動機付けられると、経営が誤った方向に導かれるかもしれないのです。

とくに注意すべきは、株価は現在の企業業績のみならず将来の企業業績に対する市場参加者の予想も反映して決まる点です（株価のファンダメンタルズ＝現在から将来にわたる配当の現在価値の和）。この意味で、株価プレッシャーを利用するメカニズムは、経営評価の指標として"すでに実現した成果"を利用するメカニズムではなく、"まだ実現していない成果"に対する予想を利用するメカニズムといえるのです。予想を指標に用いるという点で、このメカニズムでは、予想の根拠となる情報の主体間での配分のあり方がメカニズムの有効性を左右する大きな要因になります。

一般に、経営者は経営の専門家であり企業の「内部者」であるがゆえに、「外部者」である市場参加者とは異なった情報を持っている──「内部者」と「外部者」の間には「情報の非対称性」が存在する──と考えられます。このようなとき、経営者が持つ「内部情報」を利用した経営判断は、それが市場参加者にどのように評価されるかは別として、経営の効率化に資するもののはずです。一方で、多くの市場参加者から集められる「外部情報」も、経営判断にとって「内部情報」とは異なった有益な情報を与えるもののはずです。少数の「内部者」と少数の「外部者」を比べれば、企業の事情に精通した前者の情報が優れているとしても、少数の「内部者」と多数の「外部者」を比べれば、多くの知恵を集約した後者の情報にも優れたところがあるはずだからです。すなわち、効率的な経営を導くための情報は、「内部情報」と「外部情報」の双方を集計した利用可能なすべての情報であることが望ましいのです。

ここで問題となるのは、株価がこれら「内部情報」と「外部情報」の双方を十分に反映して形成されるほど株式市場が効率的かという点です[*1]。まず、市場参加者の中には、非合理な投資戦略に従ったり、流動性の必要から株式取引を行ったりするノイズ・トレーダーが存在します。そして、彼らの株式取引のために株価にはミスプライシングが生じる可能性があります。とくに、ミスプライシングが存在する株価からはその背後にある真の情報を抽出するのが難し

く、情報の共有が妨げられるという問題が生じます。たとえば、株価上昇が企業業績の改善を示す情報によって引き起こされたとしても、情報を持たない市場参加者にはそれをノイズ・トレーディングによるものと完全には峻別することができません。結果として、彼らは業績改善を示す情報を十分に共有することができないのです。

　また、「内部情報」の株価への反映については以下のような問題もあります。株価が「内部情報」を反映して形成されるためには、「内部情報」を使った株式取引、すなわち**インサイダー取引**（insider trading）が許容されることが必要です。しかし、必ずしも効率的でない市場でインサイダー取引が行われると、「外部者」が株式取引から損失を被ると考えて市場から撤退するという、より深刻な問題が発生する可能性があります。インサイダー取引を行う「内部者」は、「内部情報」に基づき価格上昇が予想される株式を買い、価格下落が予想される株式を売るはずです。このため、「外部者」が株価から「内部情報」を抽出できないとき、彼らは「内部者」の取引相手として価格が下落する株式を買い価格が上昇する株式を売るという一種の「逆選択」問題に直面してしまうからです。したがって、「外部者」を保護し、その市場参加を促すためには**インサイダー取引規制**が必要となります。しかし、インサイダー取引規制が実施されると「内部情報」を使った株式取引が行われないため、株価に「内部情報」を反映する有力なルートが断たれてしまうのです。

　以上のように、株式市場に対して「内部者」と「外部者」の間の「情報の非対称性」を自動的に解消する機能を求めるのは容易ではありません。とくに、「内部情報」の株価への反映には制約が多く、株式市場の効率性に期待するだけでなく別途の工夫によって「内部者」と「外部者」の情報の共有を図らねばならないことが示唆されます。

---

*1　株価が「内部情報」まで十分に織り込んで決まる株式市場を**ストロング・フォーム**（strong form）の効率性を満たす市場と呼びます。これに対して、株価が「公開情報」をすべて織り込んで決まる株式市場を**セミストロング・フォーム**（semi-strong form）の効率性を満たす市場、過去の株価の情報をすべて織り込んで決まる株式市場を**ウィーク・フォーム**（weak form）の効率性を満たす市場と呼びます（Fama, E., "Efficient Capital Markets: A Review of Theory and Empirical Work," *Journal of Finance*, Vol.25, 1970, pp.383-417）。

9.2 株価プレッシャーがもたらしうる非効率性

「内部者」と「外部者」の間の「情報の非対称性」が解消されないとき、株価プレッシャーを受ける経営者のインセンティブにはどのような問題が発生するでしょうか？ 以下では、経営者の株価プレッシャーへの誤った対応と考えられる2つの経営スタイルを議論し、株価プレッシャーがもたらしうる非効率性について議論します。

▌市場への追随——イエスマン経営者問題 ▌

経営者と市場参加者の間の「情報の非対称性」が解消されないとき、株価プレッシャーを受ける経営者が採りうる誤った経営スタイルの1つのタイプは、**「市場への追随」**です。

「市場への追随」は、経営者が「内部情報」に基づく経営判断を採用せず、「外部情報」とそれに基づく市場参加者の判断によってのみ正当化される経営活動に傾斜していくことを指します。経営者が"市場が聞きたいことのみを話し見たいことのみを行う"市場の**イエスマン**（yes-man）となる経営スタイルといってもよいでしょう。この経営スタイルは、経営者が自らの情報に基づく経営判断を行い市場参加者の理解を得られないよりも、イエスマンとして振舞い市場参加者の評価を上げることに利益を見出すため生じます。

このような経営者の「リーダーシップ」の欠如の下で行われる経営には、以下のような問題が生じます。第1に、「内部情報」の不活用という情報の低度利用。第2に、経営活動や株価形成に利用されないため、その改善の動機が失われる「内部情報」の劣化。第3に、現状の「外部情報」を追認するだけの経営が行われ「内部情報」からのフィードバックが失われる「外部情報」および市場参加者の判断の劣化。

たとえば、市場参加者が情報収集の容易な企業の短期業績のみに評価を集中しているとしましょう。このとき、株価は企業の短期業績のみに敏感に反応するようになります。そして、株価プレッシャーを受ける経営者は、将来性のあ

るプロジェクトの可能性を知っていても、その情報を無視し企業の短期業績を押し上げるような活動のみに注力するようになります。結果として、市場参加者は将来性のあるプロジェクトの可能性について知ることもなく企業の短期業績のみに評価を集中することが望ましくなります。つまり、市場参加者の評価が短期的視野から行われると、経営活動も短期的視野から行われるようになり、市場参加者の評価が短期的視野から行われることが合理化されるという自己実現的な悪循環が生まれてしまうのです。

市場の先導——カリスマ経営者問題

経営者と市場参加者の間の「情報の非対称性」が解消されないとき、生じる誤った経営スタイルのもう1つのタイプは、「**市場の先導**」です。

「市場の先導」は、株価プレッシャーを受ける経営者が市場参加者による評価を自分に有利なように誘導しようとする動機から生じます。この経営スタイルでは、経営者が高いトラック・レコード（track record：過去の実績）などによって得た自らの**カリスマ（charisma：信服力）**を利用し、「外部情報」とそれに基づく市場参加者の判断を無視する独断的な経営を行う傾向が生じます。あえて外部の判断を求めないこと（no consultation）によって"経営者は非常に優れた「内部情報」を持っている"とのメッセージを市場参加者に送り、自らのカリスマをさらに高めようとするからです。一方、市場参加者は、経営者が持つ高いトラック・レコードを出発点の情報（事前情報：prior）として、それをベースに経営者への評価をアップデイトしていきます。このため、経営者が繰り出す経営活動がたとえ自らの持つ情報から正当化しにくいものであっても、それが「内部情報」に基づく優れた経営判断の産物であるという可能性をなかなか捨て切れなくなってしまいます。

このような経営者の過剰な「リーダーシップ」の下で行われる経営には、以下のような問題が生じます。第1に、「外部情報」の不活用という情報の低度利用。第2に、経営活動や株価形成に利用されないため、その改善の動機が失われる「外部情報」および市場参加者の判断の劣化。第3に、現状の経営を合理化するためにだけ利用され、「外部情報」および市場参加者の判断からのフィードバックが失われる「内部情報」の劣化。

たとえば、1980年代後半から90年代にかけて総合エネルギー企業として急成長したエンロンでは、カリスマ経営者が次々とセンセーショナルなビジネス・モデルを発表していました。市場参加者は、実のところその内容をよく理解していないにもかかわらず、そこに経営者の特別な才能に基づく優れた情報が反映されていると期待し株式を買い上げました。このとき、経営者は、市場参加者の期待に便乗しさらにサプライズのあるビジネス・モデルを発表し続け、高い株価を維持しようとしたのです。そして、市場参加者は、このような経営スタイルを採るエンロンを自らの期待に応える企業と見なし、そのビジネス・モデルが最終的に違法な不正会計を伴いつつ2001年に破綻するまで評価を下方修正しませんでした。やはり、ここでも市場参加者と経営者の間で誤った経営評価と誤った経営選択の自己実現的な悪循環が生じ、経営が大きく間違った進路をたどったのです（コラム9.1）。

COLUMN 9.1　コングロマリット・ディスカウント

　株価プレッシャーが引き起こす「市場への追随」、「市場の先導」のような非効率性を理由に、経営への株式市場からの影響を排除すべきとする意見もあります。しかし、一方で、市場の影響を排除してしまう経営には、様々な問題点も指摘されています。以下では、「**コングロマリット・ディスカウント** (conglomerate discount)」と呼ばれる非効率性を取り上げ、「市場の恒常的排除」を行う経営スタイルの問題点を明らかにしましょう。

　アメリカでは、1960年代、関連の薄い事業を次々に買収し経営の多角化を図るコングロマリット形成の企業合併が盛んになりました。当時、コングロマリットに関しては、収益変動の相関が少ない複数の事業を抱えることでリスク分散が図れる、希少な資源である有能な経営者が複数の事業でその能力を発揮できる、といったメリットが強調されました。なかでも、多角化された事業の間で経営者が「**内部資本市場** (internal capital market)」を適切に運営できる、という考え方は有力でした。たとえば、成熟事業で生まれるフリー・キャッシュフローを新規事業の投資に投入すれば、外部資金を調達する必要が薄れ調達費用を引き下げることができます。専門家であり企業の「内部者」である経営者の方が「外部者」である市場参加者よりも企業の情報に精通していると考えられるので、「内部資本市場」を利用すれば外部資金に付随する「情報の非対称性」の問題を回避できるというわけです。

しかし、期待に反して、コングロマリットのパフォーマンスは必ずしも芳しいものではありませんでした。実際、コングロマリットの企業価値が、コングロマリットの各事業部門の価値の和（解体価値：bust-up value）を下回るという「ディスカウント」の存在が観察されたのです＊。

こうした不満足な結果は、以下のような原因によってもたらされたと考えられています。経営者は企業の情報に精通しているかもしれないが、同時に私的便益の追求など企業価値の増大とは別の動機を持っている、「内部資本市場」は経営者によって集権的に運営されるメカニズムであり、それがもたらす資金配分は組織内政治の影響を受けるなどです。つまり、「内部資本市場」による資金配分は効率性の観点から厳密に行われるのではなく、各事業部門の経営者に対する交渉力や組織内の支配力を高めようとする経営者の政治的意図に左右されてしまうのです。とくに、コングロマリットでは、企業全体に対しては株価という「価格シグナル」による価値評価が存在しますが、各部門に対しては「価格シグナル」による独立した価値評価が存在しません。その結果、各部門に対する評価は客観性に欠けるものとなり、経営者が行う資金配分の恣意性をチェックするメカニズムが働かないのです。

アメリカにおける1980年代の企業買収は、こうしたコングロマリット形成の流れを逆転させるものが多くなりました。買収の後、各事業部門の価値が企業全体の価値の中に埋没するのを防ぐ「価値切り出し」型の企業再編が行われ、経営における「選択と集中」が推進されたのです。たとえば、各事業部門の価値の和と企業全体の価値の差異に着目し、事業の切り売りによってその差額を手に入れようとする**バスト・アップ買収**（bust-up takeover）がコングロマリットに対して仕掛けられました。また、企業の特定部門の業績を裏づけにした**トラッキング・ストック**（tracking stock）の発行、あるいは企業の特定部門が新会社として分離する**スピン・オフ**（spin-off）や**カーブ・アウト**（carve-out）などの企業分割は、採算性の違う事業部門を切り分け各部門の運営や業績評価を独立させる効果を狙ったものでした（スピン・オフでは新会社の株式が元企業の株主に分配される、カーブ・アウトでは新会社の株式の一部が市場で売却される、という違いがあります）。

過去の買収ブームによってできあがったコングロマリットが、再び買収ブームによって解体されるのは皮肉な光景ともいえます。しかし、それは、株式市場の存在が経営の効率化に対して持つ意義を明らかにした有益な試行錯誤のプロセスだったともいえるでしょう。

＊Berger, P. and E. Ofek, "Diversification's Effect on Firm Value," *Journal of Financial Economics,* Vol.37, 1995, pp.39-65.

9.3　市場との対話

　株価プレッシャーへの誤った対応によって発生する「情報の低度利用」と「情報の劣化」の悪循環を逆転させ、「情報の高度利用」と「情報の改善」の好循環をもたらすには、企業の「内部者」である経営者と「外部者」である市場参加者のできうる限りの情報の共有が必要です。とくに、「外部者」の「内部情報」に対するアクセスが容易でないところに情報の共有に対する最大の障害があります。したがって、「内部者」から「外部者」への働きかけ、すなわち経営者が行う「**市場との対話**」が情報の共有にとって大切になるのです。

■ 情報開示と IR 活動

　「市場との対話」でもっとも大切な活動は、市場参加者に向けての詳細な「情報開示」です。このため、制度的に高度な「情報開示」が義務付けられるだけでなく、**IR（投資家向け広報：investor relations）** 活動に代表される経営者の自発的な「情報開示」が求められます。とくに、積極的な「情報開示」によって誤りのない情報を発信し続けた経営者は、その「市場との対話」姿勢に対して「名声」を獲得することができます。

　こうした経営者は、「外部情報」、「内部情報」双方の質の改善とその高度な利用を進めることができます。まず、「外部者」である市場参加者は、経営者から発信される情報によって自らの持つ情報、そしてそれに基づく判断をより的確なものへと改善していくことができます。また、経営者は、獲得した「名声」を維持すべく、正確で先見性がある情報を発信するように「内部情報」の改善を動機付けられます。そして、市場参加者の的確な判断に基づいて形成される株価は、規律付けのプレッシャーとしても経営の指針としても積極的な利用が可能なものになります。そのような株価には、経営を誤った方向に導くノイズ要因が少ないからです。一方、経営者は、市場参加者に理解されない「内部情報」に基づく経営判断をして自らの評価を下げるのではないかという懸念を払拭でき、経営に「内部情報」を積極的に生かしていくことができます。経

営者の「市場との対話」を起点とするこうした「情報の改善」と「情報の高度利用」の好循環は、効率的な経営を実現する強力な基盤を作り出すものといえます。

■経営目標の設定と説明責任

「市場との対話」の手段としては、経営者が将来に向かっての経営目標を公表し、それに対してコミットメントをしていくことが有益な場合もあります。とりわけ、ROE（株主資本利益率：return on equity）、EVA（経済付加価値：economic value added）など株主の利益と密接に結び付き、かつ一定期間で成果が出る指標の数値目標が設定されれば、その達成度を客観的に評価することが可能になります。株価の最大化を経営の"最終目標"とすれば、各時点で検証可能なこれらの目標は"最終目標"に経営を導く"中間目標"としての役割を持っているといってもよいでしょう。[*2]

とくに、"中間目標"の設定が有益なのは、それが達成できなかった場合、「なぜその実現が難しかったのか」について経営者に説明責任が求められる点です。説明責任の存在によって、経営者は高い目標を公表し市場からの評価を上げる意図を持つ一方で、無理な目標を掲げてそれが達成できなければ自らの能力や努力が疑われ市場からの評価を下げる危険も意識するようになります。このようなトレード・オフにより、経営者は自らの情報に基づく真実を偏りなく報告する動機を与えられます。

また、説明責任の存在によって、経営者は目標達成を阻害した経営上の問題を放置することなく速やかに是正する動機も与えられます。説明責任を果たす中で浮き彫りになった問題への対処を巡り、自らの能力や努力を再び市場から評価されるからです。このように、説明責任を伴う経営目標の設定は、経営者が持つ「内部情報」やそれに基づく判断をリアル・タイムで市場と対話する有

[*2] ROEは当期利益額を株主資本額で割ったものであり、株主が提供する資金が企業においてどのような"利回り"で活用されているかを表す指標と見ることができます。一方、コンサルティング会社スターン・スチュワートの登録商標であるEVAは、営業利益額から調達資金にかかる資本コスト（株式の期待収益率と債券の期待収益率の加重平均）と資本量を掛け合わせた額を差し引いたもので、経営が株主と債権者に対してカバーすべき支払いを上回ってさらにどれだけ利益を稼ぎ出しているかを見る指標です。

効な手段となるのです。

9.4 市場の一時的排除

　経営者と市場参加者の情報の共有を進めるには、経営者による粘り強い「市場との対話」が必要です。しかし、「市場との対話」に時間的な余裕が乏しいとき、あるいは「市場との対話」が経営者の発信すべき情報の性格から技術的に困難であるとき、経営に対する市場からのプレッシャーを一時的に遮断することが有益な場合があります。こうした「**市場の一時的排除**」は、経営に望まれる「市場との対話」姿勢と反対の方向性を持つものに見えるかもしれません。しかし、その主眼は、経営が市場との関わりを絶つことにあるのではなく、むしろ時間的な余裕を持って十分な「市場との対話」を実現する、あるいは時間の経過を待って適切な「市場との対話」が可能な環境を整備する点にあるといえます。以下では、**買収防衛策**と**株式非公開化**を取り上げ、このような「市場の一時的排除」の意義について考えます。

■ 買収防衛策

　敵対的企業買収の脅威は、経営者に株価を意識した経営を動機付ける最も強力なメカニズムです。非効率な経営が行われ株価が低迷する企業は買収のターゲットとなり、買収が成功すれば経営者の解任が生じるからです。

　しかし、株価低迷の理由には非効率な経営だけでなく、経営者の持つ「内部情報」を市場参加者が共有できず現行の経営が十分に評価されていないという原因も考えられます。たとえば、経営者は将来性のある新製品に関する情報を持ち、その開発に注力しているが、市場参加者は当面の開発費用だけに注目し将来の利益を認識していないようなケースです。このようなとき、株価低迷により企業買収が誘発されると利益を生むはずの製品開発がストップし企業価値が棄損されてしまいます。また、経営者が買収を恐れ自ら製品開発を放棄してしまうと、やはり得られるはずの利益を逸失し企業価値が棄損されてしまうと

いえます。もちろん、こうした企業価値の棄損は株主の利益に反するものです。

　買収あるいは買収の脅威の中に、このように望ましくないものが存在する可能性を考慮すると、ターゲット企業の経営者が買収者に対抗して"時間を稼ぎ"、市場参加者への十分な説明によってその正しい判断を求める措置には一定の合理性があるといえます。

　買収防衛策は、こうした観点から「コントロール権市場」の性急な動きを一時的に止めること（suspension）を目的としたものです。とりわけ、防衛策により、「内部者」と「外部者」の間にある「情報の非対称性」が解消され経営に対する評価が上がれば、株価上昇によって望ましくない買収を断念させることができます。また、買収が望ましく続行される場合にも、提示される買収価格が上昇し株主の利益を高めることができます。このように、防衛策の目的は、経営に対する「コントロール権市場」の影響を一時的に弱めることによって、逆に「コントロール権市場」の働きを株主の利益に沿うものに再構成するところにあるのです。

　したがって、防衛策は「コントロール権市場」の恒常的な排除をもたらす経営者の保身戦術であってはなりません。防衛策が買収の可能性それ自体を排除してしまえば、望ましい買収も不可能になり企業価値が棄損されるからです。防衛策が守るべきは、経営者の地位ではなく企業価値であるという原則に従い、買収の是非に関して市場参加者が的確な最終判断を下せるメカニズムが求められるのです。とくに、防衛策の導入にあたっては、その内容（導入の目的、発動の条件）が徹底して情報開示されるとともに、導入それ自体についても株主の賛否を問う明確なプロセス（株主総会での決議）が存在することが重要です。さらに、買収提案がなされたとき、その企業価値への影響を客観的に検討し防衛策発動の可否を株主の立場に立って判断できる機関（トップ経営陣からの独立性が高い社外取締役など）の設置が、防衛策を経営者の保身戦術としないために必要です（コラム9.2）。

COLUMN 9.2　代表的な買収防衛策

　敵対的企業買収に対しては、様々な防衛策が案出されてきました。それらは、買収が始まる前に予防的に設置されているものと買収が始まった後で対抗的に実施されるものの2つに大きく分けられます。以下では代表的な防衛策を挙げ、その内容について議論しましょう。

予防的防衛策
(1)**ポイズン・ピル（毒薬：poison pill）** 買収のターゲットとなる企業の株式の一定割合を買収者が取得したとき、買収者以外の株主に市場価格を下回る価格でターゲット企業の新規発行株式を引き受ける権利（新株引受権）を与えておく規定。ピルが発動されれば、買収者のターゲット企業に対する株式所有割合は大幅に低下するので、買収者はコントロール権掌握のために多額の買収費用を上積みせねばならなくなります。買収者は、これを避けるべくターゲット企業の経営者に対してピル発動停止を要請せねばならず、経営者の"時間稼ぎ"と買収者に対する交渉ポジションの上昇が実現します。
(2)**ゴールデン・パラシュート（黄金の落下傘：golden parachute）** ターゲット企業の経営者が買収により解任された場合、通常の退職金を大幅に上回る割増金を受け取れる規定。この規定は買収者に対して買収費用の増大をもたらす効果がある一方、経営者に対しても買収への浪費的な抵抗（多額の法務費用を払って買収阻止の奇策を繰り出すなど）を行わず退任することを促す効果があります——経営者の速やかな退任によって企業価値が上昇するという意味で、ゴールデン・パラシュートは経営者に付与される株価連動型報酬の一種ということもできます。なお、**ティン・パラシュート（ブリキの落下傘：tin parachute）** は、割増金を受け取るのが解雇された従業員の場合に使われる呼称です。
(3)**スタガード・ボード（期差選任制取締役会：staggered board）** 取締役会のメンバーの改選時期をずらしておく規定。買収者が買収に成功しても取締役会のメンバーを一度に入れ替えることができず、ターゲット企業に対するコントロール権掌握に時間がかかることになります。
(4)**スーパーマジョリティー（絶対多数決：supermajority）** 特定の議案に対して必要な賛成議決数を過半数ではなく3分の2かそれ以上に引き上げておく規定。買収者にとってコントロール権掌握のために必要な株式数が増加するので、買収案の実現がより困難になります。
(5)**スーパー・ボーティング・ストック（複数議決権株式：super-voting stock）** 通常、株式は、1株1議決権が原則ですが、そうではなく1株に対して複数の議決権を与えた種類株式の1つ。この株式を経営者にとって友好的な株主に十分な数だけ持たせておけ

ば、買収案の実現を難しくできます。特定の議案に対して議決権の数にかかわらず拒否権を発動できる**黄金株**（golden share）も同様の効果を狙ったものです。

なお、以上のような企業の定款に買収への防衛策を入れておく戦術は、**シャーク・リペラント**（鮫避け：shark repellent）とも呼ばれます。

対抗的防衛策
(6)**ホワイト・ナイト**（白馬の騎士：white knight）ターゲット企業の経営者にとって友好的な第三者に敵対的買収への対抗買収を依頼する戦術。競争的な株式買い付けのプロセスで買収提案を比較し買収価格の妥当性を考慮する余地が生まれる（典型的には買収価格の上昇がもたらされる）など株主にとって好ましい効果があります。なお、友好的な第三者を利用する防衛策には、日本企業に多く見られた「株式持合」のように、複数企業がお互いの株式を保有し続けることにコミットするものもあります。ただし、「株式持合」は、いわばホワイト・ナイトを常備しておく"予防的"防衛策と解釈でき、買収の可能性をあらかじめ排除する経営者の保身戦術となりかねないところに問題があります。

(7)**スコーチド・アース**（焦土作戦：scorched earth）ターゲット企業の経営陣が**クラウン・ジュエル**（王冠の宝石：crown jewel）と呼ばれる企業の重要資産を第三者に売却し意図的に企業の買収ターゲットとしての魅力を減じる戦術。資産の売却によって、ターゲット企業は現金を入手できますが、資産が安値で売却される限り企業価値が毀損される捨て身の作戦といえます。なお、**クラウン・ジュエル・ロック・アップ**（crown jewel lock up）は、ターゲット企業がクラウン・ジュエルの売却先を約束する規定であり、しばしばホワイト・ナイトの役目を引き受けてくれる友好的な第三者に対して提示される"交換条件"として使われています。

(8)**パックマン・ディフェンス**（逆買収：Pac-man defense）買収者に対してターゲット企業が逆買収を仕掛け買収者のコントロール権を掌握する戦術。買収者を解任し買収を止めさせるという直接的な目的のほかに、買収者の企業とターゲット企業がいずれにせよ合併したり親会社・子会社関係を結んだりするのならば、「買収者ではなく自分達がコントロール権を行使する立場になるのがよい」としてターゲット企業の経営者が買収者との競争に打って出る意味もあります。

(9)**リバース・ベア・ハグ**（reverse bear hug）ベア・ハグは、買収者がターゲット企業の株主にとって魅力的な買収提案を行い、経営者がそれに応じなければ敵対的買収に移行すると威嚇するもの。経営者は買収提案を拒否する合理的な根拠が得られず買収者との交渉に応じなければならなくなります。リバース・ベア・ハグはこれへの対抗策で、買収者との交渉に応じるものの買収価格を著しく引き上げ、買収の意図を挫く戦術。

(10)**サンド・バッグ**（砂袋作戦：sand back）ベア・ハグへの対抗策で、買収者との交渉

に応ずるものの買収交渉を故意に引き延ばし、買収の意図を挫く戦術。

なお、以上のようなテクニカルな戦術のほかにより基本的な対抗的防衛策としては、増配や自社株買いなど株主への利益還元策の拡充があります。増配や自社株買いは企業からの現金流出を意味するため、それ自体は企業価値に対して中立的なものです。しかし、フリー・キャッシュフロー問題の緩和や株価過小評価のシグナリング(「過小評価ゆえに自社株を買う」と行動で「内部情報」を市場参加者に伝達する)を通じて株価を高める効果があります。また、ターゲット企業の経営者によるMBOやターゲット企業の経営者がリストラクチャリングを率先して進めるといった活動も買収への対抗策となります。これらの活動は、いわば「買収者が行いたいことをターゲット企業の経営者が先に行ってしまう」ことによって買収動機を消滅させ買収に対抗する戦術ということができます。

■株式非公開化■

株式非公開化(going private)とは単一あるいは少数の主体が企業を買収し、その企業を非上場化する行為を指します。株式非公開化によって、その企業の株式は、不特定多数の市場参加者による取引の対象ではなくなります。

経営には、企業の再生や事業の大胆な改革、独自性や新規性の強い事業の立ち上げなど、専門性の高い活動や内容の公開がふさわしくない活動に取り組まねばならない場合があります。こうした活動に際して、「外部者」を排除し「内部者」のみの影響の下で経営を行うことには一定の合理性があるといえます。正しい経営判断に必要な情報を共有できるとは限らない不特定多数の主体が参加する市場からのプレッシャーは、経営に対するノイズ要因となりかねないからです。

ただし、株式非公開化が、しばしば「市場の一時的排除」と捉えられるのは、一定時間の後、株式の再公開が意図されていることが多いからです。時間の経過とともに取り組むべき当初の目標が達成され経営活動がより標準的なものになるならば、「内部者」と「外部者」の間の情報の共有もより容易になります。このとき、企業を再上場すれば、市場参加者から広く資金と情報を集めること、すなわち「外部者」によるリスク分担と経営に対する評価が可能になります。一方、企業買収に関わった主体は、この段階で買収に際して投下した資金を回収することができます。株式非公開化は、こうした期間を区切った

「退出」を想定したものであることが多いため「市場の一時的排除」と考えられるのです。[*3]

　株式非公開化を行う主体としては、企業の元々の経営者や経営者にとっての友好的な買収者・敵対的な買収者が挙げられます。そして、それらの主体に対して資金提供をする金融機関（投資銀行や独立系のファンドなど）も重要な存在です。

　株式非公開化が行われた企業では、株式所有が集中化され「所有とコントロールの一致」がもたらす強力な経営規律付けが機能します。また、専門的な資金提供者が、株主あるいは債権者の立場から経営に深く関与する内部モニター（ハンズ・オンのモニター）として経営に対する密接な監視を行います。さらに、内部モニターや経営者は、その企業の株式（やストック・オプション）を集中的に保有するため、彼らの報酬は「退出」時の株式売却価格（公開価格）に大きく左右されることになります。したがって、「市場の一時的排除」によって、むしろ「内部者」が経営に対する市場参加者の評価と株価プレッシャーを強く意識するメカニズムが形成されるのです。

議論してみよう

近年、日本企業でも、株主重視の経営を裏付けるものとして、ROE や EVA などの経営指標の数値目標を掲げる経営者が増えてきました。しかし、「ROE や EVA などの指標はあくまでも企業の短期業績にかかわるものであり、その目標設定は企業経営を近視眼的なものにするので望ましくない」との意見もあります。あなたは、この意見に賛成ですか、それとも反対ですか？あなたの考えを、あなたがそのように考える理由とともに説明してください。

[*3] この「退出」メカニズムのロジックは、第7章3節でベンチャー・キャピタルについて議論した「内部モニターと市場」の"時間を通じた分業体制"と同一のものです。

第10章

資産運用と市場
―― 戦略的代替性・補完性とシステムの安定性

　本章では、資金提供者の資産運用面から「金融システム」について考えます。とくに、預金、投資信託、およびヘッジファンドという3つのタイプの金融商品を取り上げ、それぞれの商品が持つ性質を比較します。これら金融商品は、どれも資金提供者が専門家に資産運用を委託する「依頼人・代理人関係」の構造を持った商品です。「依頼人・代理人関係」の中でそれぞれの商品にどのような問題が発生するのか、「金融システム」の安定を図ろうとする政府の活動との関連も含めて議論します。

10.1 銀行預金

　まず、要求払い預金（demand deposit）に代表される伝統的な銀行預金（以下、預金と呼びます）について議論しましょう。預金は、預金者を債権者、銀行を債務者とした負債契約です。この契約では、預金者を依頼人、銀行を代理人とする「**資産運用の委託（delegated portfolio management）**」がなされていると見ることができます。銀行は、預金者から集めた預金を、貸出や証券の購入などによって運用し、得られた収益を利息支払いの形で預金者に還元する主体だからです。

　預金は、以下のような特徴を持っています。①満期がなくいつでも解約でき

る。②二次市場がなく市場で売買されない。③**解約請求順支払制約**(Sequential Service Constraint)に服する。④預金保険制度や政府の公的資金投入などによって元本の保証が図られる。[*1]

①、②の特徴によって、預金者はいつでも好きなときに預金を解約し、銀行との間で約束された比率で換金を行うことができます(この性質は、預金が実質的に現金通貨と同等のものとして人々に認識される基盤となっています)。つまり、第5章4節で議論したように、銀行は預金という金融商品を通じて流動性を供給しているのです。

ただし、いつでも好きなときに換金できるという性質ならば、厚みのある二次市場が存在し、そこで取引可能な証券はすべて一定の流動性があるといえます。たとえ、証券を発行した資金調達者がすぐには資金回収ができない投資に資金を振り向けていても、証券の保有者は、証券を二次市場で売却することによって調達者の活動と独立に換金を行えるからです。預金と市場で取引される証券の最大の違いは、後者は換金比率が各時点において市場で成立している証券価格に従って変動するのに対して、前者は換金比率が固定されており「価格リスク」がない点です。とくに、証券価格は、市場参加者がオファーする証券への需要と供給の均衡によって決まります。したがって、皆が証券を売りに出せば、自分が保有する証券の価格が低下するという"価格を通じた"市場参加者間の相互依存関係が存在します。しかし、預金には、こうした"価格を通じた"預金者間の相互依存関係が存在しないのです。

もちろん、「好きなときに約束された比率で換金を行える」という預金の性質が満たされるためには1つの前提があります。それは銀行がつねに預金者の請求に応じて預金の解約に応じられなければならないという前提です。いいかえれば、銀行が債務不履行を起こさないことが必要なのです(銀行に債務不履行の可能性があると、預金は「信用リスク」を持つことになり、現金通貨とまったく異なる金融商品になってしまいます)。

[*1] 預金には、要求払い預金とは異なり、ある固定した期間の預入を前提とする定期預金 (time deposit) もあります。ただし、定期預金であっても、一定の解約費用を負担すれば一般に満期前の換金が可能です。また、定期預金には、譲渡可能預金(NCDあるいはCD:negotiable certificate of deposit)と呼ばれる金融商品もあります。満期前に他者に譲渡可能なNCDには、すでに発行された証書を売買する二次市場が存在します。

10.2 「戦略的補完性」の発生

　銀行に債務不履行が起きる可能性の1つは、③に挙げた預金の解約請求順支払制約（SSC）の存在と深く関連しています。そして、預金がSSCに服するという性質は、「預金者が解約を請求した場合、その理由が銀行にわからない」という「情報の非対称性」に起因しています。個々の預金者は、基本的に流動性の必要が生じたとき換金を申し出ることになります。しかし、仮に預金者がそれ以外の理由で換金を申し出ても銀行は理由の違いを知ることができず、申し出があった預金解約に区別なく応じなければならないのです。

　その結果、預金者から預金の解約を求められた場合、銀行は約束された換金比率で支払いが可能な限りそれに応じていくことになります。そこには市場で取引される証券のような価格変動による"値引き（ディスカウント）"はなく、銀行は資金が底をつくまで窓口に到着した預金者へ先着順に（first-come, first-served）支払いを続けなければなりません。

　銀行から貸出を受けた資金調達者はすぐに資金回収ができる投資を行っているとは限らないため、多くの預金者が預金を引き出そうとすると銀行はすべての預金者の請求に応えられず債務不履行を起こしてしまいます。このとき、預金者の中には預金を返済されない者が生まれてしまいます。すなわち、換金比率（＝価格）が固定されていることの裏面として、預金の引出量（＝数量）に依存して各々の預金者の利得が左右されるという"数量を通じた"預金者間の相互依存関係が生まれてしまうのです。

　とくに注意したいのは、この相互依存関係には「他の預金者がいっせいに預金を解約する場合には、自分も預金を解約する方がよい」という「**戦略的補完性（strategic complementarity）**」が存在する点です。つまり、他の預金者がいっせいに預金を解約すると銀行が債務不履行に陥るため、どの預金者も銀行が債務不履行に陥る前に自分の預金を解約して、自分の預金の価値を保全しようとする「争奪競走」が起こるのです。

　したがって、銀行の支払い能力を疑わせる事実が情報として預金者に流れ

る、あるいはまったくそういった事実がなくても預金者が銀行の支払能力に不安を抱くだけでわれ先にと預金が引き出され、銀行が債務不履行を起こしてしまうことがあります。これがいわゆる**銀行取付（bank run）**といわれる現象であり、預金者間に存在する「戦略的補完性」が生み出す不安定性ということができます[*2]（コラム10.1）。

「銀行取付」はきわめて非効率な結果をもたらします。まず、預金者は預金の払い戻しにおいて、満額返済かゼロ返済かという大きな「信用リスク」に直面することになってしまいます[*3]。また、「銀行取付」が発生した場合、銀行は換金に応じるため貸出先からの資金引き揚げや新規貸出の中止を行わねばなりません。このことは、有望な投資機会があっても、そこへの資金供給が途絶することを意味します。

さらに、銀行は銀行間市場（インターバンク・マーケット）で他の銀行と貸借関係を結び、流動性を確保するために換金が容易な証券も保有しています。いうまでもなく、銀行間市場の存在や銀行の証券保有は、通常は銀行が流動性不足に陥ったとき流動性を補う有益なものです。しかし、「銀行取付」という巨大な流動性不足に直面すると、それがむしろ望ましくない効果を持ち、銀行間市場で債務不履行が発生したり、証券の投げ売り（fire sale）によって証券価格が暴落したりして、他の銀行にも悪影響が波及する**伝染効果（contagion effect）**が生じてしまいます。そして、そのことが他の銀行の支払能力への疑問を生むならば、連鎖的に「銀行取付」が起こるいわゆる**金融恐慌（panic）**が発生するのです。

[*2] 「銀行取付」が、銀行の経営状態などのファンダメンタルズとは無関係に、預金者の抱く予想が自己実現するプロセスとして発生しうることを示した代表的な論文としては、Diamond, D.W. and P. Dybvig, "Bank Runs, Deposit Insurance, and Liquidity," *Journal of Political Economy*, Vol.91, 1983, pp.401-419が挙げられます。

[*3] もっとも、預金がこうした大きなリスクを有しているならば、預金者の銀行への監視努力が高まり、銀行の「モラル・ハザード」を防ぐのに役立つとの考え方もあります。とくにSSCによって、先着順に預金の払い戻しがなされるならば、各々の預金者は他の預金者よりも早く「モラル・ハザード」を発見し、銀行が倒産する前に自分の預金を引き出そうとするインセンティブを持ちます。このため、経営監視を他人任せにする「ただ乗り」問題を回避した強力な監視メカニズムが構築できるというのです。ただし、以下で述べるように、監視メカニズムのメリットと「銀行取付」発生のデメリットを比較し、後者を重視した対応をしているのが現実の政策運営だといえるでしょう。

COLUMN 10.1　戦略的補完性と戦略的代替性

　戦略的補完性と戦略的代替性は、ゲームにおいて「他のプレーヤーの戦略の変化が、あるプレーヤーの最適な戦略にいかなる変化をもたらすか」を性格づける概念です。対称的なプレーヤーからなるゲームを考えると、「他のプレーヤーの戦略の変化が、あるプレーヤーの最適な戦略にそれと同方向の変化――バンド・ワゴン的な変化――をもたらす」場合、戦略的補完性が存在するといいます。一方、「他のプレーヤーの戦略の変化が、あるプレーヤーの最適な戦略にそれと反対方向の変化――スノビッシュな変化――をもたらす」場合、戦略的代替性が存在するといいます。

　いま、あるプレーヤーの戦略を s、他のプレーヤーの戦略を $\bar{s}$ とすると、他のプレーヤーの戦略に対するあるプレーヤーの最適な戦略を反応関数と呼ばれる線 $s=f(\bar{s}, \theta)$ によって図示することができます（θ は、すべてのプレーヤーに共通の外生的パラメーター）。ここで、図10-1のように、反応関数が正の傾きを持っている場合が戦略的補完性の場合に当たります。一方、図10-2のように、反応関数が負の傾きを持っている場合が戦略的代替性の場合に当たります。

　最初に、図10-1を使って、各々のプレーヤーの最適な戦略の組み合わせ、すなわちゲームの均衡がどのように決まるかを確認しておきましょう。いま、外生的パラメーターが θ_1 という値をとっているとします。このとき、各プレーヤーは、反応関数 $s=f(\bar{s}, \theta_1)$ に従って自らの最適戦略を決定します。対称的なプレーヤーからなるゲームにおいては、すべてのプレーヤーが同一の意思決定をすることになります。このため、すべてのプレーヤーの最適な戦略は結果的に同一になり、均衡では $\bar{s}=s$ という関係が成立するはずです。したがって、各々のプレーヤーの最適な戦略の組み合わせは、反応関数 $s=f(\bar{s}, \theta_1)$ と45°線の交点 E_1 に求めることができます（図10-2についても同様の考え方で均衡を求めてみてください）。

　次に、外生的パラメーターの変化、すなわちショックの発生（$\theta_1 \to \theta_2$）があったとき、ゲームの均衡がどのように移動するのかを考えましょう。この場合、戦略的補完性のケースと戦略的代替性のケースとで、プレーヤーの戦略の変化によって生じる均衡の移動（$E_1 \to E_2$）の性質に違いが見られます。

　まず、戦略的補完性のケースでは、図10-1の矢印で示されるように、ショックの当初のインパクト（E_1 から下へ延びた矢印）を増幅する形で均衡が移動します。これは、各プレーヤーの戦略の変化がお互いの変化を強める方向に作用し、全体として均衡の大きな移動をもたらすことを意味しています。一方、戦略的代替性のケースでは、図10-2の矢印で示されるように、ショックの当初のインパクトを減衰する形で均衡が移動します。これは、各プレーヤーの戦略の変化がお互いの変化を打ち消す方向に作用し、全体として均衡の移動が小さくなることを意味しています。同様のショックがあった場合で

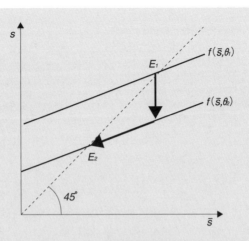

図10-1 戦略的補完性

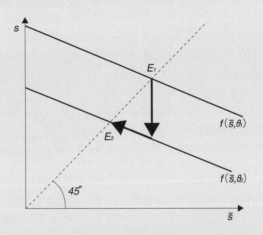

図10-2 戦略的代替性

も、プレーヤー間の相互依存関係が戦略的補完なのか戦略的代替なのかによって、ショックが増幅されるのか、減衰されるのかに違いがあるのです。

さらに、戦略的補完性のケースで興味深いのは、図10-3に示されるように、安定的な均衡がLおよびHとなり複数存在する場合があることです（対称的なプレーヤーからなる戦略的代替性のゲームでは、反応関数が右下がりになるため複数均衡は発生しません）。この場合、プレーヤーが抱く期待に応じて、同一のパラメーターθの下でも異な

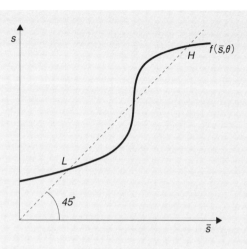

図10-3 複数均衡

った均衡が実現する可能性が生じます。すなわち、各々のプレーヤーにとって他のプレーヤーがHに対応した戦略を取ると期待されるとき、自分もHに対応した戦略を取るのが最適であり、逆に他のプレーヤーがLに対応した戦略を取ると期待されるとき、自分もLに対応した戦略を取るのが最適となるのです。このようにプレーヤーの抱く期待によって実現する均衡が変化するという意味において、この経済には自己実現的期待に基づく不確定性が生じている(たとえば、「実現した均衡はLとなったがそうなる必然性はなかった」)といえます。

10.3 預金における「依頼人・代理人問題」

　このように預金という金融商品は、リスクのない安全資産のように見えても潜在的には大きなリスクを持っています(平常時の「価格リスク」の排除が、異常時に巨大な「信用リスク」となって顕在化するともいえます)。そして、このような預金に伴う大きなリスクを表面化させないために、④の特徴が正当化されてきました。すなわち、預金の安全性について預金者に不安を抱かせないために元本を保証する仕組みが作られてきたのです。

第 5 章で議論したように、このような元本保証の仕組みは預金を「情報非感応的」な証券とすることにより、預金者と銀行の間に発生するはずの「依頼人・代理人問題」を不問に付すものです。そして、リスクに晒されない預金者は、銀行経営を監視するインセンティブを失います。[4] このため、政府が銀行への監督責任を持ち、銀行に生じる「モラル・ハザード」を抑止することが必要になります。すなわち、銀行経営の健全性の維持を究極的に官僚機構に頼るメカニズムが組まれることになるのです。ただし、このメカニズムには、直接の経済的利害を持たない官僚機構に問題の最終的な解決を任せるという本質的な困難が付随しています。[5]

10.4　投資信託

　次に、証券の買い持ち（ロング・ポジション）を運用方法とする伝統的な「投資信託」を取り上げましょう。「投資信託」は、専門的な運用者（ファンド・マネージャー）が資金提供者から広く資金を集め、提供者の「委託」を受けて行う資産運用です。

　預金と違い、「投資信託」はそれ自体市場で取引されたり、市場で取引される証券を基に組み立てられるため、その価格（価値）が変動します。したがって、預金では不問に付された資金提供者と運用者の間の「依頼人・代理人問

---

[4] このとき、銀行の株主が、さしあたり銀行経営から生じるリスクを引き受ける主体となるといえます。しかし、政府の保護が前提とされる限り、銀行の「モラル・ハザード」を防ぐ彼らのインセンティブは十分なものとはなりません。それどころか、保護策の運用次第によっては、株主は銀行の過度のリスク・テイキング（資産代替のモラル・ハザード）から利益を受ける立場（成功すれば株価上昇、失敗すれば政府からの救済）にあるとさえいえるのです。
[5] いわゆる**自己資本比率規制（BIS 規制）**は、官僚機構の裁量的なコントロールに拠らず、一定のルールに基づき銀行の「モラル・ハザード」を回避しようとするものです。具体的には、銀行の保有する様々な資産に一定のリスク・ウェイトをかけて算出された「リスク・アセット」の一定比率を自己資本として保つことが銀行に義務付けられます。とりわけ、自己資本比率が一定の水準を下回った場合、過度のリスク・テイキングを起こしやすくなる銀行に対して業務の制限や是正、つまり経営介入がなされ「モラル・ハザード」の抑止が図られます。

題」が本来の形をとって現れてきます。とくに、アクティブ運用戦略をとるファンドでは、「代理人」である運用者の資産運用の巧拙が、「依頼人」である資金提供者の利得を決めるものとなります。[*6]

10.5 ミスプライシングと「戦略的代替性」

　アクティブ運用戦略をとる運用者は、自らの相場観に基づき割安な証券を買い割高な証券を売る、という活動を通じてベンチマークを上回る運用成績を上げようとします。運用者は、自らの専門能力を活かして証券に存在する価格付けの間違い、すなわちミスプライシングを発見し、それが解消していく過程で利益を挙げるのです。もちろん、アクティブ運用が意味を持つためには、市場が完全には効率的ではない状況——流動性の必要のために証券を売買する主体や非合理な投資戦略に従う主体、すなわちノイズ・トレーダーが市場参加者に含まれている状況——が前提になります。ただし、一方で、こうした運用者の"裁定"活動が、証券のミスプライシングをただし効率的な市場を実現していく点も重要です（第6章コラム6.2を参照）。[*7]

　しかし、「投資信託」は、他人の資産の運用を行うものであるため、そこには「依頼人・代理人問題」の存在が避けられません。とくに、運用者の上げる成績が提供者の満足のいくものにならないとき、提供者はファンドの解約を行うことになります。これが、投資信託における「依頼人・代理人問題」への典型的な対応であり、それは提供者が「退出型・消極的コントロール」によって

[*6] これに対してインデックス・ファンドなどパッシブ運用戦略では、代理人が追求すべきは、ベンチマークのトレースという裁量性のない戦略であるため「依頼人・代理人問題」は基本的に発生しないと考えられます。

[*7] この裁定は、運用者の相場観に基づくものであり、証券価格の割安・割高の判断は絶対的に正しいものとは限らず（運用者が持つ証券価格形成モデルの間違いなど）、ミスプライシングの解消も予定通り起こるとは限りません（ノイズ・トレーディングの一時的な活発化など）。したがって、この裁定は不確実性の影響から解放されているわけではありません。このようなリスクを伴った裁定を、**リスク・アービトレージ**（risk arbitrage）といいます。

問題に対処することを意味します。

　注意すべきことは、このとき、通常の「依頼人・代理人関係」と同様、以下の問題が生じる点です。すなわち、運用成績の悪化は、運用者の能力や努力の欠如による運用戦略の誤りの反映か、それとも運用者の戦略は基本的に間違っていないが一時的なショックが発生したために起こったものなのかが資金提供者にとって区別できないという「情報の非対称性」の問題が生まれるのです。

　もちろん、提供者のファンドの解約は、成績悪化の原因が前者である場合、事後的に誤った資金配分をただし、また事前的には運用者に対して規律を与える望ましいものです。しかし、原因が後者である場合、以下のような望ましくない効果をもたらします。すなわち、資金配分は"将来"の期待収益に基づきなされるべきものですが、「情報の非対称性」が存在する下では、それがトラック・レコード（"過去"の運用成績）によって強く左右されるという現象（観察されたデータに基づくファンドへの評価のアップデイト）が発生しやすくなるのです。

　とくに、運用者の戦略が基本的に間違っていない場合、一時的なショックによって運用成績が悪化するというのは、当初想定していた証券のミスプライシングが拡大したことを意味します。いいかえれば、まさに「**ファンドが生み出す将来の期待収益が上昇したときにファンドが解約される**」という逆説的な"過少投資問題"が発生するのです。ファンドの"裁定"活動は、市場に存在するミスプライシングをただし、市場の効率性を回復するものでした。しかし、こうした逆説的な状況では"裁定"活動のミスプライシングに対する修正能力には限界が存在します（裁定の限界：limit of arbitrage）。その結果、「**ミスプライシングの拡大がミスプライシングのさらなる拡大を生み市場の効率性が容易に回復しない**」のです。*8

....
*8　他方、一時的なショックによって運用成績が非常に良くなったとき、ファンドの能力や努力の水準が高くないのに資金がどんどん集まるという"過剰投資問題"も起こりえます。このときには、「**ファンドが生み出す将来の期待収益が低下したときにファンドが膨張する**」という逆説的な状況が発生します。こうしたファンドを巡る「非対称情報」が生み出す過少投資・過剰投資の問題については Shleifer, A. and R.W. Vishny, "The Limits of Arbitrage," *Journal of Finance*, Vol.52, 1997, pp. 35-55も参照してください。

もっとも、ファンドの運用戦略が簡単なものであり、情報開示が十分になされていれば、運用成績の悪化があっても、資金提供者はその理由を特定できファンドに対して正しい対応ができます。また、そうでなくても市場に多くの運用者が存在し、採用された運用戦略に多様性があるならば、運用成績にもばらつきがあり、市場全体として問題が顕在化することを回避できるかもしれません。仮に、ミスプライシングが拡大したならば、解約に見舞われない成績のよいファンドが、そのミスプライシングを利用してさらに利益を伸ばせるからです。つまり、市場参加者に"価格を通じた"相互依存関係がある場合には、「他の市場参加者の証券売却の圧力が強く、証券価格がファンダメンタルズを越えて低下した場合には、自分は証券を購入し将来の値上がり益を求める方がよい」という「**戦略的代替性（strategic substitutability）**」が存在するのです。したがって、情報の非対称性が深刻でない、あるいは情報の非対称性があっても運用戦略が多様であるなど、市場が「依頼人・代理人問題」がもたらす非効率性を吸収できる状況の下では、市場には自律的な安定化作用があるといえます（コラム10.2）。

COLUMN 10.2　「共感」ファンド——非経済的目標の経済的合理性

　資金提供者と資金運用の専門家であるファンドの間に「依頼人・代理人問題」が存在すると「**ファンドが生み出す将来の期待収益が上昇したときにファンドが解約される**」という逆説的な"過少投資問題"が生じる可能性があります。ミスプライシングの収束を利益の源泉とするファンドの運用成績は、ミスプライシングが拡大したまさにそのときに悪化するため、資金提供者がファンドの能力や努力を信頼できなくなり資金を引き揚げるからです。この点で、"過少投資問題"は、「**経済的利益の追求こそが経済的利益の獲得機会の喪失を招く**」逆説ともいえるでしょう。

　しかし、以上の逆説は、裏を返せば、仮にミスプライシングが拡大したとき解約に見舞われない（あるいは新規の資金流入の恩恵に与れる）ファンドにとっては、利益の獲得機会が大幅に拡大しうることを意味しています。なぜなら、ミスプライシングの拡大が生み出す他のファンドの解約は、さらなるミスプライシングの拡大をもたらしているため、解約に見舞われないファンドにとっては利益の源泉が大幅に拡大しているからです。

それでは、どのようなファンドが運用成績の悪化時にも解約に見舞われにくいといえるでしょうか？　1つの可能性は、高いトラック・レコードにより多少の運用成績の悪化では資金提供者の信頼を失わないカリスマ・ファンド・マネージャーが運用するファンドのケースです――ただし、第9章2節では、そうした「カリスマ代理人」の問題点も議論しました。

もう1つの重要な可能性は、経済的利益を超えて何らかの非経済的目標の追求が資金提供者とファンドを結び付けているファンドのケースです。すなわち、資金提供者がファンドの掲げる非経済的目標に「共感」を持ちファンドに対して強いアタッチメントを形成しているようなケースです。循環型経済の構築、雇用におけるダイバーシティーの確保、地域産業の再生、待機児童の解消などの様々な社会的課題の解決に資する投資を目標に掲げ、その投資内容を明確に開示しているファンドがこれに当たります。こうした「共感」ファンドは、運用成績に対して非感応的な資金提供者（performance-insensitive investor）から安定した資金供給を得ることができ、ミスプライシングの拡大に対しても抵抗力のある資金運用を行うことができるのです。

本来ならば、非経済的目標を掲げるファンドは、追及している非経済的目標の分だけ足枷がある資金運用を行うことになるため、その運用戦略は金銭面から見て不利なものになるはずです。ところが、資金提供者とファンドの間に「依頼人・代理人問題」があり「経済的利益の追求こそが経済的利益の獲得機会の喪失を招く」という逆説的な状況では、非経済的目標の追求という一見したところ非合理な投資戦略が金銭面から見ても有利なものとなり経済的合理性を持つようになるのです。

10.6　ヘッジファンドと「戦略的補完性」の復活

以上のように、市場で安定化作用が働くか否かは状況依存的です。この点に関して、市場の不安定化要因として捉えられることが多い「ヘッジファンド」を取り上げ、問題をより深く掘り下げて考えましょう。

「ヘッジファンド」の特徴については、様々な着眼点がありますが、ここでは伝統的な「投資信託」と比較して以下の特徴に着目します。①証券の買い持ちのみを運用戦略とする伝統的なファンドと異なり、資金の借入、証券の空売り、デリバティブの組み入れなど、様々な運用戦略を持つ。②運用戦略がファ

ンドの革新的なアイデア、すなわちイノベーションに基づくものであり、戦略についての事前公表がなじまない。③運用戦略が固定的ではなく、状況に応じて裁量的に変更される。

　これらの特徴は、「ヘッジファンド」の運用戦略の内容やその採用意図について外部からの追跡が難しいという状況を生み出します。すなわち、「依頼人・代理人関係」の視点から見たとき、「ヘッジファンド」の資金提供者と運用者の間には著しい「情報の非対称性」が生まれる素地があるのです。

　「情報の非対称性」は、先に述べたファンドへの逆説的な資金配分を発生させる原因となります。とくに、市場が「情報の非対称性」のもたらす非効率性を吸収できないならば、「ミスプライシングの拡大がミスプライシングのさらなる拡大を生む」という不安定性が生じます。市場が非効率性を吸収できない典型的なケースとしては、以下の状況が考えられます。

■ 横並び行動

　まず、資産運用における「**横並び行動（herd behavior）**」が挙げられます。「横並び行動」が生じると、多くの運用者の戦略が一定の偏りをもって類似してしまいます。こうした行動を引き起こすメカニズムとしては以下のものが考えられます。第1は、ある戦略を先行して採用したファンドがある場合、続いて戦略を採用するファンドは、先行するファンドの戦略を見て、それに何らかの採用理由があると判断して追随するというものです。とくに、先行するファンドの成績がよい場合、そのファンドが優れた能力を持っているとの推測が広がり、他のファンドがそれを模倣する動機が高まります。そして、次々に類似のファンドが誕生すると、その特定の戦略への信頼がさらに高まり盲目的な模倣が広がるのです（こうした現象を「**情報の雪崩現象（informational cascade）**」といいます）。

　第2は、資金提供者のファンドに対する評価が**相対パフォーマンス評価**（relative performance evaluation）によってなされる場合です。このような場合、他のファンドと同じことをしていたのでは平均並みの評価しか得られないため、運用者には自らのファンドの異質性を高める動機があるともいえます。しかし、運用者が保守的な態度（地位の維持への関心など）を有する場合、他

のファンドに比べて自らのファンドの成績が大きく悪化すると、それが能力や努力の欠如の現れだとして解任されてしまう危険を回避するために、やはり「横並び行動」に従うケースが生まれるのです（間違った行動であっても、皆で行えば恐くない）。このような「横並び行動」は、多様性に乏しい運用戦略が市場を覆う状況を生み、「情報の非対称性」の問題への市場の抵抗力を弱体化させてしまいます。

■ 厚みのない市場

規模が小さく参加者が限定的な「**厚みのない市場**（thin market）」で多額の資金を運用するファンド（"プールの中のクジラ"）が存在するとき、「情報の非対称性」の問題への市場の抵抗力は弱体化するといえます。そのような市場では、運用成績の悪化に伴う資金の引き揚げの「マーケット・インパクト」が大きく、そのインパクトを打ち消す新たな市場参加者の参入も限られるためです。たとえば、運用に高度な分析能力が必要となる複雑なデリバティブの市場や個々の市場に特有の知識や情報へのアクセスが必要な**新興市場（エマージング・マーケット：emerging market）**は、市場参加者が特定の専門家を中心にした狭い範囲に限られるため、このような状況が起こりやすい市場といえます。

■ 借入、空売り、デリバティブ

ファンドが資金の借入、証券の空売り、あるいはデリバティブ取引など、将来時点での固定的な返済や支払いの約束を伴う運用を行っている場合には、契約不履行のリスク、すなわち「信用リスク」に伴う問題が新たに発生します。

こうした運用戦略を採用するファンドは、自己資金（ファンド自身の資金とファンドに資産運用を委託した出資者の資金）をはるかに上回る資金を運用することができ、戦略が成功したとき高い収益を上げられるというメリットがあります。たとえば、割高と判断される証券を借入した上で売却し、その資金で割安と判断される証券を購入して担保として差し出せば、原理的には借入に応じてもらえる限りポジションを拡大していくことができます。ただし、このような"裁定"は、運用者が自らの相場観に基づき、割高・割安の判断をするも

のであり、つねに採用された戦略が高い収益を上げるのに成功するとは限りません。そこで、想定される「信用リスク」に対して、購入した証券に加えて追加的に担保を差し出さねばなりません（つまり、購入した証券の担保価値は割り引かれて評価されるのです——この割り引かれた評価を担保の**掛目**（かけめ）といいます）。

このような形で運用を行うファンドの問題は、ミスプライシングの拡大など、一時的にせよ、運用戦略が予定していたのとは反対の市場環境が出現するとき表面化します。担保価値の下落や担保要求の厳格化から、担保追加（**追証**（おいしょう）といいます）のための資金の必要に迫られるからです。このとき、ファンドの運用成績の悪化に基づき、金融機関などには資金の引き揚げの意図が強まっており、資金の必要を新たな借入で満たすのは困難かもしれません（掛目の低下やクレジット・ラインのキャンセルなど）。結果として、資金の必要が満たされないファンドによるポジションの清算とそれに伴う資産の投げ売り、さらには契約不履行の発生によるファンド破綻の影響が多方面に波及する伝染効果——**ヘッジファンド危機**——が発生し、経済に予期しがたい打撃を与える懸念があるのです。

以上のように、市場が「情報の非対称性」の影響を吸収できないケースで注目すべきことは、「市場でミスプライシングが拡大し他の資金提供者が一斉にファンドの解約をするとき、市場のミスプライシングがさらに拡大するので、自分もファンドを解約した方がよい」という一種の「争奪競走」が生じる点です。すなわち、資金提供者の行動の間に「戦略的補完性」が存在し不安定性が生じるのです。[*9]

10.7 預金とヘッジファンドの類似性
——政府介入の意味

いままでの解説から、安全資産と考えられている預金と"非常に危険な資産"との印象を持たれている「ヘッジファンド」の間には、意外な類似性が存在することが見てとれます。つまり、それらの金融商品を「委託された資産運

用」という視点から見たとき、資金提供者の間の相互依存関係が「戦略的補完性」を持ちやすいという類似性が存在するのです。とくに、銀行取付、ヘッジファンド危機ともに、資産運用者が要求される資金の必要を満たすことができず破綻する流動性不足による危機（流動性危機）を呈する点が注目されます。

　民間部門にある相互依存関係が「戦略的代替性」であるとき、そこには自律的な安定化作用が働きます。したがって、その場合、政府が民間の経済活動に介入することに強い意義を見出すことはできません。しかし、銀行取付やヘッジファンド危機のように、民間部門に「戦略的補完性」による不安定化作用があるとき、流動性危機を回避し金融システムの安定化を図る政府の介入には一定の意義が見出せます。

　この点について、1998年のヘッジファンド危機——LTCM（Long Term Capital Management）破綻——に際して、ニューヨーク連銀の採った政策対応は示唆的です。危機に際して、連銀は直接の資金投入をしたわけではありません。しかし、自らコーディネーターとして民間金融機関に協調的な資金供給を促し、LTCMのポジションを買い取らせました。そのことによって、ファンドによるポジションの清算とそれに伴う資産の投げ売り（ミスプライシングの拡大）、さらには契約不履行の発生による予期できない伝染効果を防止することができたのです。つまり、連銀のコーディネーションは、「戦略的補完性」の下での資金提供者の行動を「争奪競走」から「資金供給へのコミットメント」に転換させることに成功したといえるのです。

---

*9　以上のプロセスは、第4章のコラム4.1で述べた2つの流動性（「どれだけ容易に新規の資金調達ができるかという流動性」と「どれだけ容易にすでに保有している証券を換金できるかという流動性」）が、危機の進行の中でお互いがお互いを強める形で枯渇していくことを示しています。すなわち、資金運用者や裁定取引者が保有している証券の価格下落によって予想外の損失を被ると、ファンドの解約や追証の発生により彼らは資金調達の困難に直面します。すると、彼らは、証券が割安で本来ならば買い注文を入れるべきタイミングで、むしろ資金調達のために保有している証券の売却を強いられることになります。こうした買い手不在の中での証券の投げ売りは、資金運用者や裁定取引者を証券換金の困難に直面させると同時に証券のさらなる価格下落をもたらすため、流動性枯渇の悪循環が続いてしまうのです。Brunnermeier, M.K. and L.H.Pedersen, "Market Liquidity and Funding Liquidity," *Review of Financial Studies*, Vol. 22, 2009, pp. 2001-2238は、こうした危機を深刻化させる流動性枯渇の悪循環を「流動性スパイラル（liquidity spiral）」と呼び詳しく理論分析していますので、合わせて参照してください。

ちなみに、引き継がれた LTCM のポジションは、危機後のミスプライシングの縮小とともに、協調的な資金供給をした金融機関に大きな収益をもたらしたといわれています。すなわち、LTCM は、採用した運用戦略は間違っていなかったが、一時的なミスプライシングの拡大による運用成績の悪化を乗り切れず破綻したということが、図らずも明らかになったわけです。この点で連銀の対応は、市場におけるミスプライシングの一方的な拡大を未然に防ぎ、市場の効率性を回復する"市場救済型"の介入となったという評価ができるかもしれません。[*10]

議論してみよう

「価格がファンダメンタルズを下回る割安な証券が存在するとき、その証券を購入して値上がり益（キャピタル・ゲイン）を得ようとする投資家が積極的に買い注文を入れる。したがって、証券市場で割安な証券の存在が長続きすることはない」との意見があります。あなたは、この意見に賛成ですか、それとも反対ですか？　あなたの考えを、あなたがそのように考える理由とともに説明してください。

---

*10 もっとも、「LTCM は破綻し、市場は救済された」といっても、間接的には LTCM に関わった金融機関が救済されたことに変わりはありません。したがって、このような介入がヘッジファンドの過大なポジションをバックアップする資金提供者のモラル・ハザードをより深刻化させるのではないかという疑念は、慎重に検討すべき課題として残されています。

第11章

バブル
―― 生成原因と実体経済との関係

資産価格がファンダメンタルズから乖離する現象は、バブルと呼ばれます。本章では、2007年に顕在化し世界を巻き込む金融危機に発展した「サブプライム・ローン問題」においてバブルが果した役割を視野に入れながら、バブルと実体経済の関係について考えます。とくに、バブルの生成メカニズムを検討し、どのような実体経済の環境の下でバブルが生成しやすくなるのかについて議論します。また、バブルの生成が実体経済にどのような影響を及ぼすのかについても議論します。

11.1 「サブプライム・ローン問題」とバブル

資産価格がファンダメンタルズから乖離する現象は、バブルと呼ばれます。このバブルという現象、そして、バブルと実体経済の関係を考えるにあたり、まず、2007年に顕在化し世界を巻き込む金融危機に発展した「**サブプライム・ローン（subprime mortgage）問題**」を取り上げ、問題の背景と経緯を振り返ります。そして、金融危機の発生に関してバブルが果たす役割について考えます。

■「サブプライム・ローン問題」の背景と経緯

「サブプライム・ローン問題」の発端は、1990年代後半から進められたアメリカの「持ち家政策」に遡ります。当時のクリントン民主党政権は、高所得層や中所得層のみならず、低所得層も住宅を取得することを奨励し、低所得層への住宅ローンを住宅減税や政府による住宅ローン保証の拡充などを通じて後押ししました。さらに、その後を受けたブッシュ共和党政権も、国民が自らの財産を所有して自立する「所有者社会（オーナシップ・ソサエティー）」の実現を謳い、幅広い階層の国民が住宅を取得することをやはり住宅減税や政府による住宅ローン頭金の融資などを通じて奨励しました。このように相異なる2つのイデオロギー（政府による格差是正と政府依存からの脱却）に基づき、国民の住宅取得の可能性を広げるという同じ目標を持つ政策が推進されたのです。

こうした「持ち家政策」は、住宅ローンの借り手の範囲を、従来の優良借り手（プライム層）と比べてより信用リスクが高い下位の借り手（サブプライム層）へと広げるものでした。なぜ、このような質の低い住宅ローンであるサブプライム・ローンの普及が許されたのでしょうか？　ここで利用されたのが資産証券化の技術です。

サブプライム・ローンは、信用リスクが高い借り手への住宅ローンであるため、ハイリスクの資産であることに間違いはありません。しかし、たとえ個々の借り手の信用リスクが高くても、多くの借り手のローンをプールすれば、互いのリスクが相殺し信用リスクを低減した資産を創り出せます。また、ローン返済のキャッシュフローをパス・スルーするのではなく、優先部分と劣後部分に分けてリスクの異なるさまざまな証券化商品を生み出せば（あるいは、クレジット・デリバティブ契約——CDSなどの貸倒れ保険——によってリスクを抜き去れば）、やはり信用リスクを低減した資産を創り出せます。

ただし、住宅ローンのプールによって、"安全資産"が創り出されるためには、借り手の債務不履行が一斉には発生しないという前提が必要です。いいかえれば、借り手を同時に襲う負のショック（負のマクロ・ショック）があってはならないのです。また、返済のキャッシュフローを切り分けた結果、"安全資産"（＝優先部分）が創り出されるとすれば、その裏では元のサブプライム・ローンより、さらに「リスクが濃縮された」きわめてハイリスクの資産

(＝劣後部分) が同時に創り出されていることも注意しなければなりません。

とくに、サブプライム層は低所得層であり、住宅ローンの返済は、その所得だけでなく、ローンによって購入された住宅の価格（担保価値）の上昇を前提にするものでした。住宅価格が上昇する限り、たとえサブプライム層の所得がローンの返済に不十分なものでも、住宅を売却すれば返済が可能になるからです。実際、住宅価格の上昇が住宅購入層の範囲を拡大するサブプライム・ローンの存在を支える、一方、サブプライム・ローンの存在が住宅購入層の範囲を拡大して住宅価格の上昇を支えるという循環が生まれていたのです。

しかし、このことは、循環の方向が逆転した場合、「住宅価格が下落し、サブプライム・ローンの存在基盤が崩れ、さらに住宅価格が下落する」という形で住宅価格の下落とサブプライム・ローンの縮小が同時発生することも意味しています。現実にも、アメリカの住宅価格は、2006年中頃に低下し始め、住宅ローンの借り手に対する負のマクロ・ショックが顕在化しました。このため、2007年に入るとサブプライム・ローンの債務不履行の増加とそれを反映したサブプライム・ローン関連の証券化商品の価格急落が始まったのです。

こうした「サブプライム・ローン問題」の発生に起因して、2007年夏には、欧州の大手金融機関BNPパリバが傘下のファンドの解約を凍結するという「パリバ・ショック」を引き起こしました。この「パリバ・ショック」は、流動性枯渇の悪循環（資金調達難がもたらす資産売却が、資産の担保価値を下落させ、資金調達難を増幅するという悪循環：第10章6節を参照）を招き、短期金融市場において資金提供者が消滅する事態をもたらしました。また、2008年春になると、アメリカの投資銀行ベアスターンズが短期資金の調達難に陥り、連邦準備制度（アメリカの中央銀行）の支援の下、JPモルガンチェースに救済合併されました。

2008年夏から秋にかけては、住宅ローン証券化の先兵であった政府系住宅金融会社、ファニーメイ（連邦住宅抵当公社）とフレディマック（連邦住宅金融抵当金庫）が公的管理の下に置かれ、投資銀行メリルリンチがバンクオブアメリカに救済合併されたのです。

そして、ついにサブプライム・ローンの証券化に深くかかわることにより業績を拡大してきた投資銀行リーマン・ブラザーズがアメリカ史上最高の負債額

を抱えて破綻する「リーマン・ショック」が発生すると、金融危機はクライマックスを迎えました。この後、保険会社 AIG がクレジット・デリバティブ契約に伴う損失拡大から経営難に陥ると、連邦準備制度は、契約を媒介とした金融機関の連鎖破綻を恐れ、自ら資金供給を行い AIG の救済に乗り出すことになったのです。こうして、「サブプライム・ローン問題」は大規模な金融危機に発展し、以後、金融面に止まらず、世界経済の実体面での急激かつ深刻な収縮をもたらしていきます。

金融技術と金融危機

　このように、「サブプライム・ローン問題」が金融危機に発展する過程には、証券化商品の存在が深くかかわっていました。このため、当初は、証券化商品の存在こそが金融危機の原因であるとする見解が流布しました。いわゆる「金融技術悪玉論」がもてはやされたのです。しかし、以上で見た危機の背景と経緯からもわかるように、金融技術の問題（住宅ローン拡大に利用された証券化商品の技術的な弱点）と金融危機の原因（政治色の強い「持ち家政策」を起点とする住宅価格の急騰・急落）を分けて考えることも重要です。以下では、この点を念頭に置いて、現実に起きた現象、流布した見解、そして、金融理論の予測を見比べながら、金融技術と金融危機の関係について考えることにしましょう。

　第8章4節でみたように、資産証券化の技術には、「所有と使用・管理の分離」による「情報の非対称性」問題の発生という弱点があります。情報開示の仕組みが十分でないと、ハイリスクの原資産を背後に持つ証券化商品を販売する「逆選択」問題や原資産の適切な使用・管理を怠る「モラル・ハザード」問題が発生するからです。

　とくに、金融機関にとって、資産証券化とは、原資産を組成し、そこから創出した証券化商品を投資家に販売する「**組成・転売**（originate-to-distribute）」のビジネスに他なりません。このため、「転売」によってリスクを免れられるのをよいことに、金融機関がハイリスクの原資産からハイリスクの証券化商品を大量に創出し、それをリスク評価能力がない投資家に販売してリスクを世界に拡散したのだ、とする見解が流布したのです。実際、サブプライム・

ローン関連の証券化商品には、初歩的なリスク管理に欠けたものや意図的にリスク評価の基準を緩めたハイリスクの金融商品が多く含まれていました。しかし、その一方で、こうした資産証券化の技術的な弱点によって金融危機が発生したとする説明では十分に捉えられない事実も存在しています。

第1に、金融危機のクライマックスとなったのは、「転売」を行い、リスクを免れているはずの大手の金融機関の破綻でした。すなわち、金融機関は、ハイリスクのサブプライム・ローンとそれを原資産としたハイリスクの証券化商品（とりわけ、「リスクが濃縮された」劣後部分）を自ら保有していたのです。とくに、金融機関が大量保有していたハイリスクの証券化商品は、「転売」できずに売れ残った在庫といった性格のものではなく、能動的な投資の結果であった点が注目されます。

なぜ、流布した見解とは反対に、金融機関は、「転売」するはずのハイリスクの資産を自ら抱え込み、免れられるはずのリスクを自ら引き受けていたのでしょうか[*1]？

第2に、リスク評価が困難で、リスクの所在がわからないような（第8章コラム8.2を参照）証券化商品は、投資家にとって魅力的な金融商品にならないはずだという点も重要です。なぜなら、そうした品質が不明瞭な資産（すなわち、「レモン」）は、投資家からの需要を失い、その取引を行う市場は縮小していくはずだからです。実際、第2章2節で議論した「逆選択」や「モラル・ハザード」の理論は、「情報の非対称性」が存在しなければ成立すべき望ましい市場が「情報の非対称性」のために潰れてしまうことを問題にしていました。

[*1] 投資銀行や傘下のファンドなどは、短期負債（ABCP——担保付きコマーシャル・ペーパー——やレポ取引——買戻し条件付きの債券売却——）によって調達した資金で、自らハイリスクの原資産と証券化商品の保有を行っていました。この点で、資産証券化のプレーヤーは、結果的に、伝統的な銀行業と同じく一種の資産変成（危険資産・非流動資産の保有と他者への安全資産・流動資産の提供）の機能を果たしていたといえます。ただし、こうした資産変成に伴う「リスク負担の集中」や"取付"（＝短期負債の借換え不能）の可能性」いう脆弱性にもかかわらず、それらプレーヤーは、銀行と同じレベルでは当局の金融監督の対象になっていませんでした。また、そのため、監督と引き換えに与えられる保険制度や当局の支援制度の対象にもなっていませんでした。このように、金融システムにおいて、事実上は伝統的な銀行業と類似の機能を果たしながら、制度上は銀行に適用される「規制と保護の体系」の枠外で活動し、そのビジネスが持つ本源的な不安定性に対して政策的な手当てがなされていない金融機関は、「**影の銀行（shadow banking）**」と呼ばれます。

すなわち、それは、成立すべきでない望ましくない市場の驚異的な拡大を予測するものではなかったのです。

なぜ、金融理論の予測とは反対に、投資家は、リスク評価が困難で低品質かもしれない証券化商品を敬遠することなく購入し、その市場の拡大を招いたのでしょうか？

以上の疑問に示されるように、「サブプライム・ローン問題」については、「情報優位者」とされる金融機関も、「情報劣位者」とされる投資家も、ともにハイリスクの証券化商品に対して、きわめて積極的な投資を行っていた点に注目しなければなりません。すなわち、金融機関と投資家の間に「組成・転売」ビジネスに付き物の「情報の非対称性」問題が存在したのは事実としても、金融危機の本質的な原因を探ろうとすれば、むしろ「情報優位者」にも「情報劣位者」にも、問題の存在を"無視する"かのような投資行動を取らせた要因を検討することが必要なのです。

バブルと金融危機

それでは、何が、金融機関や投資家に、こうした向こう見ずな投資行動を取らせたのでしょうか？　この疑問を解く鍵がバブルという現象です。本書でもすでに登場したように、バブルとは、資産価格がファンダメンタルズから乖離する、より典型的には資産価格がファンダメンタルズから乖離して上昇していく現象のことです。したがって、バブルが生成した資産（以下、「バブル資産」と呼びます）の保有者は、その資産が実体的な収益を何ら生まない場合でも、資産価格の上昇から値上がり益を得ることができます。

このように、「バブル資産」は、原理的には、ファンダメンタルズがゼロでも投資対象となる資産です。したがって、バブルが生成していれば、サブプライム・ローン関連の証券化商品のように"たかだか"リスク評価が困難で低品質かもしれないというだけでは、その資産への投資を躊躇する理由にはならないのです。むしろ、住宅バブルがもたらす住宅の担保価値の上昇がローン返済の裏付けとなっている限りは、バブルの値上がり益を「より濃縮した形で」手に入れられるサブプライム・ローン関連の証券化商品は、金融機関や投資家の目にきわめて魅力的な投資対象として映っていたはずです。すなわち、住宅バ

ブルによって高い信用リスクが表面化しない間は、サブプライム・ローン関連の証券化商品は、金融機関や投資家によってあたかも"安全で高収益な"資産のように扱われていたのです。*2

　こうして、金融機関や投資家が住宅バブルに支えられた証券化商品バブルを大きな収益機会と捉え証券化商品を購入する、一方、そうした証券化商品の購入がサブプライム・ローンの組成を後押しし住宅バブルを支えるという自己強化メカニズムが働くことになりました。実際、この自己強化メカニズムの中で、アメリカの住宅価格指数は、2000年代に入り「サブプライム・ローン問題」が顕在化する2007年までの短期間に約2倍になるという驚異的な高騰をみせたのです。

　しかし、実体的な収益がない「バブル資産」が魅力的なのは、バブルが続いている間に限られます。したがって、住宅価格があまりに高騰し住宅購入者が減少するなど住宅価格の上昇にとって不利な要因が意識されると、バブルの崩壊が始まります。中でも、「バブル資産」を借入により購入していた人々は、資産価格が下落する一方で負債額は減少しないため、資金返済に行き詰まることになります。すなわち、支払い能力不足から、サブプライム・ローンの債務不履行、そして、証券化商品の価格急落が発生し、証券化商品への投資を行っていた金融機関や投資家の中にも債務不履行に追い込まれる者が現れるのです。

　とくに、バブルの生成による資産価格の上昇は、多くの主体が同時的に「ある資産の価格がさらに上昇すると予想してその資産を高値で購入していく」という一種の「横並び行動」によって生じています。したがって、バブルが生成している状況とは、多くの主体が同じ内容の投資行動を取っている状況に他なりません。こうした一様な投資行動の蔓延は、バブルが崩壊した場合にも、多

---

*2 格付け機関も、サブプライム・ローン関連の証券化商品に高い格付けを与え、その魅力にお墨付きを与えていました。確かに、サブプライム・ローン関連の証券化商品の"安全性"の源泉が実体的な収益の裏付けのない住宅バブルであるという点まで考慮に入れれば、決してそれら証券化商品に高い格付けが与えられることはなかったでしょう。しかし、格付け機関は、あくまでも「証券化商品の格付け」をしていたのであり、「住宅バブルの評価」をしていたのではないのです。ここに、住宅価格の上昇がサブプライム・ローン返済の裏付けとなっている限りは、その事実を与件とした証券化商品の格付けは高いものになってしまうという格付けの方法論上の問題があったのです。

くの主体が同時的に多額の損失を抱え支払い能力不足に陥る状況を生み出します。さらに、まだ支払い能力不足に陥っていない主体も、同じ内容の投資行動をしているならば、遅かれ早かれ同様の問題を抱えるに違いないと推測され資金調達が難しくなるなどの困難に直面することになります。こうして、きわめて広範な主体が（問題が顕在化した者も、顕在化していない者も）一斉に金融取引を行えなくなる状況が発生し、経済が「全面的な」金融システムの機能停止、すなわち、金融危機に至るのです。

「サブプライム・ローン問題」が金融危機に発展する過程では、過去の金融危機と違い、証券化商品をはじめとする金融技術のあり方に大きな注目が集まりました。しかし、危機前に取られた投資行動や危機後に現われた問題の発生パターンを見る限り、危機の本質的な原因は、過去の危機（たとえば、日本の90年代金融危機など）と同じ「バブルの生成と崩壊」にあったといえそうです。確かに、証券化商品の存在は、サブプライム・ローンの組成を容易にして住宅購入者への資金供給のパイプを太くしたという点では住宅バブルの加速要因であったことに間違いはありません。しかし、そうだとしても、「金融技術悪玉論」のように資産証券化の技術的な弱点、とりわけ、その略奪的な性格が危機を招いた主因だとするのはやや一面的で要点を外した見方だといえます。その意味で、やはり「今回の危機は過去の危機とは違う」ということはなかったのです。

このように、「バブルの生成と崩壊」は、大規模な金融危機の発生に関して中心的な役割を果たすものと考えられます。次節からは、この事実を踏まえて、バブルと実体経済の関係について議論します。そして、バブルの生成、ひいては金融危機の発生に対して抵抗力を持つ経済のあり方について考えていきます。

11.2 バブルが生成する経済環境

バブルと実体経済の関係を議論する出発点として、まず、バブルがどのよう

な経済環境の下で生成しやすいのかを考えましょう。

バブルは、「ある資産の価格がさらに上昇するという予想を持った多くの主体が値上がり益を求めてその資産を高値で購入していく」ことにより生じる資産価格のファンダメンタルズからの乖離です。このため、それは、人々の予想が自己実現する実体経済から切り離された資産価格の変動のように捉えられることもあります。

しかし、1国全体や複数の国々を巻き込むような大規模で持続性のあるバブルが生成する経済環境には、一定の共通点が見出せます。以下では、バブルが生成しやすい実体経済の特徴について検討し、なぜ、そうした経済環境の下でバブルが生成しやすいのかを考えます。

実体的な収益を生む資産と「バブル資産」の競合

バブルが生成している資産があるとき、人々は資産運用にあたり、自らの投資資金を実体的な収益を生む資産に投資するか、「バブル資産」に投資するか、を選択することになります。

実体的な収益を生む資産の代表として挙げられるのは、企業が行う生産活動に投入される生産要素としての実物資本です。工場・店舗や機械設備、さらに広くいえば生産技術などがそれに含まれます。実物資本が生産活動を通じて生み出した収益は、企業が発行した証券の購入し企業に実物資本の購入資金や開発資金を提供した投資家に分配されていきます。これに対して、「バブル資産」には、実物資本のような実体的な収益の裏付けはありません。このため、「バブル資産」の収益は、その資産のファンダメンタルズとは無関係な資産価格の上昇がもたらす値上がり益になります。

もちろん、人々がそれぞれの資産にどのように資金を投資するかの決め手となるのはそれぞれの資産を保有した場合の期待収益率です。この点で、経済に存在する投資資金を所与としたとき、両資産は、投資資金の配分をめぐって競合する関係にあるといえます。したがって、投資資金の量と比べて、実体的な収益を生む収益性の高い投資機会が多ければバブルは生成しにくくなり、少なければバブルは生成しやすくなるのです。

このことをわかりやすく理解するために、以下の2つのケースを比較してみ

ましょう。1つ目は、実体的な収益を生む有望な投資機会が多く、実物資本の期待収益率が高いケースです。この経済では、投資資金の多くは、高い収益率を求めて実物資本に投資されていきます。すなわち、そこでは、「バブル資産」に投資されていく資金が少ないことになります。「バブル資産」に投資されていく資金が少ないと、「バブル資産」の価格上昇は大きくならず、その値上がり益も小さくなります。したがって、このような経済では、「バブル資産」を保有することの期待収益率は低くなり、「バブル資産」は有利な投資先ではなくなります。結果として、「バブル資産」への投資はさらに抑制され、バブルが膨張しない「非バブル経済」が成立するのです。

　2つ目は、実体的な収益を生む有望な投資機会が少なく、実物資本の期待収益率が低いケースです。この経済では、人々は、収益率の低い実物資本に多くの資金を投資するのではなく、実体的な収益はなくとも値上がり益が見込める「バブル資産」に行き場を失った資金を投資していく可能性が生じます。そして、人々がそうした投資行動を取れば、「バブル資産」の価格上昇は大きくなり、その値上がり益も大きくなります。したがって、このような経済では、「バブル資産」を保有することの期待収益率は高くなり、「バブル資産」は有利な投資先となります。結果として、「バブル資産」への投資はさらに促進され、バブルが膨張する「バブル経済」が成立するのです。

　このように、バブルは、投資資金の量に比べて、実体的な収益を生む収益性の高い投資機会が少ない経済（存在しているものの容易に見つからない経済も含む）において生成しやすいものといえます。確かに、バブルは、資産価格のファンダメンタルズからの乖離であり、一見したところ、実体経済から切り離された現象のようにも見えます。しかし、ある経済が「バブル経済」になりうるか否かは、その経済において実体的な収益を生む有望な投資機会が多いか否か、とりわけ、実物資本の期待収益率が高いか否かに依存するのです。この意味で、バブルは、決して実体経済と無関係の現象ではなく、むしろ"実体経済の力"を映し出す鏡といってよい現象なのです。

■「シナリオ」の形成と共有

　もっとも、以上のメカニズムは「バブル経済」出現の可能性を述べたもので

あり、「投資資金の量に比べて、実体的な収益を生む有望な投資機会が少ない」という環境の下で、つねに大規模で持続性のあるバブルが生成するというわけではありません。たとえば、人々が「バブル資産」に行き場を失った資金を投資していくとしても、「バブル投資」の対象となる資産や人々の「バブル投資」のタイミングがばらばらならば、バブルの膨張は限られたものとなります。したがって、「バブル資産」が魅力的な投資対象となるためには、ある限られた範囲の資産に同時的に投資が行われ、その資産に十分な値上がり益が生じるとの予想が成立しなければならないのです。

このため、バブルの生成にあたっては、人々の投資行動を収斂させるような「シナリオ」が形成されることが多いといえます。すなわち、バブルの生成には、ありうるさまざまな「バブル投資」のパターンの中から特定のパターンを「焦点（focal point）」としてピックアップし、それに人々を同調させるような「集団的に共有されるシナリオ」が伴うことが多いのです。

たとえば、1980年代後半の日本の不動産・株式バブルでは、伝統的な「土地神話（地価下落が起こらない国土の狭い日本）」に加えて、「東京の国際金融センター化によるオフィス不足」、「含み資産相場（帳簿上の価値を大幅に上回る価値の不動産を保有している日本企業）」など、主に不動産をテーマに人々の予想をコーディネートする一群の「シナリオ」が形成されました。

また、1990年代末から2000年代にかけてのアメリカの「IT バブル」では、IT 技術の劇的な発展によって景気循環が消滅するという「ニューエコノミー論」に基づき、好景気の恒久化とIT 産業の加速的な成長が謳われ、IT 企業の株式への投資を盛り上げる一群の「シナリオ」が形成されました。

これらの「シナリオ」は、確かに一部は真実でありながらも、全体としては現象を誇張した非現実的な内容を多く含むものでした。実際、バブルの崩壊が始まると、こうした「シナリオ」の"神話"部分と現実との食い違い－下落する日本の地価、遠のく東京の国際金融センター化、バブルに支えられていた不動産の含み益、消滅しない景気循環、IT 企業の低収益性など－が明らかとなり、そのことによる「シナリオ」の瓦解がさらにバブルの崩壊を推し進めていくという事態が生み出されたのです（コラム11.1）。

COLUMN 11.1　グリーンスパン・プットとグローバル・インバランス

　バブルは、豊富な投資資金が存在する一方で、実体的な収益を生む有望な投資機会が少ないとき生成しやすくなります。それでは、「サブプライム・ローン問題」を発生させ、金融危機を招いたアメリカの住宅バブルは、どのような経済環境の中で生成したのでしょうか？

　まず、アメリカの住宅バブルの生成環境として注目されるのは、アメリカにおける金融緩和の長期化です。「ITバブル」崩壊後のアメリカの金融緩和は、2001年の初頭から2004年半ばまでの異例の長期間にわたりました。とくに、この間、アラン・グリーンスパン議長が率いる連邦準備制度理事会（FRB：連邦準備制度の意思決定機関）の政策スタンスは、「**資産価格の高騰がバブルか否かは、バブルが崩壊してはじめてわかる。したがって、バブルについては、あらかじめそれを潰そうとするのではなく、それが潰れた後に潤沢な資金供給を行うなど、事後の政策対応を積極的に行うべきだ**」というものでした。このため、人々は、「バブルが崩壊したならば、連邦準備制度は大胆な金融緩和を行って経済の落ち込みを防いでくれる」と期待するようになりました。

　すなわち、金融緩和の長期化によって、現実に大量の資金が経済に供給されていただけでなく、資産価格の下落に合わせてさらに大量の資金が経済に供給されるとの期待が持たれていたのです。とりわけ、このようなバブルに対する「後始末型の政策対応」は、投資家に政策当局からプット・オプション（資産価格の下落に対する保険：第6章脚注8を参照）が与えられているようなものだと解釈され、「**グリーンスパン・プット（Greenspan put）**」と呼ばれるようになりました。「バブル投資」を行った投資家には、あたかも「バブルがもたらす値上がり益は自分のものになる一方で、バブル崩壊の損失は政策当局が一定の範囲内に抑えてくれる」との想定が広がっていたといえます。このように、住宅バブルが生成したときのアメリカには、人々に過度のリスク・テイキングを促すような形で豊富な投資資金が用意されていたのです。

　次に、バブルの生成環境としては、「**グローバル・インバランス（global imbalance）**」と呼ばれる国際的な経常収支不均衡の存在にも注目する必要があります。2000年代に入り、中国をはじめとするアジア諸国や資源輸出などの新興経済諸国が経常収支黒字国（資金余剰国）となる一方で、アメリカが経常収支赤字国（資金不足国）となることにより、世界の貯蓄・投資バランスが保たれるという傾向がいっそう顕著になっていました。

　とくに、この時期、新興経済諸国は、急速な経済成長や資源価格の高騰の結果として大量の投資資金を抱えていました。しかし、それら諸国の金融システムはいまだ十分に発達していなかったため、投資先としての優良な資産（安全性が高いあるいは収益性が高い資産）を大量には用意できませんでした。いわば、これらの諸国には、「資金は豊

富だが、有望な投資機会が見えない」状況が生まれていたのです。

このため、これらの諸国の資金は、それらの諸国の国内でバブルを生成させるだけでなく、海外に投資され国外でもバブルを生成させる結果をもたらしました。とくに、資金の主な受け皿となったのはアメリカの金融市場でした。こうしたアメリカへの資金流入の集中は、アメリカの金融システムが、新興経済諸国のニーズに応える形で、優良な資産を提供できる金融技術を発展させていた事実を反映するものでした。

実際、中国をはじめとするアジア諸国は、国内で不動産バブルなどを生成させながらも、同時に経常収支黒字を維持しアメリカに大量の資金を供給しました。また、産油国など資源輸出国も、欧州の金融機関などを通じて、やはりアメリカに大量の資金を供給しました。欧州の金融機関は、資源輸出国から流入した資金でアメリカのサブプライム・ローン関連の証券化商品を購入するなどして、事実上、新興経済諸国とアメリカを結ぶ金融仲介を行っていたのです（この金融仲介が、のちに「サブプライム・ローン問題」の発生とともに、欧州の金融機関に対してアメリカの金融機関に劣らぬ打撃を与えることになりました）。

もっとも、アメリカの金融システムが優良な資産を提供できる能力を持っているといっても、アメリカ経済も先進国型の成熟経済——「フロントランナー」成長の経済——であり、実体的な収益を生む有望な投資機会を次から次へと見つけられる経済というわけではありません。したがって、金融緩和の長期化と合わせて、今度は、アメリカに「資金は豊富だが、有望な投資機会が見えない」状況が生まれ、アメリカ自身が行き場を失った資金に対処しなければならなくなったのです。

1つのありうる対処は、金融引締めを行う、あるいは経常収支を黒字化すべく国内支出（アブソープション：absorption）を切り詰めるなどして、国内外からの資金供給を減少させることでした。しかし、現実には、現在時点において経済の縮小を招くこのような対処は選択されませんでした。むしろ、金融緩和の長期化や経常収支赤字の継続を前提として、供給された資金の投資先を実体的な収益のあるなしにかかわらず見つけ出す（創り出す！）という選択がなされたのです。こうした選択の中で、折しも存在した政治色の強い「持ち家政策」と「高度な金融工学を駆使した"安全で高収益な"住宅ローン証券化商品」という「シナリオ」が、投資資金を住宅および住宅ローンの「バブル投資」に呼び込んでいったのは、非常に自然な流れだったといえます。

このように、アメリカの住宅バブルは、国内外から供給される豊富な投資資金、国内外の投資機会の欠如、そして投資行動を収斂させる「シナリオ」の三拍子が揃う中で生成したきわめて典型的なバブルだったのです。

11.3 バブルが実体経済にもたらす影響

バブルは、資産価格がファンダメンタルズから乖離する現象です。このため、たとえバブルが生成しても、やがてバブルが崩壊すれば資産価格がファンダメンタルズに戻るだけで、実体経済にとくに影響はない（さらには、資産価格が本来あるべき値に戻るのだからバブルの崩壊は望ましい）と主張されることがあります。しかし、過去の歴史を振り返ると、1国全体あるいは複数の国々を巻き込むようなバブルの生成は、結果的に実体経済にきわめて大きなマイナスの影響を与えてきたといえます。

なぜ、バブルの生成や崩壊は実体経済に影響を与えるのでしょうか？　以下では、そのメカニズムを取り上げ、バブルと実体経済の関係をさらに検討します。

■ 生産能力の低下

バブルの生成が実体経済に与える影響で、まず取り上げるべきは、それが経済の生産能力を低下させるという点です。

バブルが生成していれば、実体的な収益が乏しい資産でも魅力的な投資対象となりえます。このため、収益性の低い投資プロジェクトでも資金提供がなされる、あるいは収益をまったく生まないような資産（たとえば、更地のまま放置される土地や入居者が見込めないマンションなど）でも購入がなされるようになります。資金提供者や資産購入者は、投資対象にファンダメンタルズから乖離する価格上昇を求めているのであり、実体的な収益の乏しさは問題とならないからです。

このため、バブルが生成すると、本来ならば収益性の高い投資機会に投資されるはずの資金が、収益性の低い投資機会や収益性がゼロの資産に投資されてしまいます。たとえば、実体的な収益はなくてよいのだから、企業が調達した資金は、第3章3節で議論した「お気に入り事業」や「帝国建設」のような経営者が私的便益を追求するための投資（経営者の効用を高める経営者にとって

の消費的な意味合いを持つ投資——"消費的投資"と呼びましょう）につぎ込まれてしまうかもしれません。すなわち、バブルの生成は、経営者の個人的な夢を実現するための採算無視のプロジェクトやその威信を高めるだけの企業規模の拡大（集客の裏付けのないリゾート開発や豪奢な本社ビルの建設など）を可能にしてしまうのです。

　また、バブルの生成により、保有資産の価値が上昇すると、人々の消費が増加します。資産価値が上昇したのだから、さらなる資産蓄積としての貯蓄は少なくてもよい（あるいはマイナスでもよい）というわけです。これが、一般に、バブルの「資産効果（wealth effect）」と呼ばれているものです。しかし、注意すべきは、人々の保有資産の価値が上昇したのは、あくまでも保有資産のうち「バブル資産」部分の価値が上昇したからだという点です。つまり、このとき、実体的な収益を生む資産については、その収益性も投資量も何ら増加していないのです。にもかかわらず、貯蓄が減少したりマイナスになったりすれば、実体的な収益を生む資産への新規投資が減少するあるいはその取り崩しが発生するなどして、蓄積が妨げられることになります。

　このように、バブルが生成すると、"消費的投資"をはじめとする低収益やゼロ収益の資産への投資や消費それ自体の増加が実体的な収益を生む高収益の資産への投資を押し退けてしまいます。すなわち、そこでは、「バブルの投資押し出し効果——クラウディング・アウト効果（crowding out effect）」が働くのです。

　実際、「バブル経済」は、バブルが崩壊するまでの間、"消費的投資"や消費の異常なまでの盛り上がりを経験します。また、「バブル経済」は、バブルが崩壊した後、その反動ともいうべき深刻な経済の落ち込みに直面します。これらの現象は、以上のメカニズムにより、バブルの生成が、現在時点において、人々に "消費的投資"や消費を前倒しで享受させてしまうことを反映しています。その結果、生産能力の向上に寄与する有益な投資が妨げられ、将来時点において経済は生産能力の低下に苦しむことになります。こうした一種の「享楽の先食い」現象が、バブルの生成に伴う現在時点における狂乱的な好景気と将来時点における深刻な経済停滞をもたらすのです[*3]。

「バブル代替」と資産価格の乱高下

本章2節では、バブルが生成するためには、人々の投資行動を収斂させる「シナリオ」が必要なことを見ました。ただし、このことは、長期にわたりバブルが生成する資産が不変であることを意味しません。バブルは、原則的にはあらゆる資産に生成することが可能であり、「シナリオ」も移り変わるからです。

この性質のため、経済全体が抱えるバブルの総量が変化するだけでなく、たとえそれが安定的に推移する場合でも、バブルが生成する資産が変化することにより、個々の資産には不安的で不規則な価格変動が発生する可能性が生まれます（図11-1）。たとえば、IT企業の株式にバブル（バブルA）が生成したかと思うと、それが崩壊して不動産関連の証券化商品にバブル（バブルB）が生成し、それが崩壊すると今度は国債にバブル（バブルC）が生成し、それに加えて資源・農産物にバブル（バブルD）が生成したかと思うと、それが収縮してバイオテック企業の株式にバブル（バブルE）が生成するといった具合にバブルが生成する資産は変化しながらもバブルそのものはなくならないという現象が生じるのです。このような個々の資産に生成するバブルが現れたり消えたりして移り変わる現象は、「**バブル代替（bubble substitution）**」と呼ばれます。[*4] この「バブル代替」の結果、「バブル経済」では、明確な理由を見つけられない資産価格の乱高下が次から次へと発生することになるのです。

とくに、こうした「理由なき乱高下」は反復性や再現性に乏しいことから、

[*3] もっとも、バブルの生成が経済の生産能力の向上にプラスの寄与をするケースもないわけではありません。1つは、「情報の非対称性」や「契約の不完備性」のために有望な投資機会を持ちながら資金調達ができない資金調達者が担保提供により資金調達が可能になるケースです。バブルの生成により、調達者の保有資産の価値が上昇して担保提供能力が高まれば、資金調達の制約を緩和でき収益性の高い投資を実行できるようになります。すなわち、そこでは、「バブルの投資引き入れ効果——クラウディング・イン効果（crowding in effect）」が働くのです。もう1つは、現在時点において収益性の低い「革新投資」が「バブル投資」の対象になり資金調達が可能になるケースです。この場合、その「革新投資」自体は、採算性の観点から投資を正当化できないものかもしれません。しかし、「革新投資」が実行されたことによって行われるさまざまな試みが"実験"としての意味を持ち、経済がその"実験"から多くのことを学習できれば、一種の「外部経済」効果によって経済の生産能力が向上していく可能性が生じます。

[*4] 「バブル代替」の理論や理論の現実への適用については、Tirole, J. "Asset Bubbles and Overlapping Generations" *Econometrica*, 53, pp. 1499-1528, 1985および櫻川昌哉『経済を動かす単純な論理』（光文社、2009年）を参照してください。

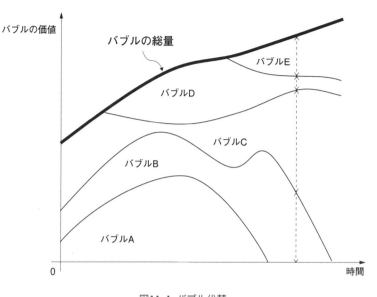

図11-1 バブル代替

それがもたらす価格リスクについては(人々が借入によって資産購入を行っている場合は信用リスクについても)、過去のデータに基づく予測や評価が難しくなります。また、そのため、リスクを分散化や移転によって軽減したり除去したりする適切な金融商品の設計もたいへん難しくなります。このようにして、バブルの生成は、科学的な手法で対処することが困難なリスクを経済に持ち込んでしまい、経済活動にあたり人々が直面する不確実性を質・量ともに高めてしまうのです。

価格の「情報収集・伝達」機能の劣化

第6章4節で議論したように、資産価格は、その資産を取引する人々が持つ情報を反映して形成されます。したがって、バブルの生成がないとき、資産価格は、人々が持つ資産のファンダメンタルズに関する情報を集計し、また、集計された情報を人々に伝達するシグナルとして機能します。

しかし、バブルが生成すると、資産価格は、ファンダメンタルズから乖離し、とくに「バブル代替」が生じるような場合には、「理由なき乱高下」を見

せるようになります。したがって、そのような場合、資産価格は、多くのノイズを含むものになり、人々が持つ資産のファンダメンタルズに関する情報を集計したり伝達したりする効果的なシグナルではなくなってしまうのです。

とくに問題なのは、こうした状況の下では、人々がファンダメンタルズに関する情報を収集する努力も報われないものになることです。なぜなら、バブルが生成すると、資産のファンダメンタルズに関する情報を基に資産価格の割安・割高を判断しても、利益を上げるのに有効な取引をすることが難しくなるからです（たとえば、バブルを一気に潰せるような無制限の空売りでもできない限り、資産価格が割高だとの判断から資産を売却しても、バブルが持続すれば資産価格はさらに上昇していってしまいます）。このため、資産価格がファンダメンタルズを反映しなくなると、ファンダメンタルズに関する情報の収集やそれに基づく資産取引が行われなくなり、その結果、ますます資産価格がファンダメンタルズを反映しなくなるという悪循環が生まれてしまうのです。

こうして、「バブル経済」では、資産価格のファンダメンタルズへの収束メカニズムが弱体化し、そのことがさらなるバブルの膨張や資産価格の乱高下を招いていきます。そして、ファンダメンタルズというアンカーを失った資産価格は、資金配分の指針としても動機付けのメカニズムとしても、人々の望ましい意思決定を妨げる経済の攪乱要因として機能するようになってしまうのです。

金融機関の変質

「バブル経済」に発生する問題としては、金融機関の行動規範の変質も挙げられます。金融機関は、自らの専門能力を活かして、資金提供者の資金を有望な投資機会を持つ資金調達者へ仲介する組織のはずです。とくに、実体的な収益の源泉である実物資本（生産要素）の蓄積に資金を適切に振り向けることが金融機関のもっとも基本的な業務のはずです。

しかし、実物資本の期待収益率が低下し、資金は豊富だが有望な投資機会を容易には見つけられない経済では、金融機関にとって「資本蓄積の支援」の業務としての魅力が低下します。このため、金融機関は、収益を求めて、資金を「バブル資産」に投資するようになります。それどころか、「バブル投資」の投

資先を提供するため、「バブル投資」用の金融商品を創り出すことに自らのビジネス・チャンスを見出す金融機関も現れます。いわば、金融機関の行動規範が「資本蓄積の支援」から「バブル投資の支援」へと変質してしまうのです。

たとえば、「サブプライム・ローン問題」で明らかになった欧米の金融機関の証券化商品の創出や保有への注力は、金融機関が自らの体質を「バブル投資の支援」によって収益を上げようとするものに変化させたことを如実に示す現象だったといえるでしょう。

このような「バブル投資」に注力する金融機関は、実体的な収益がゼロの資産から収益を上げようとしている意味において、巷間いわれる「マネー・ゲーム」に携わっているということができます。すなわち、「バブル経済」では、金融機関が、より大きな収益を求めるべく「誰かの利益が誰かの損失になる」ゼロサム・ゲームを主導して、むしろ資金を本来的な収益の源泉である生産活動から遠ざけてしまうという皮肉な状況が生じているのです。

11.4 バブルに依存しない金融を目指して

バブルは、われわれの資金を低収益やゼロ収益の資産に振り向け経済の生産能力を低下させてしまいます。また、バブルは、1国全体や複数の国々を巻き込む大規模な金融危機を引き起こす主要な原因となるものです。この点で、われわれの資金を生産的な資産に振り向け、危機の発生を防ごうとするならば、バブルに依存しない金融、そして、バブルが生成しにくい経済を構築していくことが、何よりも重要なことがわかります。

それでは、バブルに依存しない金融、そして、バブルが生成しにくい経済は、どのようにすれば構築できるのでしょうか？　バブルは、資金は豊富だが、有望な投資機会が見えないとき、とくに、実物資本の期待収益率が低いとき、生成しやすくなります。逆にいえば、資金提供者から見た実物資本の期待収益率が十分に高ければ、資金は生産的な資産に引き付けられバブルの生成は抑制されるのです。

もちろん、資金提供者から見た実物資本の期待収益率は、その物理的な生産性のみによって決まるものではありません。実物資本への投資にかかわる「情報の非対称性」や「契約の不完備性」の問題が軽減され、金融取引を円滑化する上で必要となる情報費用や交渉費用が低下すれば、金融取引が生む「交換の利益」は向上するからです。いいかえれば、資金提供者が適切な資金回収を確信できるような十分に機能する「金融システム」が存在すれば、資金提供者から見た実物資本の期待収益率は上昇するのです。したがって、情報開示や投資家保護の制度の充実やコントロール権市場の活性化による企業統治のメカニズムの強化が、バブルの生成を抑制する上できわめて重要になります。

　加えて、先進国型の成熟経済では、IPO市場やM&A市場など企業の成長段階に合わせた多様な資本市場を整備することも有効です。企業の成長段階に合わせて、さまざまな形でリスクを取りながら企業のリストラクチャリングを可能にする資本市場を利用できれば、たとえ成熟経済であっても企業の新陳代謝を進めることができ実物資本の期待収益率を向上させることが可能になるからです（コラム11.2）。

COLUMN 11.2　バブル、デフレとアベノミクス

　資産が実体的な収益を生まない状況でも、バブルの生成によって人々は資産保有から値上がり益を得られます。このため、適切な資金回収を保証する投資家保護や企業統治のメカニズムが弱い状況でも、バブルが生成すれば、人々は進んで金融取引を行う動機を持ちます。

　こうした「バブル投資」の1つの問題点は、経済の中で適切な資金回収を確保するための投資家保護や企業統治のメカニズムを強化しようとする人々の意欲を弱めてしまうことです。すなわち、バブルが生成している下で、実体的な収益が乏しくても利益を得られる資産があるのだから、何もわざわざ費用や労力をかけて実体を改善する必要はないというわけです。

　しかし、同時に、この事実は、経済の実体面において有望な投資機会が乏しくなったために、人々が「バブル投資」に傾斜していくというもう1つの事実を考え合わせるとたいへん皮肉です。なぜなら、経済の実体面が劣化するとバブルが生成しやすくなると同時に、バブルが生成すると経済の実体面を改善しようとする人々の意欲が低下してし

まうからです。このように、バブルの生成と人々の実体改善意欲の低下の間にはお互いがお互いを強め合う悪循環が生まれやすいといえます。このため、一度、バブルを生成させた経済は、(どの資産にバブルが生成するのかという意味でのバブルの生成場所や形態は変わるものの)「バブル依存」からなかなか抜け出せない一種のトラップに陥りがちなのです。

この観点から見ると、90年代半ば以降の日本経済は、90年代初頭に起こった不動産・株式バブルの崩壊の痛手を引き摺っただけではなく、デフレや超低金利——実体的な収益がゼロであるにもかかわらず価値上昇が続く貨幣(日本円)や大量発行にもかかわらず価格上昇が続く日本国債——といった別のバブルに依存することにより、実体経済の根本的な改善を目指す構造改革や新たな投資機会の本格的な発掘になかなか踏み出せないというトラップ(=「長期停滞」)に陥ってきたといえます。

2012年12月に成立した第2次安倍政権は、こうした状況に対処するために**アベノミクス**(Abenomics)と呼ばれる経済政策の1つ(第1の矢)として大胆な金融緩和(貨幣の大量供給)を掲げました。「予想に働きかける」政策といわれたように、貨幣価値の上昇予想を打破する、すなわち、インフレ予想を喚起することによって、実際にもインフレを起こし、貨幣の価値上昇を止めようとしたのです。このインフレ予想の喚起策(デフレ脱却策)は、「貨幣の期待収益率(=予想インフレ率にマイナスを付したもの)を下げる」ことによって、金融機関や投資家を貨幣保有ではなく実体的な収益を生む実物資本への投資を行うように刺激しようとしたものでした。

もっとも、それは、「実物資本の期待収益率を上げる」政策ではありませんでした。このため、インフレ予想の喚起に失敗すると大量供給された貨幣が大量の貨幣需要に吸収され、実際にもインフレが起きず人々の貨幣保有も持続することになってしまいます。また、仮にインフレ予想の喚起に成功したとしても、貨幣保有の減少分が、期待収益率の低い実物資本への投資ではなく、「バブル代替」により不動産、資源、貴金属など他の資産への投資に向かい、そこで新たなバブルを生成させる可能性もあります。

そこで、より直接的な政策取り組みである成長戦略(第3の矢)として日本企業の実体的な収益、いわゆる「稼ぐ力」の向上が課題となりました。2014年には「投資先企業との建設的な対話を通じて企業価値向上と持続的成長を促すことなど企業と関わる機関投資家の望ましいあり方を指針化した」**日本版スチュワードシップ・コード**(Stewardship Code)が、また、2015年には「取締役会の構成や持合い株に関する方針の説明など上場企業の企業統治の望ましいあり方を指針化した」**日本版コーポレート・ガバナンス・コード**(Corporate Governance Code)が適用開始となりました。そして、さらには、**法人税の実効税率の引き下げ**も政策課題として浮上しました。日本の実物資本の期待収益率を向上させようとする方策が、20年の停滞期を経てようやく真剣に議論されるようになったのです。もちろん、こうした企業統治のメカニズムの強化や法人税の減

税は、株式などの資産を多く保有する層に有利な政策と思われがちであり経済格差の拡大につながるものとして批判の対象になることもあります。しかし、そうした批判にもかかわらず、このような政策が日本で（そして他の先進国でも）推進される背景には、市場主義の暴走といった観念的なシナリオを超えて、何よりも企業の「稼ぐ力」の低下が経済を「バブル経済」やその変種である「デフレ経済」に固着化してしまうという成熟経済に普遍的な構造問題が横たわっているのです。

議論してみよう

「資産価格の高騰がバブルか否かは、バブルが崩壊してはじめてわかる。したがって、資産価格の高騰が過去の実績から大きく乖離している場合には、それがバブルか否かを問わず、あらかじめ金融引締めを行うなど、事前の政策対応を積極的に行うべきだ」との意見があります。あなたは、このようなバブルに対する「予防型の政策対応」とコラム11.1の中で言及した「後始末型の政策対応」を比べたとき、いずれの政策対応をより望ましいものと考えますか？　あなたの考えを、あなたがそのように考える理由とともに説明してください。

第12章

金融、法、そして政治
──ルールの多様性と内生性

　金融システムは、国により時代により大きく異なっています。この違いの原因を、各国・各時代の法体系の違い、とくに法的な「投資家保護」のレベルの差に求める分析が注目されてきました。本章では、この金融システムの「法と金融」分析を取り上げ、法体系の差が企業統治の構造や資本市場の発展にどのような違いをもたらすのかを検討します。そして、なぜ国により時代により、「投資家保護」のレベルに差が生じるのかを論じたいくつかの仮説を紹介します。

12.1 法と金融

　金融システムは、1つの時代でも国により、また1つの国でも時代により、大きく異なっています。なぜ、このような違いが生じるのでしょうか？　こうした金融システムの多様性を扱う理論で有力なアプローチが、金融システムの「**法と金融**（law and finance）」分析です。このアプローチでは、各国・各時代の金融システムの違いを、その法体系（legal system）の違い、とくに法的な「投資家保護」のレベルの差に注目して説明します。

　ある国で成立した法体系は、その国で活動する資金提供者や資金調達者が共通に服する「ルール」としての役割を果たします。彼らは、その「ルール」を

前提に、最適な決定としてあるいは妥協の産物として、企業統治や金融取引の形態を選択するのです。このため、個々の主体の異質性を越えて、特定の国で選択される企業統治や金融取引の形態には共通性が見られることになります。一方、「ルール」が違えば、同質的な主体であっても、異なった企業統治や金融取引の形態を選択することになります。これが、国による金融システムの違いを生み出すのです。

さらに、長期的に見ると１つの国の法体系それ自体も不変なものではなく、政治プロセス（その国自身の立法活動や海外からの法体系の移植）を通じて変化していく内生的なものといえます。こうした法体系の変化が、ある国で主流となる企業統治や金融取引の形態を変え、時代による金融システムの違いを生み出すのです。

12.2 弱い投資家保護

「投資家保護」が弱い国では、外部投資家や小規模投資家などアウトサイダーやマイノリティーの資金提供者が、企業の他のステークホルダーによる権利侵害に対して自分の利益を守るフォーマルな手段が十分ではありません。このため、資金回収への不安から彼らの資本市場への参加が限定され、規模が大きく流動性に富む資本市場の成立が困難になります。

このような国では、企業の株式市場への上場が少なく、企業の株式所有構造にも家族所有や大株主所有、銀行所有の比率が大きいといった特徴が見られます。こうした集中型株式所有は、「弱い投資家保護」がもたらす不完全な資本市場が原因となって発生したものです。しかし、同時に、それは「弱い投資家保護」の下で発生する非効率性に対処するための工夫にもなっています。

つまり、「投資家保護」を法制度に依存できない環境の下で、資金提供者は私的なモニタリングや強制力の行使によって資金回収の確保を図らねばなりません。分散型株式所有では、こうした活動に「ただ乗り」問題が発生し、それを効率的に行うことができないのです。このとき、大株主や銀行が経営の監

視・介入にあたれば問題の発生を防ぐことができます。彼らの資金供給先に対する利害関係は大きく、経営の監視・介入の費用負担が引き合うからです。

　こうした集中型株式所有の下では、企業経営に以下のような特徴が生じます。まず、リスクの高い投資プロジェクトを避け、企業の長期にわたる存続を目標とする傾向が生じます。この傾向は、コントロール権を行使する大株主が、所有の集中によってリスク分散が十分にできない、あるいは債権者である銀行が企業の倒産に結びつく業績のダウンサイド・リスクに対して敏感であること（企業業績がよければ元金と一定の利息の支払い、悪ければ元金と利息の支払いのカット）に起因します。また、流動性が低い資本市場に直面して、大株主は資金供給先からの退出が難しく、そこへ長期的なコミットメントをしなければなりません。したがって、既存の金融取引関係が消失しないように、企業がゴーイング・コンサーン（going concern：継続事業）として安定した業績を上げることが望ましいのです。

　次に、こうした企業では、資金提供者である大株主・銀行と企業特殊的な人的資本を蓄積する基幹労働者が、共通の利害を持つ傾向が生まれます。企業特殊的な人的資本は特定の企業においてのみ高い価値があり、その企業から切り離されると価値が低下する性質を持っています。したがって、基幹労働者は人的資本の蓄積に関わるリスク分散が十分にできず、とくに企業の倒産に結びつく業績のダウンサイド・リスクに対して敏感であるといえます。また、基幹労働者にとって雇用先企業からの退出は自らの人的資本の価値を低下させるため、彼らはそこへの長期的なコミットメントをすることになります。したがって、既存の雇用関係が消失しないように、企業がゴーイング・コンサーンとして安定した業績を上げることが望ましいのです。

　このように、基幹労働者と大株主・銀行は、企業経営のあり方に関して多くの点で共通の利害を持ちます。こうした共通の利害をベースに、経営上の意思決定において"労資＝労働と資本"が協調的に行動する、いわゆる「内部労働市場重視の労資協調体制（協調組合体制あるいはコーポラティスト体制）」の成立基盤が生まれます。こうした「労資協調体制」では、長期の金融取引関係によるモニタリング費用の節約や人的資本の企業特殊性による生産性の上昇によって、（労資が外部機会で得られる収益を上回る）レントが生じます。そ

して、そのレントをリスク分担しながらお互いに分かち合うことにより、"労資"がともにメリットを受ける仕組み（したがって、両者がともに「労資協調体制」を支持する仕組み）が構築されるのです。

とくに、大株主・銀行のコントロール権と基幹労働者の雇用を外部との競争から保護し維持することが重要です。したがって、そこでは、「弱い投資家保護」と表裏一体をなす解雇規制などの「強い（基幹）労働者保護」が法制化され公的な制度としての定着を見るのです[*1]（コラム12.1）。

> **COLUMN 12.1　クローニー資本主義と自己実現的な経済危機**
>
> 　「投資家保護」が弱い国では、固定的な所有関係や取引関係をベースに特定の大規模な資金提供者が経営を監視していく傾向が生まれます。フォーマルな法的手続きが機能せず、それに代替するものとして大株主や大債権者の私的な強制力が経営に規律を与えねばならないからです。このような企業統治のメカニズムでは、同じく資金提供者の立場にあるといっても、企業のオーナーやその家族あるいは取引先の企業・銀行など企業の事情によく通じた「内部者」と中小預金者、個人株主、海外投資家など不特定の「外部者」の間でアクセスできる情報や行使しうる権限に大きな差が生じます。形式的には同等に扱われるべき主体が差別的に扱われる資本主義は、**クローニー資本主義（crony capitalism）**と呼ばれますが、「内部者」と「外部者」の区別を持つこのような経済も「クローニー資本主義」の一種と見なされます。
>
> 　「クローニー資本主義」では、平常時は「内部者」の活動によって経営への規律付けが行われているため、「外部者」がつねに不利な立場に置かれているというわけではありません。「外部者」は、情報アクセスや権限行使の可能性から排除されるが、「内部者」の活動に「ただ乗り」でき問題解決の費用負担からも解放されるという「ヘゲモニック・スタビリティー」型の秩序が存在するからです（第3章コラム3.1参照）。ただし、「クローニー資本主義」の問題は、「内部者」が秩序の維持者として期待されている

[*1] ただし、「内部労働市場重視の労資協調体制」の下では、マイノリティーの投資家の保護が弱いという事実に加えて、マイノリティーの労働者（失業者や非基幹労働者）の雇用が不安定になる危険性が生じます。そこでは、労働市場の硬直化（基幹労働者の雇用の安定と賃金高止まり）のあおりを受けて基幹労働者のプールに入れなかった、あるいはそこからはみだした労働者は十分な雇用機会を得られないからです。しかし、各々の企業レベルでも国家レベルでも決定権があるのは、多数派（あるいは中位投票者：median voter）である基幹労働者であり、この問題を解決するメカニズムは十分には働きません。

役割を果たす能力や意思を失う状況が生じたとき顕在化します。たとえば、経済を大きな負のショックが襲い、「内部者」自身が苦境に陥り問題解決の費用負担が困難になるとき、固定的な所有関係や取引関係が維持できなくなり「内部者」が長期的視野を失うときなどです。このようなとき、「弱い投資家保護」の下で、「内部者」に収益が厚く配分される不正（"ヘゲモン"の専横）が生じても、「外部者」にはそれを防ぐ手立てが与えられていないのです。

　こうした懸念があるとき、「外部者」は、資金回収を確保するために極めてドライな資金供給を行わざるを得ません。具体的には、少しでも状況の悪化が予想されるならば、資金供給を停止し既存の投下資金も直ちに引き揚げられるようにしておく必要があります。すなわち、「外部者」が行う資金供給は、流動性が高く短期のコミットメントしか行わない"逃げ足の速い"ものになるのです。このことは、「外部者」が過度に「退出型・消極的コントロール」のメカニズムに依存した資金供給を行っていることを意味します。こうした「退出」一辺倒の資金の存在は、いったん状況を悪化させるショックが発生すると、それを増幅する形で経済に負のインパクトを持つところに深刻な問題があります。

　いま、順調な成長を遂げてきた経済で資金配分の誤りや有望な投資機会の欠如が観察されたとしましょう。「外部者」はこうした兆候に対して問題が顕在化する前に資金の引き揚げを図り資金回収をするしかありません。しかし、このような資金の引き揚げは、経済にとって利用可能な資金が縮小することを意味するため、それが再び負のショックとして経済にはね返ることになります。とくに、個々の「外部者」から見れば、他の「外部者」が資金の引き揚げに走ると予想されるとき、自らも資金の引き揚げに走ったほうがよいという戦略的補完性に基づく「争奪競走」が生まれ、予想が自己実現する形で経済を危機に陥れてしまうのです。

　このように累積的に深刻化する危機の例としては、1990年代後半に発生した「アジア危機」が挙げられます。海外からの資本流入によって自らの急速な成長を支えていたアジア諸国では、「投資家保護」のための市場インフラが十分に整備されていませんでした。このため、海外投資家は、アジアの急速な成長の果実を得たいという欲求を持つ一方で、資金供給の多くを現地通貨建てにせず、しかも流動性の高い短期の貸出や債券の購入で行い、容易な「退出」を行えるようにしていました。いわば、「外部者」による極めてドライな資金供給が行われていたのです。こうした中、成長鈍化やドルにリンクしたアジア通貨の割高など状況悪化を示す兆候が観察されたことにより、海外資本がわれ先にと流出する事態が発生し、極めて深刻な危機が短期間に拡大することになったのです。

　当初、「アジア危機」については、資本流入・流出やそれに伴う為替レートの急激な変動に乗じる投機資金（ホットマネー：hot money）に問題があるとして、金融のグロ

ーバル化（資金の国際移動に対する障壁の低下）の進展を抑制すべきとの意見もありました。しかし、現在では、こうした表面的な現象を悪者とするのではなく、アジア諸国のインフラ未整備と「外部者」である海外投資家による資金供給のミスマッチに危機の原因が求められています。つまり、海外資本の激しい移動に問題があるにしても、さらに深い問題は「なぜ、海外資本がかくもコミットメントに乏しい資金となるのか」という点にもあるのです。基本的に、ある国に資本が流入するとは、その国に国内貯蓄と比べて投資機会が豊富にあることを意味します。したがって、成長維持に資本流入が必要な限り、「投資家保護」の一層の充実を図り、海外に対して"ドライでない"資金供給を求めていくことが望ましい選択となるのです。

12.3　強い投資家保護

「投資家保護」が強い国では、資本市場が、外部投資家や小規模投資家などアウトサイダーやマイノリティーの資金提供者も含む幅広い参加者を得ることができます。その結果、規模が大きく流動性に富む資本市場が成立します。

このような国では、株式市場へ上場する企業も多く、企業の株式所有構造についても分散型株式所有が可能になります。分散型株式所有の成立は、幅広い主体が資本市場に参加する結果といえます。しかし、同時に企業統治の観点からは、流動性の高い市場の存在により、必要とあれば「所有の一時的集中化＝敵対的企業買収」や「証券の売り抜け＝退出型・消極的コントロール」が容易に行えるという点も重要です。こうした所有権の移動が容易であれば、制度面の「強い投資家保護」を支持するように実態面でもつねに経営者に対する株主からのプレッシャーが存在し、経営に規律を与えられるからです。

こうした株主からのプレッシャーの下で行われる企業経営には、以下のような特徴が生じます。まず、リスクが高い投資プロジェクトでも収益性（リターン）が見合えば、その実行が促されます。これは、大規模な資本市場の下で、投資家がリスク分散を図れ、収益性の追求をより許容できることを反映したものです。[*2] また、資本市場の流動性の高さは、彼らが資金供給先から容易に退

出することを可能にし、機動性・柔軟性の面からも彼らのリスクに対する受容性を高めます。

　こうした"安定よりも収益性"という企業経営が行われるとき、労働者にとって特定の企業へのコミットメントを必要とする特殊的な人的資本の蓄積に専心することは、有利な選択ではなくなります。そうした人的資本ではリスク分散が十分にできず、企業業績のダウンサイド・リスク、とくに企業倒産によって大きな損失を被ってしまうからです。むしろ、そこには、企業間の労働移動を前提とした、より一般的な人的資本の蓄積にはげむ労働者の姿が生まれます。したがって、制度的にも、労働移動を容易にする柔軟な労働市場の構築が支持され、市場の硬直性を生みやすい解雇規制など「労働者保護」を目的とした立法も限られたものになります。つまり、「労資協調体制」のケースとは逆に、「強い投資家保護」と表裏一体といえる「弱い労働者保護」が労働面での制度的な特徴になるのです。

12.4 「法の源流」仮説

　それでは、さらに話を遡って、金融システムの多様性を生み出す「ルール」の多様性は、なぜ存在するのでしょうか？「法と金融」分析には、それぞれの国で過去に起きた**歴史的事件**（historical event）が契機となり、それを現在まで引き摺る形で「ルール」の多様性が生じたという考え方があります。

　こうした「歴史的イベント」仮説の1つは、「**法の源流**（legal origin）」仮説です。世界の多くの法体系は、近代国家を早期に成立させたヨーロッパ諸国に源流を持っています。なかでも、イギリスに起源を持ち、その植民地である北アメリカ諸国、オセアニア諸国などに移植された**慣習法**（common law）体系とフランス、ドイツに起源を持ち、ナポレオン支配下の大陸ヨーロッパ諸国

---
*2 とくに、投資家の側で十分にリスクを分散化したポートフォリオが構築できていれば、投資家の利益を考える限り、個々の企業が投資の収益性を犠牲にしてリスクへの配慮を行う（リスク回避的に振舞う）必要はなくなります。

やフランスの植民地、東アジア諸国などに移植された**市民法**（civil law）体系が2大源流といえます。「法の源流」仮説では、こうした法体系の源流が、現在の世界各国の法体系にロックインされ、国による「投資家保護」の差を生み出していると考えます。

一般に、慣習法体系に源流を持つ諸国では「投資家保護」のレベルが高く、外部投資家や小規模投資家の権利を強く保護する傾向があります。慣習法は、近代化の過程で議会に集結した地主や新興商人が、政府の恣意的な課税から自らの経済権益を守り、所有権を確立する目的で発展していった経緯があります。こうした議会による政府への対抗、さらに、裁判所の政府からの独立がルーツとなり、現在の「強い投資家保護」という所有権擁護が成立していると考えるのです。

これに対して、市民法体系に源流を持つ諸国では、「投資家保護」のレベルがあまり高くなく、外部投資家や小規模投資家の権利が強く保護されていません。市民法諸国では、上からの近代化が行われる中で、政府自身が経済発展を推進する主体となったため、政府による経済のコントロールを許容するような法体系が採用されたという経緯があります。このため、議会および裁判所が、政府に対抗して所有権を擁護する強い傾向を持ちえませんでした。こうした経済活動における政府の優位性が、法における「投資家保護」の優先度を低下させていると考えるのです。[*3]

12.5 「政治変動」および「地理」仮説 ——"海と金融"

一方、各国内の「**政治的な力関係の変動**（political change）」と各国が置か

[*3] 経済学における「法と金融」分析への関心を喚起した La Porta, R., Lopez-de-Silanes, F., Shleifer, A., Vishny, R. による一連の研究（"Legal Determinants of External Finance," *Journal of Finance*, Vol. 52, 1997, pp.1131-1150;"Law and Finance," *Journal of Political Economy*, Vol. 52, 1998, pp.1113-1155;"Investor Protection and Corporate Governance," *Journal of Finance*, Vol. 58, 2000, pp. 3-27など）が、「法の源流」仮説について詳しい分析をしています。

れた「**地理的な位置関係（geography）**」に着目する仮説もあり、別の説明を提示しています。この仮説では、第1次世界大戦まで当時の工業国間で金融システムの違いが、実は大きくなかった（さらに、現在の状況とは逆に、アメリカよりもフランス、ベルギーなどの大陸ヨーロッパ諸国のほうが、より市場に依拠した金融システムを持っていた）との観察から議論を出発させます。そして、2度の大戦が引き起こした20世紀前半の歴史的事件を契機にして、大陸ヨーロッパ諸国や東アジア諸国で「市場中心のシステム」が、むしろ後退し時間に関して非単調な資本市場の発展パターンが見られたという"**逆転現象 (reversal)**"に注目します。

まず、第1次大戦が大陸ヨーロッパを中心に戦われ、大陸ヨーロッパ諸国に大きなダメージを与えたという歴史を振り返りましょう。第1に、参戦した諸国は、総力戦遂行のために、国内の生産体制を指令型経済に作り変える必要がありました。つまり、市場メカニズムによる資源配分ではなく徴用による軍需充足を図ったところに市場を抑圧し、資金の流れを国家が統制するシステムの原型が出現したのです[*4]

第2に、大戦後、敗戦国や戦場の混乱を経験した大陸ヨーロッパ諸国では、伝統的支配者層（富裕層）の労働者大衆に対する抑制力が衰えました。とくに、彼らの抑制力の源泉であった軍隊が弱体化した（それどころか国によっては軍隊そのものが反支配層化した）ことが大きかったといえます。運動として力を増した労働者の要求を抑え込むことができなくなった支配層は、資本市場の発展に親和的な「投資家保護」から社会政策的な意味合いを持つ「労働者保護」、とくに基幹労働者を中心とする組織化された労働者に対する保護への妥協を行ったのです。

第3に、大戦中に起きたロシア革命によって、支配者層にとって社会主義の可能性が現実の恐怖になったという事実もあります。彼らは、この事態に対して労働者大衆との対立を緩和すべく、やはり社会政策的な意味合いを持つ「労

[*4] 過去に行われた戦争が、つねに市場を抑圧したわけではありません。むしろ、戦費調達のための大量の国債発行が、その消化のための資本市場（およびそれを支える市場インフラ）の発展に繋がったケースもあります。第1次大戦を契機とする市場統制は、それが資源を軍事に総動員するそれまでにない総力戦になったところに原因があったといえます。

働者保護」を受け入れたのです。*5

 第4に、大戦後、生産力の破壊と紙幣の増発（赤字国債による戦費・復興資金調達）によってハイパーインフレーションに見舞われた国では中間層の資産保有者としての地位が没落しました（貧困層はインフレによって減耗する資産さえ持っていない、富裕層はインフレに対して防衛が効く実物資産を持っている）。従来、「投資家保護」への政治的選好を持っていた中間層の没落は、支配層が数の上で頼みとするグループが敵対勢力になったことを意味し、「投資家保護」の没落も招いたというわけです。

 これに対して、北アメリカ諸国、イギリス、オセアニア諸国は、第1次大戦の戦場として混乱や戦後の政治変動、あるいはロシア革命による社会主義の影響から「海洋を隔てて」地理的距離が離れていました。したがって、これらの国は、金融システムにおける"逆転現象"の原因となった事件の影響が軽微で、むしろ20世紀初頭の金融システムをそのまま発展させたといえます。つまり、大陸ヨーロッパ諸国と違い、これらの国の強い「投資家保護」は、20世紀初頭の金融システムの特徴を受け継いでいると考えられるのです。*6

 それでは東アジア、とくに20世紀初頭には一定の工業化を達成していた日本については、どのように見ることができるでしょうか？　そこでは、第1次大戦が大陸ヨーロッパ諸国に与えた影響と類似の影響を第2次大戦に見ることができます。総力戦遂行のための統制経済。戦後の軍隊の解体と労働運動の隆盛、およびハイパーインフレーション。そして、間もなく起こった近隣中国の社会主義化。いずれもが、社会の政治的選好を「投資家保護」から離脱させていく影響を持つものでした。*7

 近年の研究では、日本も戦時統制が色濃くなる前の金融システムは、「市場

---

*5　第2、第3の要因は、支配者層による「社会政策を通じた大衆の囲い込み」と呼ばれる政治現象の一種です。
*6　2度の大戦を通じる大陸ヨーロッパ諸国における資本市場の抑制とアメリカの資本市場の発展の背景にある歴史的な事件と政治力学の変化については、Rajan, R. and L. Zingales, "The Great Reversals: The Politics of Financial Development in the Twentieth Century," *Journal of Financial Economics*, Vol. 69, 2003, pp. 5-50を参照。
*7　戦後日本に見られた保守与党による社会政策の推進（＝革新野党の政策先取り）という「ねじれ現象」は、こうした選好への政治的対応——「社会政策を通じた大衆の囲い込み」——だとする意見もあります。

中心のシステム」への発展の可能性を持つものであったことが示唆されています。こうした分析に従えば、日本においても、やはり非単調な資本市場の発展パターン、すなわち、金融システムにおける"逆転現象"が発生したといえるのです[*8]（コラム12.2）。

COLUMN 12.2　金融構造の集団的決定

　企業金融を分析する伝統的な理論の多くは、個々の企業の視点からその金融構造の決定を論じてきました（たとえば、ある企業の資金調達の方法は、その企業を取り巻く不確実性や「情報の非対称性」のあり方によって決まるなど）。

　確かに、金融構造の決定を行うのは企業の直接の利害関係者であり、最終的には個々の企業の視点から金融構造の選択がなされるのは間違いありません。しかし、彼らの決定は、金融取引を規定する法体系＝「ルール」の制約下で行われているという事実も重要です。

　いま、「ルール」を所与と考えず、それを立法活動という政治プロセスを経て決定されるものであるという点——**法の内生性**（endogeneity of law）——を明示的に考慮しましょう。すると、図12-1に示されたような3段階からなる決定プロセスが描けます。ここで、各企業の意思決定にとって制約条件となる「ルール」を変化させると、各企業の決定、そして各主体の利得を変えることができます（実線の矢印）。他方、各主体はこうしたプロセスを見越して、制約条件である「ルール」を自分に有利に設定するために、政治プロセスへの働きかけを行います（点線の矢印）。

　たとえば、「強い投資家保護」は、資本市場の発展にとって有益なものです。しかし、経済の中には「投資家保護」の強化をデメリットと考える主体がいるかもしれません。すでに内部資金を蓄え外部資金に頼らなくてもよい企業や特定の資金提供者（たとえばメイン・バンク）との長期取引関係を結んでいる企業の資金提供者・経営者・労働者などです。彼ら既得権益者（incumbent）は、「投資家保護」の弱体化によって、あえて金融取引に困難を持ち込み、新たに資金供給元を求めねばならない新規参入者（entrant）に事業を断念させ、競争の激化を回避することができるのです。そして、既得権益者の政治的決定力が大きければ、「投資家保護」の強化は政治的に選択されません。

[*8] 日本における「弱い投資家保護」の制度化については、法制化ではなく系列企業や銀行による「株式持合」がもたらす外部投資家の無力化など、むしろ"法の建前からの乖離"によって進行した点を特徴として挙げられるかもしれません。

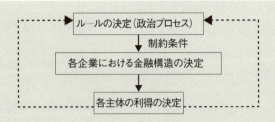

図12-1 金融構造の決定と政治プロセス

　このとき、「弱い投資家保護」の下で選択された金融構造（たとえば所有の恒常的集中化やメインバンク・システム）は、「ルール」を所与としたときの最適解にすぎず、"真の最適解"ではないかもしれないのです。このように、現実に採用されている金融構造は、「ルール」の内生性を考慮すると、個別企業の自由な選択ではなく集団的に決定されているという側面があります。そこでは、金融構造が利益団体の利害を反映した「**政治的均衡** (political equilibrium)」として決められており、効率性の視点から見て最適に決められているわけではないのです。

議論してみよう

　「世界各国の金融システムは、金融のグローバル化（資金の国際移動に対する障壁の低下）に伴い、次第に似通ったものに収斂していくことになる」との意見があります。あなたは、この意見に賛成ですか、それとも反対ですか？　あなたの考えを、あなたがそのように考える理由とともに説明してください。

第13章

システム改革をめざして
——「市場」応援団の形成

資本市場は、市場インフラに支えられた公正さがなければ、その発展を望めません。したがって、「市場中心のシステム」がうまく機能するか否かは、市場インフラを適切に整備し運営する意思を社会が持ち続けられるか否かに依存します。とくに、公正な市場は、広く皆に利益を与えるものであるにもかかわらず、個々の主体には、自分に有利な取引環境を作るために、市場の公正さを破壊する動機がつねにあります。ここに、われわれが、社会全体として、公正な市場の成立・維持を図っていかねばならない理由があります。本章では、「市場」不公正化の政治プロセスとそれを抑止する「市場」公正化への支持形成について議論し、様々な主体が持つシステム改革への誘因をまとめます。

13.1 「市場」公正化に対する支持の不在

　市場インフラに支えられた公正な資本市場は、「市場中心のシステム」に不可欠な仕組みです。したがって、「市場中心のシステム」が、その機能を十分に発揮できるか否かは、社会が市場インフラを適切に整備し運営していくことができるか否かに依存します。本来、公正な市場の存在は、広く皆に利益を与えるものです。それにもかかわらず、個々の主体には、公正な市場を破壊する

動機がつねにあります。取引環境を歪め、他者の犠牲において、さらに自分に有利な状況を作ろうとするからです。

■「何もするな！」

　市場不公正化の政治プロセスの1つ目は、現状が自らにとって有利と判断する主体が、それを維持しようとする動機から生じます。彼らのスローガンは、「**何もするな（Do nothing）！**」です。「自由放任論」や「市場原理主義」は、しばしば、こうした意見を代表して、市場への非介入を是とする"小さな政府"を提唱してきました。

　彼らが、市場公正化に消極的なのは以下の2つの理由によります。第1は、彼らにとって、市場公正化の必要性が乏しいという理由です。内部資金を十分に蓄え外部からの資金調達に頼らない企業、特定の資金提供者（たとえば銀行）と長期取引関係を結び資金調達に障害のない企業、そうした企業にすでに雇われている基幹労働者、「情報開示制度」や法的な「投資家保護」がなくても自分でモニタリングや適切な資金回収の実現ができる大規模な資金提供者。彼ら既得権益者にとって市場インフラが不十分であったとしても問題はすでに解決できており、市場の発展を強く望む必要は少ないのです。

　第2は、彼らにとって市場公正化が競争環境を作り上げ、現状を覆す可能性があるため望ましくないという理由です。市場インフラが整備されると、内部資金不足から投資ができなかった起業家、適切な資金回収の保証を「情報開示制度」や法的な「投資家保護」に頼らねばならない小規模な資金提供者、こうした資金調達者・提供者のニーズに応え、新しい金融商品や金融サービスの提供ができる金融機関などの新規参入が可能になります。こうした新規参入者は、既得権益者の競争相手となり、その独占的な地位を脅かすものとなります。すなわち、現状を自分に有利と考える既得権益者は、誰もが収益機会にアクセスできる「**事前的な平等（機会の平等）**」の確立をできる限り回避したいのです。そうすることによって、不公正な市場がもたらす超過利潤（レント）、企業の永続や雇用の安定性を維持することができるからです。

■「再分配せよ！」■

　市場不公正化の政治プロセスの2つ目は、市場が決定する報酬の分配が自らに不利と判断する主体が、市場の決定を覆そうとする"分配のやり直し"の動機から生じます。彼らのスローガンは、**「再分配せよ（Redistribute）！」**です。「混合経済論」や伝統的な「社会民主主義」は、しばしばこうした意見を代表して、市場への介入を是とする"大きな政府"を提唱してきました。

　彼らが、資本市場の公正化に消極的なのは、以下の2つの理由によります。第1は、彼らにとって、市場公正化の意味が乏しいという理由です。彼らの資産蓄積が十分でなく、資金提供者としての市場参加が限定的なものであるとき、市場インフラが整備されても、そのことによって得られるメリットは少ないのです。むしろ、公共政策として市場インフラが整備されるとき、その費用を納税者として負担させられるのは割に合わないとさえいえます。たとえば、賃金を収入源とし、いまだ金融資産を多く蓄積する状況にない労働者は、市場公正化に対して冷淡かつ無関心な態度を示す主体の典型といえるでしょう。

　第2は、市場公正化がもたらす「事前的な平等」が、彼らのスローガンである**「事後的な平等（結果の平等）」**と相克する可能性があるという理由です。まず、強力な再分配政策が採用されたとしましょう。この場合、資産や所得の移転という直接的な手段によって平等性が向上できるため、市場公正化という間接的な手段によって、それを向上しようとする動機が希薄になります。さらに、再分配政策によって市場の決定が事後的に覆されるため、市場を利用して自らの状況を改善しようとする（貧困からの脱出を図ろうとする）動機も後退します。努力を投入して成功しても、その成果が取り消される不安があるからです。

　一方、逆に考えて、市場公正化がなされたとしましょう。この場合、それまで不公正な市場によって不利な分配を強いられていた主体の中には、市場を利用して自らの状況を改善できる主体が生まれます。このことは、時間の経過とともに「事後的な平等」に対して政治的な選好を有しない主体が増えていき、"分配のやり直し"を求めるグループの解体が生じることを意味します。グループの核にいる主体が、こうした変化による政治的弱体化を防ごうとするならば、市場公正化そのものをはじめから回避することが、有利な戦術として採用

されてしまいます。また、「事後的な平等」への社会的な支持が、報酬の分配メカニズムの不公正さに根拠付けられてきた場合、市場公正化は「事後的な平等」の倫理的なバックグラウンドを喪失させる可能性さえ持っているといえるのです。[*1]

「……」——声を上げられない市場

以上のように、「市場」は、一見したところ正反対に見える2つの論理に挟まれて抑圧されてしまいがちです。いわば、明確な利益団体を持つことが難しい「市場」は、"声を上げることができない"のです。

市場公正化によって、全体としては大きな利益を受ける主体であるはずの小規模な資金提供者も、個々の主体から見るとその利益は薄く広く分布し、政治的に活動することの費用はその利益に見合いません。また、市場公正化によって、新規参入を行える起業家のグループも、個々の主体を見ればあくまでこれから事業を立ち上げていく主体であり、不公正な市場が持続する限り"潜在的にしか存在しない"グループといえます(起業家になるのに何らかの努力や費用が必要なとき、市場の不公正さのため起業家になる展望が開けなければ、誰もその努力や費用を投入しません)。いうまでもなく、いまだ存在しないグループが利害関係をともにする利益団体を形成することは困難といえます。

既得権益者が結託し政治的な権力を握る非民主主義的な政治体制(oligarchy)であればもちろんのこと、"皆の意見を吸い上げる"建前の民主主義的

[*1] 「事前的な平等」と「事後的な平等」の相克に関わる以上のシナリオは、再分配政策の採用をめぐり戦略的補完性に基づく一種の「協調の失敗」が生じる可能性を示唆しています。皆が「事前的な平等」を支持する社会では、再分配政策に期待することはできません。したがって、自らも市場の活用に重点を置きつつ、「事前的な平等」を前提として行動し、その行動が有利なものとなるように「事前的な平等」を支持することが望ましくなります。逆に、皆が「事後的な平等」を支持する社会では、市場の決定が擁護されることを期待することはできません。したがって、自らも市場の活用に重点を置くのではなく、「事後的な平等」を前提として行動し、その行動が有利なものとなるように「事後的な平等」を支持することが望ましくなります。こうした循環論法によって、もともと同じような社会でも「事前的な平等」社会と「事後的な平等」社会への分化が起きうるのです。以上のことは、第12章で議論した「歴史的イベント」要因などとともに、なぜ、ともに同じような発展段階のアメリカと大陸ヨーロッパ諸国で、再分配政策の強度に大きな差が生じているのか(いわゆる、**北大西洋を挟む異種の資本主義の存在**)を説明する1つのシナリオといえます。

な政治体制（democracy）であっても、"声を上げない"主体や"存在しない"グループの利害は、政治に反映されないのです。このように、社会全体としては大きな利益がある場合でも、その利益が多くの主体に薄く広く分布している、あるいは利益を受ける主体が潜在的な存在にすぎず組織されえない場合、むしろ特定の集団に偏った利益が政治プロセスで優先されます。こうした政治的陥穽を**特殊利益政治**（special interest politics）といいます。この点で、市場公正化は、特殊利益政治の犠牲となり、その実現が阻止される目標の典型といえるのです。[*2]

13.2 「市場」公正化に対する支持の形成

　以上のように、市場公正化は、様々な抵抗から実現が容易なものではありません。それでは、われわれは、どのようなとき、公正な資本市場あるいは望ましい「市場中心のシステム」の成立が進展すると考えればよいのでしょうか？

　前節の議論を踏まえると、それは、①既得権益者が公正な市場を必要とするとき、②報酬の分配に不満足な主体が公正な市場から利益を受けるとき、③公正な市場を必要とし、そこから利益を受ける新規参入者が大量に発生するとき、ということができます。①および②は、公正な市場の成立に抵抗するグループが変身し、市場公正化への支持に回るケース、③は、潜在的な存在だった公正な市場の成立を望むグループが市場公正化への支持を実体化させるケースといえます。

[*2] 特殊利益政治の発生原因を分析した文献としては、Olson, M. *The Logic of Collective Action: Public Goods and the Theory of Groups*, Cambridge, Harvard University Press: MA, 1965（『集合行為論——公共財と集団理論』依田博・森脇俊雅訳、ミネルヴァ書房、1983年）が古典です。また、特殊利益政治が市場を抑圧するとき、そこに"小さな政府"派と"大きな政府"派の意外な同盟が見られる事実については、R.G. Rajan and L.Zingales, *Saving Capitalism from the Capitalists*, Random House, 2003（『セイヴィングキャピタリズム』堀内昭義他訳、慶應義塾大学出版会、2006年）を参照。

■既得権益者が市場を必要とするとき

　既得権益者は、豊富な自己資金や特定の資金提供者との長期取引関係によって、公正な資本市場の成立に抵抗する基盤を与えられていました。自らが必要とする資金を調達するときに、資本市場に頼らなくてよいからです。したがって、彼らが市場公正化への支持に回るときとは、彼らが何らかの理由で資金不足やその怖れに陥るときということができます。

　まず、経済停滞が長期におよび、既得権益者の自己資金量が低下していった場合、あるいは長期取引関係にあった銀行などの資金提供者が資金供給能力を減退させた場合。このようなとき、彼らの公正な市場の成立に抵抗する基盤が崩れ、自らも市場に頼る必要が生じます。

　また、経済の対外開放化が進み、国内の既得権益者の資金需要と海外からの資金需要が競合する場合。国内の資金提供者が、より有利な資金運用を求め海外投資に向かうならば、不公正な国内市場を放置して、その金融仲介の場としての魅力を減ずることは、既得権益者にとって有利な選択ではなくなります。

　最後に、以上のような環境の下で、景気回復や新たな投資機会の出現（たとえば大きな技術革新の発生）により資金需要の増大が生じた場合。既得権益者は、自らの伝統的な金融基盤を超える資金の必要性を認識し、幅広く資金を吸引できる公正な市場の成立を望ましいものと考えるようになります。[*3]

■分配に不満足な主体が市場から利益を受けるとき

　賃金を収入源とし、金融資産を多く蓄積する状況にない労働者は、市場公正化に冷淡かつ無関心になりやすい主体でした。これには、彼らが享受する市場公正化のメリットが潜在的なものであるという事実が関連しています。したがって、彼らが市場公正化への支持に回るためには、そのメリットが表面化する必要があります。メリットが具体的な形で目に見えるか否かで、彼らは「親・市場的」にもなりうるし「反・市場的」にもなりうるからです。

　いま、典型的なケースとして、経済の停滞が続き、労働者の雇用が脅かされ

[*3] 既得権益者が、公正な市場の成立を許容したヨーロッパ諸国を中心とする過去の実例については、R. G. Rajan and L. Zingales 前掲書、第8章を参照。

ている状況を考えましょう。このとき、彼らが市場公正化に対して取る態度には、正反対の2つのパターンがあります。1つは、「**内部労働市場の罠**」と呼ぶことができるもので、既存の雇用機会を存続させるべく、彼らが既得権益者の連帯者として振舞うものです。つまり、公正な市場が可能にする起業家の新規参入が、現在の雇用先を破壊しそれに取って代わらないように、既存企業のステークホルダーとして市場公正化に反対するのです。

もう1つは、「**一般均衡効果**」と呼ぶことができるもので、新規の雇用機会を創出させるべく、彼らが新規参入者の応援団として振舞うものです。つまり、公正な市場が可能にする起業家の新規参入が、経済全体の労働需要を増やす効果によって、自らの雇用機会が増える、賃金が競り上がる、といった利益を考え、市場公正化に賛成するのです。

前者の態度が「罠」といえるのは、そこに一種の「協調の失敗」が存在するからです。つまり、市場が公正になれば、新規参入が容易になり、そのメリットをいずれ労働者全体として享受できます。しかし、それによってさしあたり自分の現行の雇用先が破壊されるのはデメリットだというわけです（新規参入、けっこうなことだ。自分の職場に影響がなければ！）。「協調の失敗」によって潜在化してしまう労働者の利益を顕在化するには、労働市場を労働移動が容易な柔軟性あるものにしていくことにより各々の労働者が経済全体の労働需要増加のメリットを享受できるような仕組みを整えていくことが必要となります。*4

新規参入が大量に発生するとき

不公正な市場が持続するとき、新しいアイデアやノウハウを得た起業家がいたとしても、彼らが適切な資金供給を受けて、それらをビジネス化することが困難です。そこには、様々な創意や工夫が、日の目を見ることなく消えていく

---

*4 労働者の政治行動における「協調の失敗」は、歴史にその例をしばしば見ることができます。たとえば、19世紀初期にヨークシャーなどイギリスの工業地帯で発生した機械打ち毀し運動——**ラッダイト運動**（Luddism）——は、そうした例の1つといえます。機械の導入による生産性の上昇は、「一般均衡効果」を通じて、やがてそのメリットを労働者全体が享受できます。しかし、いまそれによって自分の職が機械に取って代わられるのはデメリットだと認識されるのです。

という非効率性が存在しています。

しかし、こうしたアイデアやノウハウもそれが単発的なものではなく群生的な技術革新として結実するとき、状況が変化することが多いといえます。群生的な技術革新とは、相互に関連する新しい技術がお互いの発展を促す形で同時期に現れるケースをいいます——たとえば、コンピューター技術の進歩が、通信技術の進歩と相俟って、新たなコミュニケーション手段としてのインターネットを生み、社会の情報インフラの再構築に繋がるなど。

1つには、群生的な技術革新は、資金提供者に認知がされやすく、有望な投資先としてリスクが高くても多くの資金を引き付けられること。2つには、技術革新がお互いの生産性を高める補完的な形で進むため、新規参入者のグループとしての利害関係が調和されやすいこと。3つには、それが社会の基盤的なインフラ（輸送、エネルギー、情報通信）の改編を起こすとき、伝統的にインフラを担ってきた既存企業とも協同が可能となること、などが状況変化の理由として挙げられます。こうした一連の要因が契機となって、市場公正化が政治的な支持を得ると、さらに多くの起業家が参入を果たすことができるようになります。そして、多くの新規参入が、再び公正な市場の成立を促すという正のフィードバック効果が働くのです。

13.3 公正な市場が発展するために

市場公正化への支持形成のための条件は、「金融システム」の改革を進めようとしている日本において整っているでしょうか。

長期の経済停滞、メインバンク・システムの凋落、国際資本移動の自由化、長期雇用システムの不安定化、情報通信技術などの群生的な技術革新、それを担う新興企業の勃興。以上のような様々な要因は、それぞれ市場公正化への支持形成の契機となる可能性を秘めたものです。しかし、そのような環境にもかかわらず、「市場中心のシステム」への転換を誤りなく進めるために、われわれが再度注意しておくべきことは、以下の点です。

第1に、自由化・規制緩和の掛け声の下に、公共政策の後退を招いてインフラ整備という「市場中心のシステム」の成立要件をないがしろにしないこと。こうした自由化・規制緩和（インフラが不十分な既存のシステムの枠内で、パッチワーク的に「市場中心のシステム」の真似をすること）の間違いは、1980年代後半の日本におけるバブル経済の狂乱をはじめとして、われわれにとって忘れてはならない教訓を与えました。

　第2に、観察される資産・所得の分配の「不平等化」を、その理由を十分に検討することなく市場抑圧の正当化に直結しないこと。先進国の景気後退期や発展途上国において、「不平等化」が深刻化するように、「不平等化」の大きな原因は、市場メカニズム自体にあるのではなく、その機能不全や意図的な抑圧にあることが多いからです。とくに、「市場中心のシステム」への移行期には、それまで特定の主体が占有していたレントが競争的な環境の中で失われ、他の主体に帰着するという所得・資産の分配の「再編」が起こります。この「再編」と「不平等化」を混同せずしっかりと区別することが、システム改革への人々の不安を取り除くのに重要です（コラム13.1）。

COLUMN 13.1 「効率性」と「平等性」の順相関

　一般に、「効率性」と「平等性」とは対立するものであり、一方を進展させれば、他方が阻害される（トレード・オフがある）と考えられることが多いようです。そこでは、図13-1にイメージされるような右下がりの「効率性・平等性フロンティア」上に経済があり、われわれは、その上で「効率性」重視（右方向 M から R へ）か、「平等性」重視（左方向 M から L へ）か、を選択すると想定されています。

　しかし、多くのクロスカントリーおよびタイムシリーズの実証研究によると、「効率性」と「平等性」のトレード・オフは明確なものでなく、その間には正の相関があることも多いとの結論が得られています。図13-1に即していえば、われわれの経済は「効率性・平等性フロンティア」上にあるのではなく、フロンティアの内部を行き来している（点 O から点 M への移動、あるいはその逆の動きをしている）ことが多いのです。

　それでは、なぜ経済がフロンティアから乖離してしまうのでしょうか。これについては、以下のような累積的なメカニズムが有力候補として挙げられます。「効率性」が失われた経済は、成長の鈍化から一定の"パイ"をめぐる奪い合い――レント・シーキン

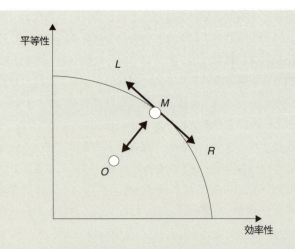

図13-1 効率性・平等性フロンティア

グ活動（rent-seeking activity）――が生じやすくなります。こうした略奪的なレント・シーキング活動では、既得権益者がその交渉上のポジションの強さを利用して、他者の犠牲において自らの利益を保持しやすく「不平等」が拡大します。一方、このとき、人々が持つ資源や能力が市場での生産的な交換活動ではなく、"パイ"を増加させない非生産的なレント・シーキング活動に投入されるため、経済でさらに「効率性」が失われるのです。

こうした「非効率」と「不平等」の悪循環を断ち切るには、どこかのタイミングで市場での交換活動と投入される資源や能力をめぐって競合するレント・シーキング活動を抑制し、人々が市場での活動に注力できるようにしなければなりません。

レント・シーキング活動に侵されない公正な市場の発展が「効率性」の推進を通じて「平等性」の実現にも寄与するという事実は、所得・資産の再分配が政策としての重要性を増した20世紀後半以降にはともすれば看過されがちになりましたが、われわれがつねに忘れてはならない論点といえます。

*Benabou, R., "Inequality and Growth," *NBER Macroeconomic Annual*, Vol.11, 1996, pp.11-74.

Perotti, R., "Growth, Income Distribution, and Democracy: What the Data Say," *Journal of Economic Growth*, Vol.1, 1996, pp.149-187

振り返って考えると、20世紀は、金融に限らず経済のあらゆる分野で「市場メカニズムをどの程度抑制し、またどの程度解放すべきか」という問題が、経

済論争の中心にありました。そこでは、現行の市場の機能を所与として、市場で解決できない問題に対処するメカニズムとして市場代替的な組織や政府の存在意義が議論されました。

　市場の機能自体がダイナミックな変化を急速に示し始めた21世紀に暮らすわれわれは、こうした議論の基盤にある「市場が不完全なとき、何をなすべきか」という問題設定から、「市場の不完全性を除去するには、何をなすべきか」つまり「いかにして、望ましい市場補完的な組織や政府のあり方を探っていけばよいのか」という問題設定への転換に直面しているのです。

議論してみよう

社会の構成員が、市場インフラを適切に整備し公正な資本市場を発展させていく意思を持ち続けるために、政府は政策的にどのようなことに配慮したり留意したりすべきでしょうか？　あなたが重要と考える要因を、あなたがそれを重要と考える理由とともに説明してください。

おわりに

第1版の「おわりに」より

　経済主体が自分の利得を高める方法には、基本的に2つの形があります。①パイの総量を増やすように各自が活動し、自分が受け取るべきパイを増やす。②一定量のパイの下で、他者が受け取るべきパイを奪い自分の取り分とする。

　本書で「金融取引を妨げる要因」、またより広くは「市場の機能を妨げる要因」として取り上げた「情報の非対称性」や「契約の不完備性」の最も大きな問題は、経済主体の活動を望ましい①ではなく、望ましくない②に誘導してしまう点にあります。

　とりわけ、②の活動は、他者からパイを奪う「強者」と他者にパイを奪われる「弱者」という優劣の構造を持った2つの存在を経済に生み出し、経済取引を不公正なものにしてしまいます。情報上の優位にあり、交渉上の立場が強い主体は、他者の犠牲において自分の利得を高めるように取引機会を利用するからです。

　注意したいのは、ここでいう「強者」、「弱者」は、所有する富の水準といった表面的な特徴によって機械的に分類されているわけではないという点です——富が情報優位性や強い交渉力の源泉になる場合もあれば、そうでない場合もあります。たとえば、日本で株式を資産として保有する主体は、富裕層に属することが多いと考えられてきました。しかし、「情報」や「交渉力」という視点からみると、企業にとってアウトサイダーである株主は、他者にパイを奪われやすい「弱者」であるということができます。「弱者としての株主」という視点の欠如が、「投資家保護」の政治的動機を薄め、日本の企業統治をアウトサイダーの監視から遮断された密室性の高いものにしてきた事実は否めません。

　以上に対して、①の活動では、誰が「強者」で誰が「弱者」かという優劣の構造を、あらかじめ経済主体の間で定義することはできません。なぜなら、①の活動では、すべての主体が独立ないし互恵的に利益を実現するべく取引機会を利用しているのであり、(少なくとも事前的には)ある主体を取引における

犠牲者と決め付ける理由がないからです。この意味で、「情報の非対称性」や「契約の不完備性」の克服は、経済主体を「強者」と「弱者」に分かつことなく公正な経済取引を維持するためにも重要なものといえます。

また、このように考えてくると、「弱肉強食」、「優勝劣敗」の場として語られることが多い市場が、実は「そのメカニズムが妨げられているが故に、弱肉強食、優勝劣敗の場となっている」ことも見えてきます。このことは、一般に抱かれている印象とは違い、「強者」から収奪を受ける「弱者」を作らないためには、市場の機能を向上させ経済に市場メカニズムをいっそう貫徹させることが不可欠なことを示唆しています。

もっとも、①の活動でも、事後的には皆が平等に利益を実現することが保証されているわけではありません。たとえば、経済活動を行った結果、それに成功する主体と失敗する主体が生まれることは、不確実性がある限り避けられない問題です。また、各主体が有する資産の初期保有量（生まれ持っての量）に差があるとき、その差が各主体の生涯を通じて影響を持ち続け、主体間に累積的な厚生の不平等をもたらす可能性も問題です。

しかし、冷静に考えてみると、これら市場経済の好ましくない帰結とされる問題さえも市場メカニズムの貫徹が不十分であるために発生している場合が多いということができます。

たとえば、市場が"懸命に努力したが失敗した"主体を救えないのは、「情報の非対称性」や「契約の不完備性」のために望ましい「異状態間の交換」が阻害されていることに、その大きな理由があります。すなわち、リスク分担の市場が十分に機能しないために、主体の厚生の平準化ができないのです。

また、資産の初期保有量が生涯にわたって累積的な影響を持つ問題についても、「情報の非対称性」や「契約の不完備性」のために、「異時点間の交換」にあたって資金需要者が自己資金や担保を要求されるところに大きな問題があります。資産の初期保有量が小さく自己資金や担保を提供できない主体は、自らの能力を生かした経済活動を行うチャンスを失い、相対的に見てさらに不利な立場に追い込まれてしまうからです。仮に、「情報の非対称性」や「契約の不完備性」など市場メカニズムを阻害する要因が緩和されれば、各々の主体がそれぞれ能力を生かした活動に乗り出せるため悪循環から逃れることが可能にな

おわりに

ります。

 さて、われわれは、以上のような"貫徹していない市場メカニズム"という問題に直面して、2つの正反対の選択があることを前提として議論を進めてきました。1つは、もうこれ以上市場の機能を向上させることは不可能であるとあきらめ、市場と代替的な組織・制度を発展させるという選択（選択1）です。もう1つは、市場の機能向上の可能性を信じ、それを実現するために市場と補完的な組織・制度を発展させるという選択（選択2）です。

 選択1には、所得・資産の再分配政策の推進、社会保険制度や公的金融の拡大など、市場メカニズムに代わって「異時点間の交換」や「異状態間の交換」を官僚機構が集権的に管理しようとする政府活動が含まれます。また、そこにはメインバンク・システムや長期雇用システムなど主として固定的な取引関係をベースに、市場とは別の「交換」の場を設け、市場を介さない経済取引の拡充を図る民間活動も含まれます。

 一方、選択2には、情報開示制度の充実、所有権の法的保護の明確化、取引関係の柔軟性を阻害する要因（規制・慣行や税制）の除去など、「交換の利益」を市場メカニズムが円滑に実現できるようにするために政府が行うインフラ整備が含まれます。また、そこには取引技術の革新や新金融商品の開発、取引に関わる契約形態の工夫など民間部門が行うイノベーションも含まれます。

 最後に、こうした2つの選択に関して、「市場メカニズムを中核に据えるシステム」の重要性を考えてきた本書で主張すべき点をやや広い観点からまとめておくと以下のようになります。

1 "貫徹していない市場メカニズム"という問題の解決において、選択1は選択2に比べてつねに劣ったものということはできない。とりわけ、経済がキャッチアップ成長の過程にあるときは、市場メカニズムに全面的に依拠しなくても効率的な経済活動を探索できる確率が高く、前者の欠点が顕在化しない蓋然性が高い。

2 しかし、経済がフロントランナー成長の過程にあるときは、主として成長分野の特定化の難しさと取引関係の柔軟性の欠如が原因となって、選択1は不満足な結果しかもたらさない蓋然性が高い。すなわち、フロン

トランナー成長にある経済は、選択2を採用すべきである。

3 その際、選択2の優位性は、一般の認識にあるように効率性（efficiency）の視点から正当化されるのみではなく、一般の印象に反して平等性（equality）の視点からもより肯定的に捉えられるべきである。とくに、経済取引における公正性（fairness）の確保は、効率性に資するのみでなく平等性にも資する。この意味で効率性と平等性はトレード・オフの関係にあるわけではない——われわれは効率性・平等性フロンティアの上にいるわけではなく、その内部にいる。

4 さらに、選択1では、官僚機構による集権的な管理や固定的な取引関係による新規参入者排除のため、創意が抑えられ民間部門のとりうる行動が画一化しやすい。画一的な行動は、それが環境と適合している限り、効率性を損ねることなく平等性も保つことができるというメリットがある。しかし、それが環境と適合しなくなったとき、経済のあらゆるところがいっせいにパフォーマンスを下げるという安定化作用の欠如をもたらす。これに対して、イノベーションを基調とする選択2は、民間部門のとりうる行動に制約が少ないため一見無秩序のようである。しかし、人々の創意がもたらす行動の多様性がショックに対するパフォーマンスの多様性も生み出し、経済のある部分は悪くなったが、ある部分は良くなったという形で（それを不平等化と見ることはできるが、取引関係が固定的でない限り、不平等も固定化する必然性はない）、経済全体としての安定性を保つことができる。

5 最後に、選択1と選択2のハイブリッド型解決策、すなわち"良いとこ取り"は容易ではない。その背景には、選択1の構成要素が市場代替的なものであるが故に、市場補完的な選択2の構成要素の展開を阻害するという直接的な問題のほかに、選択1がもたらす事後的な平等化が、人々が持つべき「公正な経済取引」、すなわち事前的な平等性への欲求を引き下げ、選択2の採用への支持を低下させるという問題がある。

"貫徹していない市場メカニズム"がもたらす非効率・不公正・不平等に対して、市場代替的な戦略パッケージで応じるのか、あるいは市場補完的な戦略

パッケージで立ち向かうのか、われわれは（過去もそうであったし）現在も揺れ動いているように見えます。しかし、直近の日本を見る限り、市場代替的な戦略では除去できなかった不正や不明朗、創意の抑圧や問題の先送りが、市場補完的な戦略の進展（とりわけ、民間部門の努力に基づく進展——株主重視経営への方向転換、資産証券化の普及、企業再生を担うプライベート・エクイティ・ファンドの活躍など）によって急速な挑戦を受けつつあることは覆しがたい事実です。今後、われわれは、このような市場によるダイナミックな問題解決の動きを後戻りすることなく支持することができるでしょうか。険しい道のりであるにしても、きっとできるに違いありません。バブル崩壊後の十余年は、われわれにその意志と能力を与える学習期間としては十分に長かったのですから。

　2006年5月

第2版のおわりに

　最後に、「サブプライム・ローン問題」の名で長く記憶されるだろう大きな金融危機を経た現在の視点から、金融における市場メカニズム活用の留意点に改めて触れ、本書を終えることにしましょう。本書は、第2版においても、「金融において市場メカニズム活用が問題解決に極めて重要である」、しかし、「問題解決に役立つような十分に機能する市場は、はじめから存在するものではなく、様々な困難を超えて創出されるものである」という第1版の2つのメッセージを引き継いだ議論を展開してきました。そこには、市場メカニズム活用を問題解決の鍵としながらも、現状の市場を万能薬とせず、その機能や意義を絶えず問い直していくという理念があります。

　ただし、現実世界において、こうした理念の貫徹は、必ずしも容易ではない点にも留意する必要があります。確かに、教科書的に見れば、市場が機能不全に陥っているとき、われわれがすべきことは、市場の機能を阻害している要因を取り除き市場の機能強化をはかることです。例えば、「情報の非対称性」の問題が市場の機能を阻害しているならば、情報開示制度の充実やインサイダー取引の禁止などの政策を進め問題を取り除くべきです。また、逆に、市場が健

全に機能しているとき、われわれには、再分配政策を強化し格差是正を図る、産業構造の急変を押し止めのどかな生活様式や伝統文化を守るなど、市場の機能を部分的に抑制し効率性以外の価値を追求する余地があるはずです。

しかし、現実世界では、こうした教科書的な理想とはちょうど正反対の政策選択がなされることが多いといえます。なぜなら、市場が順調には機能していないとき、人々は市場メカニズムに不信を抱き、市場による問題解決ではなく政府による資源・資金配分を求めたくなるからです。一方、市場が順調に機能しているときは、市場メカニズムを過度に信頼し、効率性の追求に徹して市場の動きを野放しにするような規制緩和を行いたくなるからです。

例えば、サブプライム・ローン問題の発生後、われわれの意識は「今こそ金融市場の阻害要因を取り除き市場の機能強化をはかろう」という方向へは向かいませんでした。市場の機能不全により、被害を受けた人々が、"加害者"である市場を守ったり育てたりしようなどと思えるはずがないからです。むしろ、金融業への強欲批判が金融における市場メカニズム活用への否定的な感情を高め、金融市場への政府介入の強化が求められることになったのです。こうした意識は、問題発生前の金融における市場メカニズム活用への肯定的な感情、とりわけ、新金融商品の市場投入や新業態の金融機関の市場参入に対する歓迎ムードとは鋭い対比をなしています。このように、われわれは、「よりによって」市場の機能強化をはかるべきタイミングにおいて市場の機能衰退を招く、その一方で、市場の機能抑制をはかりうるチャンスにおいて市場の破壊的な力を解放する、という逆説的な政策選択を行ってしまいがちなのです。

人々が経済主体として持つ体系的な非合理性を特定し、その非合理性が人々の行動選択にどのようなバイアスをもたらすか分析する研究分野は「**行動経済学（behavioral economics）**」と呼ばれています。これに対して、人々が経済主体として非合理的ならば、政治主体（投票者）としては、それと同等か、それ以上に非合理的だとして、その非合理性が人々の政策選択にどのようなバイアスをもたらすかを分析する研究分野は「**行動政治経済学（behavioral political economy）**」と呼ばれます。金融における市場メカニズム活用に対するわれわれの不信と信頼の間の激しく多分に感情的な往来とそれが生む逆説的な政策選択は、「行動政治経済学」が示す非合理性の典型といえます。

おわりに

　現実世界の金融において、積極的だが節度ある市場メカニズム活用を進めようとすれば、経済学の理想論を振りかざすだけでは十分とはいえません。「政治経済主体」としての人間の本性を見つめ、それを踏まえた「行動政治経済学」的な配慮も合わせて行っていく必要があるのです。こうした「行動政治経済学」の研究は、まだ始まったばかりですが、金融システムの改革という大きな政策課題に向き合うわれわれにとって、これからも新鮮な論点を多く提示してくれるものになるでしょう。

参考文献

　本書は、金融論の中でも主にミクロ経済学と関連が深い分野を取り上げて議論を行いました。市場の失敗に対する説明に基づき政府による市場メカニズムの補正を唱えるミクロ経済学的な論説が多い中、市場の公正化による問題解決の意義を明確化したミクロ経済学の教科書として、**矢野誠『ミクロ経済学の基礎』『ミクロ経済学の応用』**（岩波書店、2001年）を薦めます。また、「市場中心のシステム」において、いかなる金融技術が何を目的に発展したかを概観するには、**リチャード・A. ブリーリー＝スチュワート・C. マイヤーズ＝フランクリン・アレン『コーポレートファイナンス 第10版』**（藤井眞理子・国枝繁樹監訳、日経BP社、2014年）がたいへん有益です。一方、本書と同様に金融問題を金融システムの多様性に着目して考えた（ただし、本書よりも「銀行中心のシステム」への評価はより積極的な）文献としては、**F. Allen and D. Gale, *Comparing Financial Systems*（MIT Press, 2000）**が挙げられます。さらに、本書の様々なパートで触れた金融に関わる政治経済学的問題については、**ラグラム・ラジャン＝ルイジ・ジンガレス『セイヴィングキャピタリズム』**（堀内昭義・アブレウ聖子・有岡律子・関村正悟訳、慶應義塾大学出版会、2006年）や**ルイジ・ジンガレス『人びとのための資本主義』**（若田部昌澄監訳、NTT出版、2013年）が、読み物としてもたいへん面白く刺激的な文献といえるでしょう。なお、本書では、議論の底流にあるロジックを、直ちに数学モデルによって表すのではなく、できる限り日常の言葉で表すことに努めてきました。しかし、元より、経済学の議論における数学モデルの有用性、すなわち、議論の一般性の保証や結論導出に本質的な仮定の明確化などのメリットはきわめて大き

いものです。もっとも、議論で使われる数学モデルはことさら複雑なものである必要はなく、現象の要点を浮き彫りにする簡潔さを旨とするものが望ましいともいえます。J. Tirole, *The Theory of Corporate Finance*（Princeton University Press, 2006）は、まさに簡潔な数学モデルを使って、「情報の非対称性」、「契約の不完備性」、「証券設計」、「企業統治」、果ては金融をめぐる「政治経済学」まで、それぞれの問題の本質を余す所なく説明している読破の価値大の文献です。最後に、「行動政治経済学」の視点から見た市場メカニズム活用に対する人々の評価の揺れとそれがもたらす不安定な政策選択については、村瀬英彰「政策決定におけるマーフィーの法則――なぜ、我々は悪い経済政策を選び続けてしまうのか」（学習院大学経済経営研究所『経済と経営を楽しむためのストーリー』東洋経済新報社、2014年所収）を参照してください。

謝辞

　本書の執筆は、第1版の出版のとき以来、倉澤資成（横浜国立大学）、浅子和美（一橋大学）、櫻川昌哉（慶應義塾大学）、宮川努（学習院大学）、細野薫（学習院大学）、下野恵子（大阪大学）、井上光太郎（東京工業大学）、横山和輝（名古屋市立大学）の各先生との議論から多くの刺激を受けています。とくに、倉澤資成先生は、第1版の草稿に詳しく目を通してくださり、私の筆の走りすぎのところや足りないところを修正する上で有益なコメントを数多くくださいました。また、横浜国立大学、名古屋市立大学、学習院大学の大学院および学部のゼミナールでは、学生の皆さんとの議論や草稿の輪読から執筆上の様々なヒントを得ることができました。ここに記して皆さんに心より感謝したいと思います。

　もともと、本書の第1版は、「すでにある多くの金融論の教科書に屋上屋を架すことなく、来るべきシステム転換を見据えた未来志向の教科書を」との私の提案に、本教科書シリーズの監修をされていた倉澤資成先生と日本評論社第二編集部におられた鴨田祐一さんが、当時としてはノン・スタンダードな教科書の出版というリスク・テイクをしてくださったことから世に出ました。あれから、ちょうど10年、日本の金融システムは、紆余曲折を経ながらも、本書が描いた方向へ着実に進んできました。おかげで、いまや本書の内容も金融論と

おわりに

してスタンダードなものとなりました。このため、今回の改訂では、基本的に第1版の内容を維持したまま、新たに1つの章（第2版の第11章）を加えるという改訂を行ったわけです。このような第1版の出版から10年という節目に、本書の改訂を了承くださり改訂方針を設定する上で鍵となるアドバイスをくださった日本評論社第二編集部の道中真紀さんには心より感謝したいと思います。新たに加えた章には、また、論争の余地があるノン・スタンダードな内容も少し盛り込んでしまいましたが、今回のリスク・テイクもこれからの10年を見据えた未来志向のものになっていることを祈念しています。

2016年8月

村瀬英彰

索 引

アルファベット

ABCP	185
ABS	136
BIS 規制	170
CAPM	101
CDS	139, 182
EVA	155
FRB	192
IPO	71, 125
IR 活動	154
IT バブル	109, 191
LBO	58
LTCM（Long Term Capital Management）	178
MBO	58, 160
MBS	136
REIT	136
ROE	155
SPC	59, 134
TOB	55

ア

相対取引	67
アクティブ運用	70, 98, 171
アジア危機	207
アスク価格	103
アセット・ファイナンス	137
厚みのある市場	67, 105
厚みのない市場	176
アナーキー	42
アナリスト	92, 107
アベノミクス	201
アンバンドリング	138
暗黙の契約	112
イエスマン	150
異時点間の交換	5
異状態間の交換	7
委託された交渉者	77
委託されたモニター	24, 76
委託売買業務（ブローカー業務）	69
一次市場	66
一時的集中化	58, 94, 208
一般均衡効果	221
一般的な人的資本	113, 209
委任状争奪戦	55
依頼人・代理人関係	30, 140
依頼人・代理人問題	170
インサイダー取引	149
インセンティブ契約	32, 124
インターバンク・マーケット	67, 166
インデックス・ファンド	70, 97
インフルエンス・コスト	43
営業権価値	77
エマージング・マーケット	176
エンロン	34, 107, 152
追証	178
黄金株	159
大株主	54, 204
大きな政府	93, 217
オープン・マーケット	67
オプション	99
オフバランス化	138
オリジネーター	133

カ

カーブ・アウト	153
解約請求順支払制約	164
価格リスク	12, 96, 164
格付け	69
——機関	22

索 引

影の銀行	185
掛目	177
価値切り出し	144, 153
株価連動型報酬	32, 147, 158
株式契約	11, 28
株式公開買い付け（TOB）	55
株式非公開化	156
株式持合	159, 213
株主総会	53, 157
カリスマ	151
慣習法	209
機関投資家	70
企業改革法	107
企業価値	30, 153
企業統治	53
企業特殊的な人的資本	112, 205
企業買収者	55
企業分割	58, 153
期待収益率	12
希薄化	47, 57
逆選択	16, 87, 104, 139, 149
逆転現象	211
キャピタル・ゲイン	12, 56, 71
協調の失敗	105, 218, 221
共有地の悲劇	47
銀行取付	166
金融革新	94, 99, 108
金融恐慌	166
金融契約	10
クラウディング・アウト効果	195
クラウディング・イン効果	196
クラウン・ジュエル	159
グリーンスパン・プット	192
グリーン・メイル	58
クレジット・デリバティブ	139
クレジット・ライン	67, 84, 177
クローニー資本主義	206
グローバル・インバランス	192
群生的な技術革新	222
経営監視（モニタリング）	31, 124
契約の不完備性	42
経歴への関心	127
現在価値	12
原資産	98
限定的な合理性	41
交換の利益	3
恒常的集中化	54, 214
公正な市場	215
行動する投資家	70
購入者責任	21
効率的市場	110
コースの定理	44
コーポレート・ガバナンス	53
――・――・コード	201
ゴールデン・パラシュート	158
個別リスク	97
コングロマリット・ディスカウント	152
コントロール権	50, 94
――市場	55, 94, 157

サ

サービサー	134
再交渉	42
裁定	37, 171
――取引者	99
最適資本構成	36
債務過剰	48, 52, 59, 61, 137
債務者救済	81
財務制限条項	36
債務不履行	11, 164
先物	98
サブプライム・ローン	142, 182
――・――問題	142, 181
塹壕効果	45
サンド・バッグ	159
残余コントロール権	51
残余請求権	50, 94
残余請求者	50, 94, 111
シグナリング	25, 160
自己資本	80
――比率	170
自己選択メカニズム	25
事後選別	126
事後的な平等（結果の平等）	217

自己売買業務（ディーリング業務）	69	情報の非対称性	16, 172
資産運用の委託	163	「情報非感応的」な証券	26, 80, 140, 170
資産効果	195	所有権	50, 210
資産選択		所有と経営の分離	52
（ポートフォリオ・セレクション）	70	所有とコントロールの分離	52
資産代替	28, 35, 52, 59, 122, 170	所有の分散化	53, 94
資産担保証券（ABS）	136	新規株式公開（IPO）	71
資産変成	79, 83, 185	シンジケート・ローン	139
自社株買い	59, 160	真正な売却	135
市場インフラ	92, 106, 207, 215	信用取引	104
市場の守護者	92, 106	信用補完	135
市場の門番	92, 107	信用リスク	11, 24, 79, 164, 176
市場ポートフォリオ	101	スーパー・ボーティング・ストック	158
システマティック・リスク	97	スーパーマジョリティー	158
事前選別	126	スクリーニング	25
事前的な平等（機会の平等）	216	スコーチド・アース	159
私的便益	45	スタガード・ボード	158
資本構成	35	スチュワードシップ・コード	201
資本市場	67	ステークホルダー	53, 57, 111
──線	100	ストラクチャード・ファイナンス	
市民法	210	（仕組み金融）	135
シャーク・リペラント	159	スピン・オフ	153
社外取締役	54, 157	スペキュレーター	98
ジャンク・ボンド	59	清算権	60
集中型株式所有	204	政治的均衡	214
重複生産	23, 31, 76	政治プロセス	204, 213, 219
種類株式	158	政治変動	210
消極的コントロール	63	制度的補完性	115
証券	10	積極的コントロール	64
──化	133	選択と集中	153
──会社	22, 68	戦略的債務不履行	45, 61
──取引所	103	戦略的代替性	173
証拠金	104	戦略的補完性	106, 165, 177, 207, 218
状態	7	相対パフォーマンス評価	111, 175
──依存的コントロール	60	争奪競走	
──条件付	9		47, 61, 62, 81, 128, 165, 177, 207
焦点	191	組成・転売	184
情報開示		ソフトな予算制約	47, 61, 127
（ディスクロジャー）	22, 92, 154		
情報生産	23		
情報独占	46, 63		
情報の集計・伝達	96, 129		
情報の雪崩現象	175	退出型コントロール	

タ

索 引

	63, 84, 171, 207, 208
ただ乗り	23, 31, 53, 56, 61, 75, 82, 204
短期金融市場	67
担保	24, 104, 176
小さな政府	93, 216
逐次金融	47
地理的な位置関係	211
ティン・パラシュート	158
敵対的企業買収	55, 95, 147
デフレ	201
デュアル・ソーシング	63
デリバティブ（金融派生商品）	98
伝染効果	166, 177
倒産隔離	135
投資家保護	76, 93, 140, 203, 211
投資銀行	22, 68
投資信託	69, 170
特殊利益政治	219
特別目的会社（SPC）	59, 134
土地神話	191
トラッキング・ストック	153
トラック・レコード	151, 172
トランシェ	136
取り込み	127
取締役会	53
努力忌避	29

ナ

内生的成長理論	119
内部資本市場	152
内部労働市場	114, 205, 206, 221
二次市場	63, 66, 164
ニューエコノミー論	191
年金基金	70
ノイズ・トレーダー	110, 148, 171
ノンリコース	59, 137

ハ

ハードな請求権	59, 60
バイアウト・ファンド	71
買収防衛策	114, 156
ハイパーインフレーション	212
パス・スルー	128, 136
バスト・アップ（企業解体）	58, 153
パックマン・ディフェンス	159
発言型コントロール	64
発行市場	66
パッシブ運用	70, 97
バブル	122, 181
――代替	196
バランス・オブ・パワー	49, 112
ハンズ・オン	72, 161
引受業務	
（アンダーライティング業務）	68
ビッド・アスク・スプレッド	104
ビッド価格	103
ファンダメンタルズ	12, 109, 122, 173
ファンダメンタル・	
トランスフォーメーション	43
ファンド	69, 171
――マネージャー	70, 170
フィー・ビジネス	134
不確実性	7
複数均衡	168
含み資産相場	191
負債契約	11, 28
復活のための賭け	29
不動産投資信託（REIT）	136
プライベート・エクイティ・ファンド	72
フリー・キャッシュフロー	
	45, 59, 60, 160
不良債権	122, 144
プロジェクト・ファイナンス	137
分業	4, 30, 70, 88, 138
分散型株式所有	208
分散投資	97, 100
ベア・ハグ	159
ベータ	101
ヘゲモニック・スタビリティー	
	49, 77, 206
ヘッジファンド	174
――危機	177

239

ヘッジャー	98
ベンチャー・キャピタル	71, 161
ポイズン・ピル	158
法人税	201
法と金融	203
法の源流	209
法の内生性	213
ポートフォリオ	37, 86, 97, 100
――分離定理	100
ホールド・アップ	43
保険	8, 79
――会社	70
保証金メカニズム	25
ホットマネー	207
ホワイト・ナイト	159

マーケット・インパクト	56, 67, 102, 105, 176
マーケット・メイキング	69
マーケット・メーカー	103
マネイジメント・バイアウト（MBO）	58
マネー・ゲーム	199
満期	62, 83
ミスプライシング	109, 114, 148, 171
メインバンク・システム	77, 214
免許価値	77
モーゲージ証券（MBS）	136
モジリアニ・ミラーの無関係性定理（M-Mの定理）	36
もの言う投資家	70
モラル・ハザード	16, 30, 139

有限責任性	11, 33
要求払い預金	163
預金保険制度	80, 164
横並び行動	111, 175
予想の不一致	130

ラッダイト運動	221
リーマン・ブラザーズ	183
利益相反	35, 107
利益団体	106, 218
リスク・アービトラージ	171
リスク・プレミアム	10, 18, 97, 101
リスク移転	10
リスク回避度	10
リスク分担	8
流通市場	63, 66
流動性	66, 82, 102, 166
――危機	178
――債務不履行	62, 82, 84
――プレミアム	103
――リスク	83
レバレッジド・バイアウト（LBO）	58
レポ取引	185
レモン・プレミアム	18, 23, 137
レント	88, 113, 205
――・シーキング活動	224
連邦準備制度	183
――理事会（FRB）	192
労働者保護	206, 209, 211
ローン・セール	139
ロシア革命	211

村瀬　英彰（むらせ　ひであき）

●略歴
1964年生まれ。東京大学経済学部卒業。東京大学大学院経済学研究科単位取得退学後、横浜国立大学経済学部助教授、名古屋市立大学経済学部教授を経て、現在、学習院大学経済学部教授。

●主要著書・論文
- 『ゼミナール国際金融　基礎と現実』（河合正弘・須田美矢子・翁邦雄氏と共著、1993年、東洋経済新報社）
- "Equity Ownership and the Determination of Managers' Bonuses in Japanese Firms," *Japan and the World Economy*, Vol.10, No.3, pp.321-331, 1998.
- 「権利の束としての不動産——オプション理論による解明」西村清彦編『不動産市場の経済分析』pp.239-259（2002年、日本経済新聞社）
- "The Peacock's Tail: Why is an Extremist so Sexy?" *Japanese Economic Review*, Vol.55, Issue 3, pp.321-330, 2004.
- 「コーポレート・ガバナンスと株式市場——企業収益と株式収益率への影響」香西泰・宮川努編『日本経済グローバル競争力の再生　ヒト・モノ・カネの歪みの実証分析』pp.285-314（笛田郁子・細野薫氏と共著、2008年、日本経済新聞社）
- 「日本の長期停滞と蓄積レジームの転換——弱い企業統治のマクロ経済学による分析」堀内昭義・花崎正晴・中村純一編『日本経済　変革期の金融と企業行動』pp.269-313（安藤浩一氏と共著、2014年、東京大学出版会）

シリーズ・新エコノミクス
金融論（きんゆうろん）　第2版

2006年5月10日　第1版第1刷発行
2016年9月25日　第2版第1刷発行

著　者　村瀬英彰
発行者　串崎　浩
発行所　株式会社日本評論社
　　　　〒170-8474　東京都豊島区南大塚3-12-4
　　　　電話　03-3987-8621（販売）　03-3987-8595（編集）
　　　　https://www.nippyo.co.jp/　振替　00100-3-16
印刷所　精文堂印刷株式会社
製本所　株式会社難波製本
イラスト　森田サトル
ブックデザイン　Malpu Design

検印省略 © Hideaki Murase 2016　落丁・乱丁本はお取替えいたします。
Printed in Japan　ISBN978-4-535-04125-7

JCOPY　〈(社)出版者著作権管理機構　委託出版物〉

本書の無断複写は著作権法上での例外を除き禁じられています。複写される場合は、そのつど事前に、(社)出版者著作権管理機構（電話03-3513-6969、FAX 03-3513-6979、e-mail: info@jcopy.or.jp）の許諾を得てください。また、本書を代行業者等の第三者に依頼してスキャニング等の行為によりデジタル化することは、個人の家庭内の利用であっても、一切認められておりません。

初学者のニーズにマッチした経済学の新しい教科書シリーズ

NE シリーズ 新エコノミクス

倉澤資成［監修］

ミクロ経済学入門
清野一治／著

まったくの初学者を対象とした、経済学学習の最初の一冊。ていねいな解説と図解で、読者をミクロ経済学の世界へ導く。
■本体2200円＋税　A5判　ISBN978-4-535-04116-5

マクロ経済学入門［第2版］
二神孝一／著

マクロ経済学を初めて学ぶひとを対象にやさしく解説。IS-LM分析の解説を追加。データを更新し、また練習問題の解答も加えた。
■本体2200円＋税　A5判　ISBN978-4-535-04122-6

金融論［第2版］
村瀬英彰／著

好評テキスト待望の改訂版！リーマンショックや近年の中国経済の急成長といった最新トピックスをカバーする新たな章を追加。
■本体2200円＋税　A5判　ISBN978-4-535-04125-7

都市経済学
山崎福寿・浅田義久／著

都市・住宅政策の効果を検討することに主眼を置き、住宅から土地、都市へと考察対象を広げながら最適な土地・住宅市場を考える。
■本体2300円＋税　A5判　ISBN978-4-535-04121-9

日本評論社

※表示価格は本体価格です。別途消費税がかかります。